全国教育科学"十一五"规划2009年度教育部规
"中小学教育管理名家培养的实践研究"（编号：FFB

初中课堂形态的变革

戴余金 著

北京大学出版社
PEKING UNIVERSITY PRESS

图书在版编目(CIP)数据

初中课堂形态的变革/戴余金著. —北京：北京大学出版社，2013.3
ISBN 978-7-301-22139-6

Ⅰ.①初… Ⅱ.①戴… Ⅲ.①课堂教学—教学研究—初中 Ⅳ.①G632.421

中国版本图书馆 CIP 数据核字（2013）第 026371 号

书　　　名：初中课堂形态的变革
著作责任者：戴余金　著
责 任 编 辑：赵学敏
标 准 书 号：ISBN 978-7-301-22139-6/G·3586
出 版 发 行：北京大学出版社
地　　　址：北京市海淀区成府路 205 号　100871
网　　　址：http://www.pup.cn　新浪官方微博：@北京大学出版社
电 子 信 箱：zyjy@pup.cn
电　　　话：邮购部 62752015　发行部 62750672　编辑部 62754934　出版部 62754962
印　　　刷：三河市博文印刷厂
经 销 者：新华书店
　　　　　　720 毫米×1020 毫米　16 开本　11.75 印张　220 千字
　　　　　　2013 年 3 月第 1 版　2013 年 3 月第 1 次印刷
定　　　价：32.00 元

未经许可，不得以任何方式复制或抄袭本书之部分或全部内容。
版权所有，侵权必究
举报电话：010-62752024　电子信箱：fd@pup.pku.edu.cn

序　从农村走出来的现代乡土教育家

走进西店中学，你会看到：学生的笑脸是真诚的、真心的、开心的，因为他们没有课外作业，没有沉重的书包，没有那么多的考试测验；你会发现：西店教师的凝聚力和向心力是自发的、自觉的、炽热的，因为他们有共同的校园文化，有个性化的发展规划，有互助性的学研共同体。浙江省宁海县西店初级中学是我去得最多的学校之一，三年左右的时间内我去过不下十几次，前后八十多天，而且还会再去，因为那里有宝藏，那里蕴藏着对中国当代的教育学理论研究、对城市和乡村的中小学办学实践或许会引发巨大震动的金库。

我所认识的戴余金校长，是一个草根式的创造型教育家：戴校长具有质朴实在、专注执著的实干品质和挚爱教育事业的奉献精神，这是他能够成功的基本内核。在这里，我还要专门感谢宁海县教育局，敢于直接提拔一位从未担任过学校"一把手"的语文骨干教师，使之出任生源地段复杂、城郊结合地带的初中校长。在中国当下的教育行政管理模式中，这无疑是识人之举。戴余金的语文教学探索、农村初中办学思想和办学实践，源自于他的原创。他不断地思考和摸索、孜孜不倦地学习、不断地创新和求解，如此，才有了呈现在大家面前的《初中课堂形态的变革》这本专著。在这个比较浮躁的社会，戴余金真正做到了：不热衷时髦、不受干扰，始终保持对工作极致的热情，执著地在自己的园地静静耕耘，将全部精力和激情都奉献给了自己所热爱的教育事业。他质朴实在、勤于思考、善于钻研、踏实工作。在每一个不同的工作阶段，他都把工作当学问去研究：作为一名语文教师，他坚守"课堂是学生成长的主阵地"，"变应试语文为生活语文"，"变语文教学为语文教育"；作为一名班主任，他站在人本关怀的高度深入研究班级，将爱心教育作为班级教育的核心，将班级管理从"人治"转变为"法治"和"人治"兼顾；作为一名校长，他积极探索新时代的乡土教育之路，坚持不懈地深化学校改革，努力让学校成为学生喜爱、家长满意、教师幸福的城乡均衡发展"窗口"，让农村不同阶层的学生、来自不同地域的农民工子女享受到和城里孩子同样的优质教育。他把工作当事业去追求，不断地探索和求解初中学校教育的真谛。在他看来，学校不只是"教书的场所"，更是"学习的场所"；课堂不只是"上课的地点"，更是"学习的殿堂"。因此，他坚持创建"以学生的学为核心的学校教育"；崇尚"没有学不会的学生、只有不会学的学生"；深信教师的责任"不在于上好课，而是帮助学生实现挑战性的学习"；强调评价教师的核心要素是"教有没有转化为学"；突出教研工作的重点是促进"学生的学"的一体化活动；聚焦学校工作的重点是不断创建"有效的学习共同体"。他所追求的"有效学习共同体"既是一种办学理念，更是一项具体行动。他是一个为了理想而努力奋斗的实干家。在倡导和实践自己教育理想的过程中，他并非一帆风顺，但他对自己认准了的事情，敢于坚持，痴迷于教育始终不变，有一种咬定青山不放松的执著和不达目的不罢休的韧劲。正是有这样一种逢山开路、遇水搭桥，干事业不怕艰难险阻的锐意进取精神，才使得他在开创现代农村乡土教育实践中闯出了一条新路。

该书较全面地反映了戴余金校长的办学理念和办学实践，但未必是全部，因为他仍然在创造。就我的眼光而言，我觉得至少反映了以下三点。第一，该书的思想是符合当前教育理念的原创性办学思想。初中课堂教学形态的变革是一场颠覆传统课堂教学的变革，这是一场渐进的却是自量变到质变的过程，是一个"化蛹成蝶"的过程，其实质是"从教会到学会"的变革、"从教学研究到学习研究"的变革、"从有效的教到有效的学"的变革、"从教育者共同体到学习者共同体"的变革。这样的一场变革是对当代教育学的挑战，是对学校教育普遍流行的课堂教学实践模式的变革，是对新课程改革理念的积极自觉的践行，是对学生轻负高质、健康成长的积极推动。第二，自课堂的变革到学校的改造是一种值得推广的办学实践。以"课堂工作纸"为载体的课堂教学模式变革，既非照搬照抄他人的模式，也非一时心血来潮的发明创造，而是基于学生、教师、学校的教育现实，基于师生共同学习、共同创造、共同成长，基于"以生定教"的教学原则，尊重学生的学习、重视个别化学习和合作学习的本土化创造，是带有"务真、求实、创新、发展"的学校变革精神的具体实践。正是在这种精神实践中，西店中学找到了学生轻负高质、健康成长的路径和教师快乐成长的捷径，作为管理者的戴校长也从中体验到了学校管理的快乐。第三，教育像现代农业而非现代工业。如果说中国传统教育像农业，那么可以说西店学校正在从传统农业走向现代农业。从课堂的变革到学校的改造，从教学反思到学情简报，从教室文化到校园文化，从校园办公系统到学校质量优化管理系统的应用，使得这所农村学校的办学实践不仅符合先进的教育理念、符合新课改的精神实质，更插上了现代化、信息化的翅膀，既有助于学习共同体的创建，更有利于学生自我教育的健康发展。

总之，西店中学是一所真正意义上的"学校"，他们的课堂更像"学堂"，他们的教研更像"学研"，他们的课外活动更像"活动"，他们的校园生活更像"生活"。

马和民（华东师范大学教育学系教授、博士生导师）
2012年11月

目录

第一章　从"学"出发　　1

第一节　时代对课堂变革的呼唤　　1
一、课堂变革的时代趋势　　1
二、当下课堂变革的成功实践　　4

第二节　课堂的基本形态　　11
一、课堂形态的演变　　11
二、新课堂模式的构建　　13

第三节　新课堂教师作用在哪里　　14
一、教师的引领作用　　14
二、使学生学会学习、提高创造能力　　14
三、具有合理运用教材的能力　　15
四、掌控课堂动态生成的能力　　16

第四节　相约从"学"出发　　16
一、从"学情"出发　　16
二、推行"课堂工作纸"　　18

第二章　设计"课堂学习单"　　21

第一节　"课堂学习单"概述　　21
一、"课堂学习单"的基本结构　　21
二、"课堂学习单"的作用　　22
三、"课堂学习单"的定义　　22

第二节　编写"课堂学习单"的基本要求　　23
一、"课堂学习单"各部分内容的设计说明　　23
二、编写、使用"课堂学习单"应注意的几个问题　　24
三、示例：数学"课堂学习单"的编写要求　　25

第三节　"课堂学习单"的设计过程　　27
一、《湖心亭看雪》课堂学习单"的设计过程　　27

二、"《探索勾股定理（1）》课堂学习单"设计过程　　　　　36
　　三、"《浮力》课堂学习单"的设计过程　　　　　　　　　　45
第四节　数学"课堂学习单"的使用举例　　　　　　　　　　　52
　　一、使用"课堂学习单"的一般程序　　　　　　　　　　　　52
　　二、"《实数》课堂学习单"的呈现　　　　　　　　　　　　54

第三章　巧用"二次备课稿"　　　　　　　　　　　　　　　　58

第一节　"二次备课稿"概述　　　　　　　　　　　　　　　　　58
　　一、"二次备课稿"的基本结构　　　　　　　　　　　　　　58
　　二、"二次备课稿"的特点　　　　　　　　　　　　　　　　58
第二节　"二次备课稿"设计过程的案例呈现　　　　　　　　　　59
　　一、"《湖心亭看雪》二次备课稿"的设计过程　　　　　　　59
　　二、"《探索勾股定理（1）》二次备课稿"的设计过程　　　　61
　　三、"《浮力》二次备课稿"的设计过程　　　　　　　　　　63
第三节　"二次备课稿"的应用　　　　　　　　　　　　　　　　64
　　一、发现学习问题　　　　　　　　　　　　　　　　　　　　64
　　二、选择辅导对策　　　　　　　　　　　　　　　　　　　　64
　　三、反思教学行为　　　　　　　　　　　　　　　　　　　　64
　　四、案例："《Unit4 What would you do?》二次备课稿"的应用　64

第四章　进入"学的课堂"　　　　　　　　　　　　　　　　　73

第一节　"课堂学习单"与"二次备课稿"的整合应用　　　　　　73
第二节　语文课堂的基本形态展示　　　　　　　　　　　　　　76
　　一、阅读课：《湖心亭看雪》的课堂教学　　　　　　　　　　76
　　二、写作课：走进社会主义新农村　　　　　　　　　　　　78
第三节　数学课：《探索勾股定理》的课堂教学　　　　　　　　86
　　一、向同伴学　　　　　　　　　　　　　　　　　　　　　　86
　　二、向老师学　　　　　　　　　　　　　　　　　　　　　　87
　　三、向生活学　　　　　　　　　　　　　　　　　　　　　　89
第四节　科学课：《浮力》的课堂教学　　　　　　　　　　　　89
　　一、向同伴学　　　　　　　　　　　　　　　　　　　　　　90
　　二、向老师学　　　　　　　　　　　　　　　　　　　　　　91
　　三、向生活学　　　　　　　　　　　　　　　　　　　　　　94
第五节　社会课：《建设社会主义精神文明》的课堂教学　　　　95
　　一、编写"课堂学习单"的构想　　　　　　　　　　　　　　95
　　二、基于"课堂学习单"的课堂学习　　　　　　　　　　　　96
第六节　活动课：701班亲子冲突化解辅导　　　　　　　　　　102
　　一、课堂辅导设计　　　　　　　　　　　　　　　　　　　102
　　二、课堂辅导过程　　　　　　　　　　　　　　　　　　　102

三、教师的课堂辅导反思　　107

第五章　考量"学"的任务　　108

第一节　评估教师辅导学生完成"学"的能力　　108
　　一、课堂量化评分表的设计　　108
　　二、课堂辅导实施的同行评价："任务型看课记录卡"　　110
　　三、实施辅导的总结性评价　　111

第二节　考评学生完成学业的水平　　112
　　一、学生的学业水平测试　　112
　　二、学生的学习能力测评　　113
　　三、试行学生发展的"三好四无"评价　　114

第三节　第三方评价　　115
　　一、教师部分　　116
　　二、学生部分　　117
　　三、家长部分　　118

第六章　保障"学的活动"　　121

第一节　基于备课组的教师学习共同体的建立　　121
　　一、备课组长负责制　　121
　　二、作业公示制　　122
　　三、课堂反思分享制　　123

第二节　基于学习小组的学生学习共同体的建立　　127
　　一、教室的改造　　127
　　二、课堂座位的改变与学习小组的建立　　128
　　三、小组合作学习的开展　　130

第三节　基于"学生的学"的师生学习共同体的建立　　131
　　一、理念追求：培养善学习、能动手、有理想的知行合一的初中生　　131
　　二、以做人的基本责任为基点的"人格教育"　　132
　　三、基于"文化节"的学生个性展示　　134
　　四、基于"质量优化管理系统"的师生共同成长　　135

第七章　探索"学"的真谛　　137

第一节　课堂形态变革："课堂工作纸"　　137
　　一、实施"课堂工作纸"是育人模式的转换　　137
　　二、实施"课堂工作纸"是教学方法论的转换　　139

第二节　"课堂工作纸"的实践成效报告　　142
　　一、学生从"学会"向"会学"转变　　142
　　二、通过"课堂工作纸"，教师教学能力与水平得到提升　　147

第三节　以"学的活动"为特征的新课堂　　150

参考文献 153
附录一 宁海县西店中学:"课堂工作纸" 154
附录二 宁海县西店镇初级中学:"课堂工作纸"承载的教育理想 164
附录三 "课堂工作纸"——探寻"轻负高质"新途径 168
后　记 178

第一章 从"学"出发

科学技术的信息化、文化的多元化和教育的开放化体现了21世纪社会的发展总趋势。在这样的趋势下，教育改革势在必行。随着世纪之交新一轮课程改革的推进，课堂变革也成为深化教改、提升素质教育及基础教育内涵的必然。《国家中长期教育改革和发展规划纲要（2010—2020年）》明确提出，把"注重学思结合"作为"创新人才培养模式"的首要改革路径，倡导启发式、探究式、讨论式、参与式教学，帮助学生学会学习。激发学生的好奇心，培养学生的兴趣爱好，营造独立思考、自由探索、勇于创新的良好环境。这样的要求顺应了世界教育改革与发展的潮流，体现了信息社会的本质特点，内在地反映了知识型、创新型、竞争型社会对人才素质发展的迫切需要。

在这样的要求下，探索高效教学、减轻学生过重课业负担，已成为当前中小学教学与科研的两大焦点。既要控制学生在校时间、减轻学生课业负担，又要保证教学质量、促进学生全面发展，面对这一矛盾，探索构建充满活力的高效课堂教学体系，成为摆在大家面前的一个新课题。近年来，随着山东省聊城市杜郎口中学、江苏省南京市东庐中学以及江苏省泰兴市洋思中学等中学的崛起，"导学稿"、"讲学稿"、"学案"、"预习稿"、"前置性学习"、"活动单"等开始普遍流行，"先学后教"课堂教学模式已被很多人接受。然而，当前仍然存在许多问题，比如课堂变化的规律没有理清，课堂变革的前景还不够清晰。我们认为，只有从"学"出发，改变课堂形态，才可能实现"轻负高质"的目标。

第一节 时代对课堂变革的呼唤

一、课堂变革的时代趋势

（一）课堂变革是新课程的号召

教育的核心环节是课程实施，而课程实施的基本途径是课堂教学，课堂的质量关系学生的切身利益。所以我国新一轮基础教育课程改革必须在教育理念、教学目标、教学行为等方面适应新课程改革的需要，大力推进课程改革向纵深发展。

1. 课堂教学理念需要变革

"一切为了每一位学生的发展"是新课程的核心理念，也是课堂教学的根本理念。学生是学习和发展的主体，为了学生的发展，必须树立学生主体性教学观念，主要包括教学价值观、学生观、教学观、质量观等。在教学价值观上，表现为关注学生的成长，促进学生主动发展、全面发展和个性发展。在学生观上，表现为充分尊重每一个学生的主体地位和主体人格，关注学生的情感体验，发掘学生的个性潜能。在设计教学目标时，我们在考虑完成共同基础的前提下，力求提出不同的目标要求，为每一位学生提供自主选择和自我发展的机会，让他们充分地展示自己，使他们体验成功的喜悦，增强学习信心，从而形成持久的学习兴趣。在教学观上，强调教学既是学生在教师指导下的学习过程，更是学生主体发展的过程，在这个过程中，教师引导学生主动参与、全员参与和全程参与。在质量观上明确教学质量的提高主要是反映在学生的进步和发展上。

2. 课堂教学目标需要变革

教学目标是教学双方积极活动的准绳，是衡量教学质量的尺度，优化教学目标对转变教与学的方式起着决定和制约作用，有助于明确学生学什么和检验学生学得怎么样，也为教学评价提供了依据。新课程明确提出要实现三维目标：知识与技能、过程与方法、情感态度及价值观。课堂教学既要体现新课程的三维目标，又要符合各学科的课程标准，还要体现目标的层次性。

3. 课堂教学行为需要变革

适应新课程改革的课堂教学必须转变教学行为。新课程的教学观认为，教学是教师"教"与学生"学"的统一，这种统一的实质是"交往"。新课标要求教师必须根据具体的教学情境进行创造性、主动性劳动，创设生机勃勃的课堂教学氛围，充分调动学生的积极性和主动性，使课堂焕发活力。教学行为的转变主要表现在教师角色的改变、教学策略的选择和整合以及教学反思，进而构建和谐的、民主的、平等的师生关系和创设师生交往、共同发展的互动的教学关系。教师要成为学生学习的引导者，首先要成为学生最真挚的朋友，尊重他们、关心他们、爱护他们，使每个学生都能感觉到"我能"、"我行"、"我会"，使他们爱学、乐学、会学，这就对教师提出了新的挑战。教师对整个教学活动的驾驭、调控不再是通过直接的包办代替或权威垄断，而是要更加讲求技巧和策略，想尽一切办法使学生得到来自教师的推动力，促进学生更好地发挥自己的潜能。适应新课程改革的课堂教学强调教师是学生学习的合作者、引导者和参与者，也是学生学习的促进者、组织者和指导者。另外，在教学活动中教师不仅要关注学生知识的掌握与技能的运用，还要关注学生学习的过程与方法，情感、态度和价值观。

4. 课堂学习方式需要变革

学习方式是学生在学习过程中，在态度和行为方式等方面表现出来的稳定的特点。改变不适合素质教育要求的学习方式，倡导新的学习方式，使学生学会学习，培养学生终身学习的愿望和能力，是新课程改革的根本目的和任务之一。新的学习方式包括自主学习、合作学习、探究性学习，新课程为不同层次的学生提供了参与学习、体验成功的机会。在新理念的指引下，学习方式上要有彻底的变革，自主、探究、合作要成为主要的学习方式，并注重培养学生"自由之思想，独立之精神"。

在合作学习中有明确的责任分工，促进学生之间能有效地沟通。在探究性学习中，通过设置问题情境，让学生独立、自主地发现问题，通过实验、操作、调查、对信息的搜集与处理、表达与交流等活动，经历探究过程获得知识与能力，掌握解决问题的方法，获得情感体验。

（二）课堂变革是学生的心声

知识是课程的基础，知识观决定课程观。人们怎样理解知识，就会有怎样的课程，甚至就有怎样的教育。正如美国学者索尔蒂斯（Soltis, J. F.）所言，我们如何思考知识，确实在相当程度上影响着我们如何思考教育。相对而言，基于公共知识的课程强调以学科为本，而基于个体知识的课程则强调以人为本。以学科为本的课程过分强调学科的独立性和重要性，把学科凌驾于教育之上，凌驾于人之上，学科成为中心、成为目的，课程和教育成为促进学科发展、培养学科后备人才的手段，这种只见学科不见人的课程和教育从根本上违背了以人为本的时代精神和基础教育的性质和使命。新课程变革致力于教育取向和价值的根本转向，真正实现由以学科为本位转向以人的发展为本位，学生是教育工作最主要的对象，学生个人受教育、社会化的过程，是一种源于精神内部的、具有个性色彩的内化活动，是不断地脱离旧我，成为新我的自我完善的过程。因此，教育不应是一种简单的外部灌输或者塑造。课程实施的每一个环节，都必须充分考虑如何保护并发挥学生的主动性、积极性，激发其求索精神、创新精神，以及对理想人生的追求。

学生是学习的主体。我们必须要明确自身的角色，我们要引导和组织学生自主学习，让他们学会独立思考。如果在课堂教学时，很少给学生独立思考的时间，给出问题立马回答，学生回答不出，不是请优生代替就是过早地把答案和盘托出，长此以往学生便会产生严重的依赖性。学生遇到问题不去独立思考，而是习惯于依赖别人，这样不仅课堂的高效体现不出来，而且不利于学生独立精神的养成。

关注学情是促进学生发展的基础。学情，就是学生学习的已有基础和个性差异。只有关注学情，才能科学地确定教学内容和教学方法，最大限度地让学生获取知识，增强能力，活跃思维，培育创新精神。那种无视学情，一味跟着经验走，跟着教参走，跟着感觉走的教学，只能是高耗低效的教学。

关注学情是高效课堂的关键。关注学情也是一个动态过程，从教师备课编写"课堂学习单"时就应该开始。只有关注学情，掌握学情，教学才有引的方向，才有导的重点；只有分析学情，研究学情，教学才有相应的对策，才有具体的方法，课堂才能焕发出勃勃生机！在以学生为本的课堂里，学生不仅仅是教学的主体，也是教学的资源。教师不再单是主观的传授知识，而是及时地捕捉学情，分析学情，顺学而导，引领学生主动地参与探究活动，不断提升探究的实效性。

（三）课堂变革是信息化的结果

20世纪90年代以来，计算机和通信技术的飞速发展带来了信息传播技术的一场革命，全世界都面对知识经济的挑战。为此，各国政府高度重视信息技术及其在教育领域的应用，并把它放到提高本国国际竞争力的战略地位。美国教育部1994年就发表了《用技术来支持教育改革》的报告。教育技术一直是美国实施教育改革计划的最有力的措施。日本明确提出要保持日本在21世纪的经济大国地位，必须要培养国际化、信息化、个性化的人才，其信息的理解能力和应用能力至关重要。澳大利亚提出鉴别信息社会人才的"关键能力"，就是"收集、分析和组织信息"。网络技术的飞速发展，有力地带动了教育技术乃至教育方式的革命性变化。多媒体技术开拓了主观对客观世界学习和认知的新方式。互联网的普及，使构建和运行高性能、低价格的远程教育系统在技术上和经济上成为可能。从20世纪90年代初开始，美国、加拿大、德国、墨西哥、印度、泰国等国利用互联网建立的网上虚拟大学，标志着教育信息化开始了一个新的纪元。

我国十分重视教育信息化的发展，近几年先后启动了中国教育科研网络建设、现代远程教育工程、"校校通"工程、农村中小学现代远程教育工程等一系列全国性的、具有深远影响、意义重大的教育信息化项目，力求以信息化带动教育的现代化，实现教育的跨越式发展。教育信息化应用的推进涉及人、设备、技术、教学实践、管理流程优化等各方面的因素，是一个复杂的系统推进的过程，其中最核心的因素是教学实践，在技术支持下的人的教和学的活动，是以人为本而不是以技术为本。信息化教学方式采用人机交互的形式，它的形象、直观、鼓励学生之间互助互动、强调以学生为中心、培养合作精神等特点，改变了以教师为中心、以课堂为中心、以书本为中心的传统教学模式。其强调以学生为中心，注重师生之间、生生之间的互动，大大激发了学生学习的兴趣。

随着信息化教学方式的逐步推进，课堂教学也面临着众多的挑战与变革，尤其是教师的教学方式、师生互动形式等领域都要随着信息化的进程而逐渐发生转变。

二、当下课堂变革的成功实践

课堂变革是基础教育永恒的主题，不乏尝试。福建师范大学余文森教授在福建开展的"指导—自主学习"教改试验，以通俗的"先学后教"来概括课堂教学改革的方向和特征。华南师范大学郭思乐教授在广东进行的"生本教育"试验很有影响，以"教育走向生本"为口号，推动课堂变革。上海静安区张人利老师的"后茶馆式教学"和青浦一中的"基于预学习的自主课堂"等成了课堂变革的城市样本。还有江苏南通的李庚南老师的"自学、议论、引导"教学法，等等。

（一）课堂教学改革经验介绍

如果说新世纪基础教育课程改革是一次自上而下的课程变革行动的话，那么近几年来全国各地风起云涌的课堂教学改革更多的是自下而上的实践探索。许多行动可能始自基层学校间朴素的交流、学习、借鉴和推广。但从深层看，这一切都源自有责任的教育工作者对当前"重教轻学"的教育现实的积极反思。

1. 洋思中学

江苏省泰兴市洋思中学的课堂成功经验可以总结为"先学后教、当堂训练"。

"先学"：教师简明扼要地出示学习目标；提出自学要求，进行学前指导；提出思考题，规定自学内容；确定自学时间；完成自测题目。"后教"：在自学的基础上，教师与学生，学生与学生之间进行互动式学习。教师对学生解决不了的疑难问题，进行通俗有效的解释。"当堂训练"：在"先学后教"之后，让学生通过一定时间和一定量的训练，应用所学过的知识解决实际问题，加深理解课堂所学的重难点。课堂的主要活动形式：学生自学—学生独立思考—学生之间讨论—学生交流经验。

2. 杜郎口中学

山东省聊城市杜郎口中学的课堂教学改革，就是解放学生，把课堂还给学生。教室都是方阵式排位，四桌8人一组。教室里没有讲台，除了一面墙是玻璃窗外，其余三面全是黑板，体现了"教为主导、学为主体、师生互动、共同发展"的教改思路。

自主学习分为三大模块：预习—展示—反馈。预习—明确学习目标，生成本节课的重难点并初步达成目标。展示—展示、交流预习模块的学习成果，进行知识的迁移运用和对感悟进行提炼提升。反馈—反思和总结，对预设的学习目标进行回归性的检测，突出"弱势群体"，让他们说、谈、演、写，从而实现"兵教兵"、"兵练兵"、"兵强兵"。

3. 东庐中学

江苏省南京市东庐中学的"教学合一"教学改革主要分三大部分：第一部分是改革备课模式，实行以"讲学稿"为载体的分工合作、取长补短的备课改革；第二部分是改革课堂教学模式，实行以"讲学稿"为施工蓝图的小组合作、师生互动的课堂教学改革；第三部分是改革课后辅导模式，实行以"讲学稿"为根据的查漏补缺、教学相长的课外辅导改革，做到教学目标达成"周周清"。他们从课前备课，到课堂教学，到课后辅导进行了全方位的改革。"讲学稿"是集教案、学案、笔记、作业、测试和复习资料于一体的师生共用的教学文本，是将国家课程、地方课程充分整合后的校本课程，是"教学合一"的载体。

4. 河南省西峡县区域推进"三疑三探"课堂教学改革

河南省西峡县在县教研室主任杨文普的带领下创造了课堂教学"三疑三探"的西峡模式。

"设疑自探"，是指在课堂的开始阶段，根据教学实际创设问题情景，围绕学习目标，引导学生提出问题，共同归纳梳理问题，从而形成需要解决的"主干"问题（即自学提纲）。"解疑合探"，是指通过师生或生生互动的方式检查"自探"情况，对于"自探"难以解决的问题合作解决。"质疑再探"，是指在基本完成本节主要学习任务的基础上，鼓励学生质疑问难，再次进行深入探究解答，从而达到查漏补缺、深化知识、发散思维、求异创新的目的。"运用拓展"，是指学生针对本节所学的"新知"，围绕学习目标，尝试编拟一些基础性习题和拓展性习题，展示出来供全体学生训练运用。

5. 浙江省教研室张丰推行的"任务学习"

他们主张"基于任务实现学习"，"以作业撬动学生学习方式的变革"，将"对话中心的课堂"变为"任务中心的课堂"。在学习任务（其实就是广义的作业）的设计与研究中，主要关注以下四个研究维度。

一是学科维度。不同学科的学习任务有着不同的特点，同一学科的不同学习内容可能需要设计不同的学习任务。任务设计与研究必须体现课程性质与学习内容的特点。

二是过程维度。从学习过程看，学习任务有前置性的预习任务、随堂任务、课后的及时任务、单元作业、假期作业、积累性作业等。在不同学习环节的学习任务的设计、运用与反馈都各有规律，各有特点。我们甚至可以将学习任务的设计视为教学准备的关键。

三是功能维度。有效的学习任务，应该是意图明确，且有针对性的。有些作业是用来引导预习的，有些是促进理解的，有些是提高熟练性的，有些是意在诊断和补偿的，有些是促进知识体系形成的整理……教师研究作业必须要注意作业的功能。

四是行为维度。所有的研究都要通过教师的具体的作业行为才进入到学习活动中，所以还要关注教师的备课行为、作业的选择与布置、作业设计、作业的批改分析与反馈等。教师的操作行为是有效开展学习活动的重要保障。

（二）课堂教学改革经验的反思

各地课堂教学模式的共同特点如下。

1. 注重预习

"预习"是在上课前，还是在课堂上？教师是否要提供预习提纲？各地做法不同。东庐中学的"讲学稿"师生共用，上课前教师把讲学稿发给学生，引导学生课前自学教材，并完成"讲学稿"上的题目。"讲学稿"实际是"给学生一个拐杖，让学生尝试自学"。杜郎口中学把预习课提高到前所未有的地位，学生没有预习的课不准上，学生预习不好的课不能上。预习就是正课，自学就是正课。给予了学生自主学习的时间和空间，让学生通过"自己独立"和"小组合作"解决能够解决的绝大部分问题，建构起初步的知识结构，发现并提出需要教师指导、分析、提升的问题。洋思中学的"先学"，不是要求学生在课前预习，而课堂中的先学，是在教师的指导下，教师把教学目标转化为学生的学习目标，学生围绕课时学习目标自主学习。西峡经验不提倡课前预习，一切学习都在40分钟的课堂上完成。但是，为了在课堂上能提出有价值的问题，学生可以自发性地查阅资料，效果比教师布置预习任务好得多。

2. 注重互动

洋思中学摸索总结出来的"教的原则"是：学生会的不教；学生说明白的不重复；学生不会的尽量让学生自己解决问题。教师的责任不在教，而在教学生学。西峡县教师讲解的原则是"三讲三不讲"："三讲"即讲学生自学和讨论后还不理解的问题，讲知识缺陷和易混易错的问题，讲学生质疑后其他学生仍解决不了的问题；"三不讲"即学生不探究不讲，学生会的不讲，学生讲之前不讲。东庐中学要求教师用"讲学稿"教学，要努力做到：新知识放手让学生主动探索，课本放手让学生阅读,重点、难点和疑点放手让学生议论,提出的问题放手让学生思考解答,结论或中心思想等放手让学生概括,规律放手让学生寻找,知识结构体系放手让学生构建。杜郎口中学的探索中,教师逐渐形成了一套"对付"学生不发言的办法。

3. 注重训练

洋思中学的"当堂训练"像竞赛、考试那样,让学生独立地、快节奏地完成,教师不进行辅导,只给答案与结果,让学生自己探索规律,学生不得抄袭。东庐中学要求每个老师都要"下题海",对收集到的习题进行筛选、改编,一道题落到"讲学稿"上,要经过备课组每位老师的审核,每个老师都要先做一遍,体会一下难度,"议一议"题目放的位置是否合适。

4. 注重质疑

问题从何而来?东庐中学的"讲学稿"具有导学、导思、导练的功能,学什么、如何学、学到什么程度,在"讲学稿"中都有表述。与洋思、杜郎口的教改经验相比,西峡的教改实践更具颠覆性。传统的课堂导入常常是教师出示问题,引导学生进入文本,而西峡的课堂导入是由学生提出问题,而后在探究中解决问题;传统的课堂练习多是由教师出示题目,教师评价,而西峡的课堂练习则是由学生自己编题,学生评价;传统的课堂,教师预设的问题多,生成的问题少,而西峡的课堂,课前精心准备的教师常常被学生出其不意的质疑"问住";传统的课堂,教师常常要求学生课前预习,课后布置作业,而西峡的课堂则不倡导学生课前预习,不提倡课后布置作业。

课程改革的核心环节是课堂教学改革,课堂教学改革的关键在于教学模式的改革,关键在于改进教学方法,把课堂还给学生,探索能引起学生兴趣的教学方法。

(三)课堂变革的核心要素

新课程改革已经有条不紊地进行,同时也要求课堂教学应该尽量激发学生学习的兴趣爱好,尽量发挥学生的综合能力,培养学生的个性和创新思维能力。这就要求我们教师必须改变原有的传统教法,用教育名家的理论指导自己,在教学中引领学生走进焕发生命力的课堂教学中。课堂没有本质改变的时候,我们在苦苦求索,但"重教轻学"太严重了,新的课堂改革的核心应该是还学生自由,应把学生学习的基本自由和权利还给学生,还学生以真正的自我。

这正与陶行知早就提出"六大解放"[1] 的核心不谋而合。每个学生都有自己独立的人格和精神世界,每个学生都是一个完整的"人",只有以民主、平等的心态对待每一位学生,他们的无限潜力才能被激发。也就是说,课堂教学要解放学生的头脑,使他能想;解放学生的眼睛,使他能看;解放学生的双手,使他能干;解放学生的嘴,使他能谈;解放学生的空间;解放学生的时间。"六大解放"的核心是还学生自由。人身自由了,心理自由了,他们就会敢想敢问敢说敢做。有了这个条件,学校课堂才会充满情趣。

---

[1] 方明. 陶行知教育名篇[M]. 北京:教育科学出版社,2005:323-326.

1. 解放学生的头脑，使他能想能自学

陶行知先生认为："只有民主才能解放最大多数人的创造力。"① 这足以说明我们要解放学生的头脑，就必须从教学民主入手，在解放学生的头脑中，教师要为学生创设民主、平等、宽松、和谐的教育教学氛围，对学生的创造萌芽要积极培植和爱护，使学生养成勇于独立思考、敢于标新立异的创造精神。充满民主精神的课堂教学，应该把教师"教"的过程变成学生"学"的过程。"学生需要学什么"，主要关乎教学内容的选择——依据学生的学情选择教学内容；"学生怎样学才好"，则主要关乎教学环节的设计——教学环节就是组织"学的活动"。课堂教学必须以学生的需要为基础，只有明白学生阅读最想知道什么，应该知道什么，教师才能明确可以指导什么。学生基础、能力不同，教学内容、具体的课堂指导也该有所不同。教师课前备课的目的、教师课堂指导的重点、教师课后反思的要点，都应是学生，应是学情，应是学生学的活动。

古人朱熹说得好，读书无疑者，须教有疑，有疑者，却要无疑，到这里方是长进。疑问是思维的契机，创新质疑则是创新的先导。解放学生的头脑，培养学生的创新思维能力是关键。爱因斯坦（Albert Einstein）说过，想象力比知识更重要，因为知识是有限的，而想象力则概括着一切。推动着世界的进步。世界上很多发明和创新，都是从"想"开始的。因此，我们基于"课堂学习单"的课堂教学围绕学生学的问题，特别注重学生的独特体验。教学中，老师突出了学生的主体地位，仅以学生的问题为切入口，聚焦于学生易错和难懂的，制定的课堂学习目标相对集中。学生不喜欢的，使他喜欢；学生读不懂的，使他读懂；学生读不好的，使他读好。总之，学生错得多的，就是课堂的学习重点；学生搞不明白的，就是课堂的学习难点。学生的需要才是我们制定课堂学习目标的标准。

解放学生的头脑，还给他们创新的可能性。学生的头脑不是一个被填满的容器，而是需要被点燃的火把。教师的职责就是点燃火把，让它燃烧。教师不是做学生思维的保姆，要让知识成为学生自己思考的果实。爱因斯坦说过：提出一个问题往往比解决问题更重要。因此，教师应鼓励学生敢于质疑，敢于提问，敢于提出问题又能不断解决问题。当学生有疑惑时，教师采取启发式，开启学生思想的闸门，让学生才思泉涌；当学生遇到难点时，采取小组合作学习、集思广益、寻求解决问题的办法。只有让学生质疑问难，学生才会懂得自主地思考。

2. 解放学生的双手，使他能干

陶行知先生说："中国教育之通病是教用脑的人不用手，不教用手的人用脑，所以一无所能，中国教育革命的对策是使手脑联盟，结果是手与脑的力量都可以达到不可思议。"② 皮亚杰（Jean Piaget）也说过，思维从动作开始，切断思维和动作的联系，思维就不能得到发展，人的手脑之间有着千丝万缕的联系。要解决知识的抽

---

① 方明. 陶行知教育名篇［M］. 北京：教育科学出版社，2005：327.
② 同上书，187.

象性和学生思维的形象性之间的矛盾，就要更多的组织学生动手操作。因此，在新课程实施过程中，我们学校努力贯彻"教学做合一"的原则和方法，做到四个"尽可能"，即尽可能了解学生活动兴趣，尽可能让学生准备较多的有结构的活动材料，尽可能让学生积极主动地探索，尽可能把学生的学习兴趣延伸至课外，做好学与用的结合工作，从根本上去调动学生的实践能力和创造能力。

如我们在西店中学紫溪校区，利用校园内的五亩多空地，专门开辟成学生的生活教育基地。学校将教育生活基地划分为五个方阵：707号地、708号地、709号地、807号地、808号地。对号入座分别由707、708、709、807、808班管理，每号地的责任直接落实到相应的班级。学生自主制订生活教育基地实施方案，通过网络了解番薯、玉米、果树等的种植知识进行选种。学校的劳动技术课堂发生实质性变革，学生由单一接受学习向亲身实践过程转变。根据拟订的方案，老师在课堂上指导学生选种、松土、种植、管理等。特别是管理的环节持续时间相对较长。工作细化，例如表现好的同学才可以参与果蔬的管理；农作物田间管理实行实名制，也就是把负责管理的学生名字刻在田间的号牌上，责任落实到具体学生。与此同时老师给予指导，学生会参与监督，目的是让学生亲历农作物的生长过程，在生产实践中体验劳动的艰辛与快乐。

一位教育学家说过："儿童的智慧在他的手指上。"[1] 手动促脑动。解放学生的双手，让学生动手操作的过程，就是学生多种感官参与学习活动的过程。它不但使学生学得生动活泼，而且对所学知识理解得更深更透。绘画、制作、实验、表演等实践活动充分利用学生的非智力因素，对教材提供的信息进行动态处理，变静为动。学生积极参与活动，在动手操作中有效地获取知识和能力。

3. 解放学生的眼睛，使他能看

观察感知是思维活动的窗户，是人们认识事物本质的开端。学生对事物的认识，首先是从观察开始的，所以我们要利用一切可以利用的教学资源，如图片、标本、实物、多媒体课件来开阔学生的眼界，从多角度提供相关资料，尽可能运用生动的、形象的材料进行教学，创设表达的机会，让学生的眼睛亮起来。

比如我们学校的语文教学，教师积极引导学生在生活中掌握正确的观察方法。第一，要有明确的观察目的，在帮助孩子确定了观察对象之后，鼓励孩子留心观察到底，不要轻易转移目标。第二要有顺序、有步骤地观察，如从上到下，从左到右，从外到里等。第三，要从多角度观察事物，培养孩子创造性的观察方法。第四，注重同一事物、不同事物的比较，提高学生观察能力。比如我们学校的劳技教学，引导学生观察并写观察日记等。恩格斯（Friedrich Von Engels）说，鹰比人看得远得多，但是人的眼睛识别东西却远胜于鹰。著名的俄国生理学家巴甫洛夫（Pavlov Ivan Petrorich）的座右铭就是"观察，观察，再观察"。因此，教师在教学中必须解放学生的眼睛，引导他们观察大自然，观察社会生活，让学生去感受美，享受美。

---

[1] 苏霍姆林斯基. 给教师的建议 [M]. 杜殿坤，译. 北京：教育科学出版社，1984：33.

4. 解放学生的嘴巴，使他能谈

陶行知说："发明千千万，起点是一问。禽兽不如人，过在不会问。智者问得巧，愚者问得笨。人力胜天工，只在每事问。"① 解放学生的嘴，有问题要准许他们问。让学生大胆地提问、积极地发言，允许他们说错、允许他们的意见与老师不一致，从而保护他们发言的积极性。如果在教学中，教师只是口若悬河地讲，学生静静地听，就激发不了学生主动学习的精神，更谈不上学生创造能力的培养。教学中我们应留给学生提问的时间和发言的机会，鼓励与尊重他们提问，对他们的一些独到的见解给予合理的评价。要引导学生善问，把问题提到关键处，提高问的质量，要让学生把他们在生活中积累的知识和经验表达清楚、完整，不轻易打断他们的发言，促使他们的语言和思维在谈话中得到同步发展。

如我们基于"课堂学习单"的语文课堂教学，总是充分给学生营造"开口"的机会，提供"读"的空间，提供"说"的机会。"读"是采用多种形式的读，并不断变换朗读形式，如独立小声读、同座练读、指名读、分小组读、分角色读、男女轮读、找自己喜欢的伙伴读、开火车读、赛读、自由读等，让每一位学生都有机会读。同时，让学生带着问题读，教师则用"画龙点睛"之法对学生进行点拨，让学生读读划划，从读中努力找寻问题的答案。"说"是结合阅读教学，给学生表达感受、见解和想象的空间。让学生实话实说，能说多少说多少，老师给学生充分的"自由度"，让他们大胆说、积极说、完整地说。通过营造氛围和创设情景，让学生充分展开想象的翅膀，在"互学"、"问学"、"用学"各个环节中都敢想敢说，甚至去"标新立异"、"异想天开"；从而让学生在无拘无束的争论中思维碰撞出智慧的火花，在大量的语言实践中提升自身的语言能力和语文素养，并促进学生的个性化发展。

5. 解放学生的空间，使他能到大自然、社会里取得丰富的学问

陶行知主张："把笼里的小鸟放到天空中去，使他能任意飞翔，把学校的一切伸张到大自然里去。"② "我们要解放小孩子的空间，让他们去接触大自然中的花草，树木，青山，绿水，日月，星辰以及大社会中之士，农，工，商，三教九流，自由地对宇宙发问，与万物为友，并且向中外古今三百六十行学习。"③ 我们要解放学生的空间，就要想方设法让学生从课堂中跳出来，带领他们开展丰富多彩的课外活动，以社会、大自然为师。

学校是学生生活的重要舞台。学校里开展的各项活动，学生之间、师生之间发生的感人的故事以及学校建筑、环境等都可以成为语文教学的重要资源，如我们每年的校园文化节、秋季运动会等。社会是学习语文的广阔天地。例如组织学生走访农村，进行社会主义新农村建设调查等，既让学生在走访调查中增加了学习空间，增广了知识面，又学写了调查报告，一举多得。

---

① 方明，陶行知教育名篇［M］. 北京：教育科学出版社，2005：325.
② 同上书，154.
③ 同上书，325.

6. 解放学生的时间，让他学一点他自己渴望要学的学问

陶行知先生指出："一般学校把儿童全部时间占据，使儿童失去学习人生的机会，养成了无意创造的倾向。到成人时，即有时间，也不知道怎样下手去发挥他的创造力了。"① 教师应悉心深究教材，专心备课，精心设计作业，并在课内留有做作业的时间，课后作业时间相应减少。只有这样，才算名副其实地解放了学生的时间，才能让学生个性得到充分发展，创造能力得到充分发挥。把课堂还给学生，给学生交流讨论、质疑问难的时间。不布置机械重复的无效作业，腾时间给学生自由。

我们学校早在几年前，在摸索实施"课堂学习单"教学改革的同时，也摸索着与之相配套的作业改革尝试。学校不使用课本、作业本以外的教辅资料，作业只用教师自己编写的"课堂学习单"；教师每天布置的作业要公示上墙，并由校领导审核；学生的每天作业总量控制在2小时内完成，学校安排作业整理课，力争作业在学校完成。为了照顾学生的差异，树立他们的自尊心和自信心，我们在编写"课堂学习单"时，教师结合学生实际，结合教材，根据难度高低把作业有层次地分成三部分：基础题、提高题和拓展题。不同的班级、不同的学生，根据自己学习不同的起点、不同的能力，在保证落实"双基"（基础知识和基本能力）的基础上进行选择。我们允许学生不做"课堂学习单"上的部分内容或选做其他作业。

作业"跑"到课堂前。教师在上课前一天把"课堂学习单"发给学生，指导学生通过"课堂学习单"了解学习目标与学习重难点；借助提示预习新课；学例题、读课文、看注释、做实验，试做例题相类似的习题，比如提前落实新课的单词词组等，发现问题，做上记号，并及时记录。课堂上订正"课堂学习单"出现的问题，课后没有作业，学生有自由学习的时间。

第二节 课堂的基本形态

一、课堂形态的演变

（一）教师独白课堂

我国的教育学传统来自赫尔巴特（Johann Fredrich Herbert）。关于教学的步骤，赫尔巴特在他的《普通教育学》一书中把教学分为四个阶段，即清楚、联合、系统和方法。后世的研究者对此进行了各种改造，最终的结果便是著名的"五步教学法"，即准备、提示、联合、概括和运用。

在长期的教学实践中，我国的教育者对此法进行了本土化改造，改造后的师本教学思想指导下的一堂好课的标准基本上是：① 目标明确，完成任务；② 内容正确充实，抓住重点、难点和关键点；③ 方法适合，善于启发诱导；④ 组织合理，教学机智；⑤ 语言清晰，富于感染；⑥ 态度积极，配合默契。这些标准都是要求

---

① 方明. 陶行知教育名篇 [M]. 北京：教育科学出版社，2005：326.

教师做到如何如何，教师的教学大多属于教学内容的个人独白，没有来自学生的声音，教学是教师一个人开展的；教师也需要学生的反应，但希望得到的仅仅是点头认可，而不是学生自己的观点和看法。这样的课堂教学，教师的教学基本上是独角戏，是独白式的讲解，学生很少参与，也很难参与进去。

（二）师生互动课堂

经济学的"产业"、政治学的"权力"进入宏观教育领域的同时，社会学中的"互动"进入了微观教育。于是，随着传统课堂教学受到的批评和教育教学理念不断演进，研究者开始关注课堂教学中的人际关系，关注课堂上的师生互动。在这个阶段，课堂中更加强化了师生之间的互动行为与方式，改变了传统的教师独白课堂形态。

在师生互动课堂中，虽然教师关注学生在课堂上的表现，注重学生的感受和理解，关注学生的发言次数、时间和人数，但对学生发言质量关注较少。有研究者的课堂统计发现，在有师生互动的课堂中，尽管学生在数量上是远远超过教师的，但教师在一节课上讲话时间占四分之三，而全体学生讲话时间仅占四分之一，面对庞大的班级人数，教师的提问显得蜻蜓点水，缺乏学生拓展思维的训练，是一种浅层次的互动。学生的需要并未得到满足，课堂没有他们的观点，没有他们的贡献，没有挑战他们的思维与能力，这样的课堂仍然没有逃出传统思维的窠臼。

（三）生本课堂

生本教育理念是郭思乐教授基于中国古老的文化哲学和本土的教育实践而提出的全新的教育理念，并且六年来身体力行，在广东等地主持开展了"生本教育的观念和实践模式研究"，取得了令人信服的教育教学效果。生本的课堂教学里讨论是常规，讨论的常规化使儿童的学习积极性得到极大的肯定。课堂交流会引发大剂量的课外阅读，在课堂上给孩子展示的机会，展示他们的阅读，展示他们的进步。

（四）生命课堂

"生命课堂"就是在课堂教学中，不仅仅是为了知识而教学，而是为了人的发展而教学。一方面知识为人的发展服务，另一方面教学为人的发展服务。"生命课堂"就是要将"以符号为主要载体的书本知识重新激活，实现与三方面的沟通：书本知识与人类生活世界的沟通，与学生经验世界、成长需要沟通，与发现、发展知识的人和历史沟通。用通俗的话来说，就是使知识恢复到鲜活的状态，与人的生命、生活重新息息相关，使它呈现出生命态"。"生命课堂"还注重学生每个生命发展的过程，注重三维的教学目标，即"知识与技能、过程与方法、情感态度价值观"。在生命课堂中，教学需要创造，教学过程需要从过去的"惯性教学"经教学反思而成为"有效教学"、"创造性教学"。学生的学习将由过去死记硬背、机械训练的被动方式向主动参与、合作探究、勤于实践的方式转变，学生学习的主体性将成为教学活动的中心和目的，教师主体为学生主体服务，从而摆正两个主体的位置和关系。从教学来看，兴趣教学、活动教学、合作教学、探究学习、研究性学习等将成为学生成长与发展中的主要学习方式。在这些学习方式中，学生将成为真正学习的主人。

二、新课堂模式的构建

建立多维互动的教学机制，通过学生的自主探索、尝试成功，师生、生生之间的合作、交流，从而让学生自觉、主动地提出问题、分析问题、解决问题，并自觉地总结和掌握解决问题过程中所用到的思想和方法，自觉地认识此过程中产生的错误和不足，从而建立以自主学习、合作学习、探究学习、体验学习为一体的与新课程相应的教学体系，形成"以学生为核心、以能力为目标、以活动为中心"的新课堂，课堂实现"以学生为中心，以问题为载体，以活动为纽带，以情境为手段，以民主为保证"的目标。杭州师范大学的黄伟教授在指导我们的课堂实践时指出：不管怎样，各学科课堂的基本模式体现了"互学—呈现"—"导学—导思"—"反思—反馈"等理念。

1. 第一环节：互学—呈现

（1）问题情境。教师创设情境，引导学生发现问题，激发动力。教师所设计的问题目标力求体现"活动—探究"学习的要求，以此为本课教学的导向和评价的标准。学生明确本课的要求和导向，从而有目的地积极自学探究。

（2）复习旧知。引导学生由此找到新知的固着点（理科尤为重要），为学习新知作铺垫，引导学生提出问题进入情境。

（3）尝试练习。设计的尝试练习题必须符合教学目标的要求，涉及新知，且符合不同层次学生的学习基础和心理需要，具有可选择性，使层次较低的学生也能体验到成功，让层次较高的学生也能产生焦虑情绪，促进求知的兴趣和欲望，产生学习动力。这也可作为一种问题情境产生的途径。

2. 第二环节：导学—导思

（1）学生质疑。学生在自学的基础上，提出在尝试练习中未能解决的问题，请求小组予以帮助，亦可提出起警示作用的问题，从而为学生提供展现自我、表现自我的机会，并把学生带入对话、合作、交流、提高的境界。

（2）小组合议。小组合作、讨论解决疑难，教师引导学生合议解疑，由此明确解疑思路，尤其是关键点（重点、难点、热点等），使个人自学成果转变为全组成员共同认识的成果，从而扩展和加深对新知识和有关学法的理解。进而引导学生多向思维，掌握方法，体会集体的温暖，培养群体意识、团结协作意识。

（3）教师释疑。针对小组答疑情况或学生自学情况，根据小组质疑提出问题或教师针对学生的实际和紧扣教学目标而提出的问题（所提问题需具有典型性和代表性），教师择要精讲释疑，并注重基础和关键点。同时注意语言、情感艺术的巧妙运用，即时、即地鼓励学生的学习结果，借此诱发学生的创造性思维，激发学生学习积极性，引导学生学会学习。

3. 第三环节：反思—反馈

(1) 独立练习。教师要创设新知的实际应用情境，编制好力求符合教育目标要求，联系学生的生活、社会、学习实际的变式训练题，以便学生通过演练巩固新知，加强对新知的理解和实际应用能力。从而达到体验生活、体验情境、体验成功的要求，实现学生对意义的探寻和创造。

(2) 交流互助。独立演练后在小组内互批练习，然后合议，以达到共同提高和体验交往的目的。

(3) 评价。评价对象是教育目标的达成度、教与学双方的努力程度、教与学方式的科学性。评价应贯彻鼓励性评价原则，采用学生自评、小组互评、教师评价相结合的评价方式，还可进行学生互批练习后的反馈评价，以激发学生的学习积极性。

第三节　新课堂教师作用在哪里

一般的教材内容学生都能看得懂，即便真有什么问题，也能靠上网搜索轻松搞定，教师的"教学参考"、"参考答案"逐渐没有了"威力"。再者，有了课前发的"课堂学习单"，对于课堂要"学"的内容，学生都"了然于胸"。熟悉的课堂模式和提前知晓的教学内容，渐渐使一部分学生丧失了学习的新鲜感，平时学习成绩在班级中上水平的小周说："'课堂学习单'让不少平时成绩一般的同学有了进步，但对培养自己的创新能力和思维作用不大。"试问，在这种环境下，课堂教学中教师还有什么作用？

一、教师的引领作用

一味强调教师的控制作用，学生唯命是从、言听计从，是难以培养学生的主体性和个性的。这样，如何发掘教师的实践智慧，借助教师"支援"和"帮助"作用的发挥，用引领学生自主解决问题的教学艺术去替代教师发号施令的教学技术，成为教师教学行为的重要内容。"支援"不等于"放任自流"，"支援"的教学行为大体包括：建议、发散性提问、气氛调节、肯定性评价等。可以说，新课堂中教师的角色作用不再是单纯的技术熟练者，而是"反思性教学"专家。在新课堂中，教师不再以知识权威和绝对权力的姿态走进教室"传道、授业、解惑"，而是充当课程实施的"积极推进者"、"平等对话者"、"行动研究者"等多种角色。换言之，作为教师的角色，不存在所谓永恒不变的知识结构，也不存在所谓的知识权威，教师更是一个"解构者"。在解构的过程中，与学生共同参与知识文化的建构。这样，以往教师教育所植基的教育原理、课程理论、儿童发展理论、学校制度理论、教育评价理论、学校社会学理论等，均需重新加以检讨。

二、使学生学会学习、提高创造能力

课堂上，学生有问题，如何回答？我们应该明确学生任何一个不懂问题的背后，

总存在或知识或方法或思维上有许多不会，但也存在某一些会的。每遇到学生有困难时，教师要巧妙地设置学生可接受的能用的知识方法解决问题，一步一步地推进，达到"困难问题"是学生自行解决的"感觉"。在教师引导下，学生经历问题解决的过程，觉得问题是自己解决的，知识是自己学会的，更重要的是学生感悟到克服困难的方法与信心。

学生的学习更需要的是方法、能力，课堂应该留足时间用于培养学习方法、发展学习能力。在课堂中应该教学生读书，提问题，理知识，悟方法。预习，是教会学生读书的一种好方法。课堂上要培养学生思维方式。知识会随时间推移而忘记，而思维方式是终身受益的。比如，教代数，强调数学建模，就要学会将社会生活中的现实问题转化为方程、不等式、函数……并计算之；教几何，强调直观形象思维、内在逻辑联系；教概念，强调在情境、系统背景下理解概念，建立概念。

凡被认为是成功的、有效的教学，作为参与者的每一位教师一定会从中感受到挣脱"灌输中心教学"，走向"对话中心教学"的激情，并且享受着教学创造的快乐。这就是说，教师不再满足于如何有效地传递现成教材内容的"传递力"，而在谋求学生独立解决课题的学习中，立足于教师对学生行为的预测，创设新的学习情境。这意味着教师的传递能力和创造能力的提升，而这些能力的提升又是以理解学生的能力为前提的。每一位学生都是独一无二的存在。越是关注学生主体的学习活动，就越是需要教师洞察学生的学习：他们是如何活动的，是沿着什么方向展开的，面临哪些问题，等等。

三、具有合理运用教材的能力

现在，不少年轻教师怕完不成教学任务，赶不上教学进度，就在课堂上搞"一言堂"，较少关注学生的学。又怕教材里有什么知识点遗漏，于是面面俱到，没有对教学内容进行适度筛选，眉毛胡子一把抓，把不该作为合作学习的内容也一股脑儿地当做合作学习的材料，导致合作学习陷入无重点、无次序、无价值取向等繁杂操练中，合作学习的趣味荡然无存，还影响了正常的教学进度。

其实，新的教材观强调：从"教教材"向"用教材教"过渡。[1] 这就要求教师既要潜心"走进教材"，又要善于"走出教材"。要充分发挥教材的作用，就必须在正确理解教材、准确把握教材的基础上，对教材进行个性化地处理和创造性地加工，使教学教材本土化、生活化、活动化，进而让教材在教学过程中充满生机和活力。教师在使用教材时，要凭借自己的智慧、灵感、经验，在尊重教材的基础上对教材进行完善或加工，必要时还需作适度补充，努力挖掘教材的内在价值，让它更好地为教学服务，为学生发展服务。在教学过程中，教师可以根据实际需要，灵活地对教材中一些不科学、不合理、易于干扰学生思维的学习素材进行大胆删减，实现教材与教学的有机整合。在这种删减学习素材的过程中，教材可以更加趋于合理，更

---

[1] 王荣生. 新课标与"语文教学内容"[M]. 南宁：广西教育出版社，2004：13.

加符合学生的学习规律。教材的结构不仅要符合学科的知识结构，也要符合学生的认知结构。这就要求教师在安排教学时，结合自身的教学经验与学生已有的知识储备对教材的结构进行适当地调整。比如，教师从备课编写"课堂学习单"开始，就要精密设计问题，对学生在预习环节提出的问题进行整理、归类和整合后形成"问题链"。同时，教师也需要根据自己的教学经验，结合课标和学生实际提出补充问题，以弥补学生提出问题的不足。这就需要教师查阅资料，与同组老师讨论。在当下强调学生自主的课堂要求下，教师要充分钻研教材、考量学情，心有课堂才能在课堂上游刃有余。

四、掌控课堂动态生成的能力

心理学家罗杰斯（C. R. Rogers）也曾指出，一个人的创造力只有在其感觉到"心理安全"和"心理自由"的条件下才能获得最大限度的表现和发展。教师要想构建一个民主、和谐、宽松、高效的课堂，首先要拉近自己与学生之间的距离，跟学生交朋友。用迷人的微笑吸引学生，用亲切的语言温暖学生，用饱满的情感感染学生，真正让学生感受到你的温暖可亲。另外，教师还要理解学生的心情，宽容学生的小错误，耐心指导学生，做到循循善诱。教育学研究表明，人在轻松、自由的心理状态下才可能有丰富的想象，才会迸发出创造性思维的火花。轻松自由的心理状态对学生学习的主动性、积极性和创造性的发挥起促进作用。教师对每一个学生都要抱有一个合理的期望，并且要通过态度、表情以及言语行为表现给学生，让学生充分地体会到你对他的期望。无论哪个学生在接收到教师的"爱"后，都会更加积极主动地投入学习，参与课堂活动，从而达到所期望的课堂氛围，高效的课堂教学也随之产生。

在课堂上让学生能讨论交流，合作与探究，最后达到生成。基于"课堂主阵地"的课堂教学，可根据"互学互助"原则，将学生划分为很多小组，让优生带动学困生，使每个学生都有发言的机会，都能自主思考，都能合作学习，取长补短。教师流动性的指导，使得合作学习的效果更加完美。讨论交流结束，小组代表一人回答，其余同学补充。这样，以往在学习上依赖别人、缺乏学习自觉性的学生开始学会自己思考问题，课堂气氛会十分活跃。

第四节 相约从"学"出发

应试的课堂好比治的是人表面的病，无论什么情况，只要是感染，就用抗生素，结果有些感染很难治愈。基于"学"的活动的课堂好比治的是得病的原因，根据中医理论，只有阴阳调和，才能根除感染。

一、从"学情"出发

美国著名心理学家麦克利兰（David C. Mc Clelland）于1973年提出了著名的

"素质冰山模型理论",该理论告诉我们:在人的素质中,知识和技能只是浮在海面上的冰山一角,而角色定位、价值观,自我认知,品质,动机却是冰山的下部,都深深地掩藏在海面之下,根本看不到。这些看不到的冰山部分才是人最重要最关键的素质。

美国学者 R. 博亚特兹（Richard Boyatzis）的"素质洋葱模型理论",与冰山理论有异曲同工之妙,也充分地说明了冰山理论的重要性。该理论认为,人的素质分为三层,最外边的那层是知识和技能,这一部分素质容易通过教育培养形成,也容易评价;第二层是自我形象、态度价值观,不易评价,也难培养,要靠自己主动地反思和内化,主动地建构,才能习得;第三层是个性和动机,这是一个人精神和素质的内核,决定了个人的成长轨迹和道路,这一类的素质极难通过教育培养,主要靠自己坚持不懈的努力,在丰富的社会实践和自然实践中艰苦磨炼,不断内化,才能形成。

顾泠元教授主持的课题组也对教师的核心素质进行过研究,他们认为教师的素质也分三层。第一层是学科知识和关于学生的知识,易于掌握;第二层是教学法、教学管理、社会文化、课程、评价等知识,掌握和理解要难于第一层;第三层才是学科教学知识（Pedagogical Content knowledge 简称 PCK）,即在真实教学中使用的、有别于纯粹的学科知识和一般教学知识的知识,其特点是自主建构性,所以无法简单地传授给教师。顾泠元课题组根据该理论还对专家教师和新手进行了对比研究,结论和理论模型非常吻合。

因此,在赞叹专家教师、优秀教师飞扬的神采时,我们是否也该挖掘他们"冰山"之下的功夫呢?

教师如果没有个人强烈要求改进课堂的渴望,没有内在动机、情感、价值观的变化,学习先进,只是学习了皮毛,即浅层次的东西,改造课堂,也是被动应付,很难没有体会到课堂变化给自己带来的愉快和幸福。因此,对于课堂形态的控制,从根本上说就是要更加注重教师核心素质和情感因素的发展和提高,激发教师内在的动机和追求,充分调动广大教师的积极性和内驱力,由"要我干",变成"我要干"。正确把握我国基础教育改革的趋势,积极投身于课堂教学改革的大潮中,不断尝试,不断探索,以忠诚于教育事业为己任,勇于吃苦,勇挑重担,教书育人,为人师表;增强责任心和使命感,不断地改革创新,不断地实现新跨越、新突破,在事业的发展中实现自我价值,在平凡的工作中做出不平凡的业绩,从而实现自我价值与事业辉煌的双丰收。只有这样,学习先进、建设自主高效优质的课堂,使课堂形态更加遵循学生的认知规律,才能不走回头路,才会成为常态和现实。

成功的教育从学校的特长出发,重教学,更重育人。我们考察了上海、山东、江苏、浙江等地办学的成功经验,它们都强调学生的自学重要性,都在运用不同的方法和载体,让学生去主动学习。2006 年 9 月始,我们学校展开了"以生定教"的课堂教学的探索与研究,以七年级为研究对象,以"学的活动"为基点,以"课堂工作纸"为载体,以"语文、数学、英语、科学"为突破口,经过多年实践摸索,取得了一定研究效果,形成了许多共识。

第一,提高学校教育质量的核心在于课堂教学质量。国内外大量课堂教学实践充分证明,提高课堂教学质量的关键,取决于广大教师认识的正确、情感的投入、方法的有效以及管理的科学,其中方法的科学、有效起着极为重要的作用。无论是20世纪80年代的青浦教改"一本作业本",还是本世纪出现的东庐中学以"讲学稿"为载体进行的教学研究,都说明了那些具有较高生态效度的课堂教学研究追求某种容易为广大教师所操控的"自变量"的重要意义。

第二,教育是让学生在尝试中学会求知。联合国教科文组织在1972年《学会生存》一书中提出"学会学习"的著名论断,鼓励学生自己尝试新的知识,并在"学"的过程中总结、巩固和反思。"课堂工作纸"的实践研究要重新解读"教"与"学"的次序,重新界定"教"与"学"的地位。

第三,教育不是解决问题而是发现问题。一直以来,教育常常以"解决"问题为"己任",常在教学生如何"解答",但很少教学生如何"提问",然而这种教育方式只是培养孩子解答已知世界问题的能力,却让他们失去了探索未知世界的能力,也就等于磨灭了孩子自由"启疑"的天性,使他们丧失了探索、求知的本能。"课堂工作纸"的实践研究是要把无学习问题的"学生"教得有学习问题——让学生在"发现"学习问题中成长。

第四,教育不可能完美,但可以完善。学校的生源比较复杂,学校无法奢求每个孩子都能得到德、智、体、美的全面发展,却可以通过教育让每个学生都有梦想。一堂好课可以让每个学生都发生一些变化,这种变化或许有多有少,有深有浅,但只要每个学生都有了各自的进步,就是有效的课堂教育。"课堂工作纸"的实践研究就是要让每个学生都有梦想,让这个梦想指引着学生向前迈进,任何时刻都保持一份对生活的热情,坚持着做人的善心。能让学生在学习中感受欢愉的学校,就是一所成功的学校。

教学的目标是促进学生的发展,学生的发展也永远是学校教学追求的终极目标。

二、推行"课堂工作纸"

"课堂工作纸"是一种课堂教学工具,它由"课堂学习单""二次备课稿""看课记录卡""课堂评价册"和"学情简报"组成。其中"课堂学习单"和"二次备课稿"是我们开发的两种学与教的工具,也是架起学生学习与教师教学的一座桥梁。"看课记录卡"、"课堂评价册"和"学情简报"则是保障和推进"课堂工作纸"实践的机制。

"课堂学习单"是由备课组教师集体研究教材、学生的特点,预设学生学习的问题设计,由学科备课组长担纲组织教师进行编写的课堂教学工具之一,内容一般包括学习目标、学习内容、学习疑问、学习自测和学习反思五部分。

"二次备课稿"是教师根据学生按照"课堂学习单"的内容和要求进行课前学习

的情况反馈、整理，针对每班学生的个性化备课，确定各班课堂学的内容、方法和策略而记录的二次备课内容的课堂教学工具之一。

"看课记录卡"是指西店中学教师根据自己的看课任务在看课时进行记录的一种表格式工具。"课堂评价册"是指为了顺利推进"课堂学习单"的实施而设计的一份评价表格。"学情简报"是西店中学建立在阶段性学情分析的基础上，由课题组编写的研究通讯，主要内容有各备课组、班级、学生在学习方面的特点，学习方法的指导，习惯的养成，兴趣的培养，成绩的提升，教师采取的一些得力措施，包括教学内容的选择和教学环节的推进等。

"课堂工作纸"实践的研究是围绕问题展开，可分为三个时段：第一，教师集体研究教材、学生的特点，预设学生学习的问题；第二，学生依据教本、"课堂学习单"和自己的基础，发现学习过程中自己的问题；第三，课堂上师生共同探究学习中的问题，设法解决，迁移经验，发现新的问题（见图1-1）。

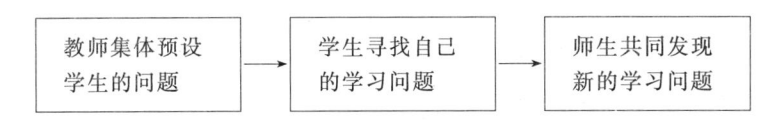

教师集体预设学生的问题 → 学生寻找自己的学习问题 → 师生共同发现新的学习问题

图 1-1 以问题为主线的课改思路

"课堂工作纸"主要措施是开发了两个工具，即"课堂学习单"、"二次备课稿"，核心是为了学生的发展（见图1-2）。

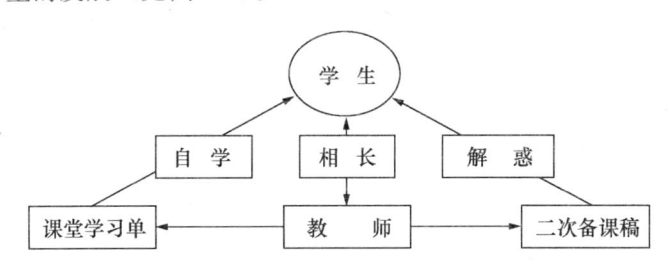

图 1-2 "课堂工作纸"的工具构建

"课堂工作纸"教学真正体现出自主、高效、轻负的特点，不仅发挥了教师甚为关键的主导作用，更突出了学生无可替代的主体地位，较好地体现了"学思结合、知行统一、因材施教"的教育理念。

在实践中我们试图回答下列问题。

第一，什么是传统教学方式？什么是现代教学方式？在我国当代教育情境下，传统教学方式适用的境域是什么？价值何在？传统教学方式如何实现现代解读与转换？对我们传统教学方式和西方现代教学方式进行梳理，意在为新的教学方式的创立提供理论基础和创新平台，使新的教学方式建立在对传统的、西方的教学方式的扬弃基础上。

第二，新课程改革以来现代教学方式运用的成效在哪里？我国当代教学如何对传统教学方式进行继承和发展，从而实现现代教学方式的创新？如何汲取西方现代教学方式精髓和精神并进行本土改造，从而创建适用于我国国情和当代课程实践的教学方式？

第三，在总结已有的研究与实践探索的成果及经验教训的基础上，从课堂形态的视角构建一套教学模式，这套教学模式围绕"四学"展开：预学－互学－问学－用学。

第二章　设计"课堂学习单"

叶澜教授为课堂重建提出的口号是"把课堂还给学生，让课堂焕发生命的气息"，[①]"把创造还给教师，让教学成为充满智慧的事业"[②] 和"把班级还给学生，让班级充满成长的气息"。[③] 郑金洲教授也提出重构课堂应树立有关课堂的四点基本认识：第一，课堂不是教师表演的舞台，而是师生之间交往互动的舞台；第二，课堂不是对学生进行训练的场所，而是引导学生发展的场所；第三，课堂不只是传授学生知识的场所，更应该是探究知识的场所；第四，课堂不是教师教学行为模式化运作的场所，而是教师教育智慧充分展现的场所。

然而，面对传统的课堂教学方式与新课程理念的矛盾、教学内容多与课时紧张的矛盾，到底应该从哪里入手重构课堂教学，以更有利地促进学生发展呢？我们尝试从学校备课组编写"课堂学习单"起步，在教师的指导下学生自己学习，解决矛盾。

第一节　"课堂学习单"概述

一、"课堂学习单"的基本结构

"课堂学习单"由五大板块组成：学习目标——你知道要学什么吗？学习内容——让我们共同来探究。学习疑问——你还有什么不会？学习自测——你会了吗？学习反思——你有什么收获？还有什么问题？

"课堂学习单"涵盖了教与学的五大环节，组成了一个学习系统的循环（见图2-1）。

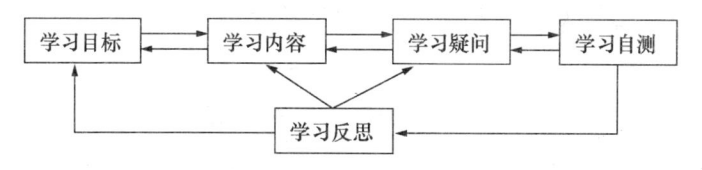

学习目标 → 学习内容 → 学习疑问 → 学习自测
　　　　↘　　　　学习反思　　　　↙

图2-1　"课堂学习单"五大环节循环系统

这样的一个学习循环，有利于培养学生的良好学习习惯，提高学生的自习能力，使学生在学习目标的引领下，研习内容，质疑问难，不断反馈，巩固知识；教师通

[①] 叶澜.让课堂教学焕发生命活力［J］.教学研究，1997：9.
[②] 同上.
[③] 同上.

过对"课堂学习单"的设计与实施，及时掌控学生学习动态，及时调整教学策略，实现教学目标。

二、"课堂学习单"的作用

1. 基于"课堂学习单"的集体备课

"课堂学习单"是教师集体备课形成的产品。其形成过程概括地说就是提前备课，轮流担任主要备课人（以下简称"主备"），集体研讨，一起定稿，共同使用。便于学校评判教师集体备课的水平。

2. 基于"课堂学习单"的课前自学

"课堂学习单"主要用于学生课前自学。设计"课堂学习单"的目的就是帮助学生带着问题学习。方便学生学习时发现不懂之处做记号或记录，以便在课堂中得到解答或释疑。

3. 基于"课堂学习单"的课堂生成

上课时，师生共用"课堂学习单"。简单问题学生示范，教师拓展；稍难问题教师分解，学生讨论；较难问题重新调整，教师讲解。通过三种不同策略来促成学生的学习与巩固，课堂处于不断生成的状态之中。

4. 基于"课堂学习单"的个体指导

个体指导是"课堂学习单"向课后的延伸与跟踪。不同的学生，学习基础、学习习惯、学习能力不同，有些问题在课堂上解决了，有些问题没有解决甚至派生出新的问题，这就需要通过课外的个别指导来进行补救或延续。所以"课堂学习单"的回收或保存具有再学习的功能，是教学双方的"备忘本"与"反思册"。

5. 基于"课堂学习单"的教学反思

教学反思主要是对"课堂学习单"的预设与实际教学之间的差距的反思。哪些知识讲解清楚了？为什么学生会有这样的问题？为什么学生会犯这样的错误？反思其实是对之前教学行为的一种观察与审视，是对之后教学的一种思考与参照。这种反思不仅帮助教师调整教学行为，也是教师自我成长的有效途径。

6. "课堂学习单"的使用范围

"课堂学习单"创设学生感兴趣的情境，注重学生的切身体验，是引导学生养成自主学习的习惯的一种教学辅助工具，可以用在课前预习、课中学习、课后复习。其活动、问题安排周密并符合学生的认知过程，能够使学生在完成学习的过程中达成课程目标。

三、"课堂学习单"的定义

教师由学生学习的指导者变为学生学习的策划者、组织者、引导者、促进者，从而在根本上改变了学生的学习方式。学生能够通过教师设计的"课堂学习单"增长知识、形成能力。因此，编写"课堂学习单"的第一要求就是教师要有高度的责任感，在此前提下寻求一些好方法。

一份好的"课堂学习单"能体现四个特点。

1. 问题探究是"课堂学习单"的关键

问题探究能起到"以问拓思,因问造势"的功效,并能帮助学生学会如何从理论阐述中掌握问题的关键。

2. 知识整理是"课堂学习单"的重点

"课堂学习单"设计的初步目标就是让学生学会独立地将课本上的知识进行分析综合、整理归纳,形成一个完整的知识体系。

3. 阅读思考是"课堂学习单"的特色

"课堂学习单"是对文本内容的再创造,凝聚着教师的集体智慧,是文本与学生之间架起的一座桥梁,学生要体味其中的缘由。

4. 巩固练习是"课堂学习单"的着力点

在探索整理的基础上,让学生独立进行一些针对性强的巩固练习。

第二节 编写"课堂学习单"的基本要求

一、"课堂学习单"各部分内容的设计说明

完整的"课堂学习单"应由以下几部分组成:开头部分,包括课题、课型、执笔人、审核人;主体部分,包括学习目标、学习内容、学习疑问、学习拓展、学习反思。

1. 学习目标

学习目标应结合新课程目标,结合学生学情,多使用"能记住"、"能说出"、"会运用"、"解决"等可检测的明确用语,力求做到简洁、准确、清晰。每课数量以1—3个为宜,不能太多。如《走一步再走一步》学习目标为:能用简洁的语言复述故事情节;理解"走一步,再走一步"的含义。

2. 学习内容

以语文为例,"学习积累"是"课堂学习单"的基础内容,属于识记层级的内容,大致分为两大类,一是重要文学常识内容的介绍,包括对作者及写作背景的了解和积累,可从一定程度降低学生自学的难度;二是课文重点字词的积累,可以培养学生积累词语、注重基础落实的习惯。

"问题研讨"是"课堂学习单"最主要的内容,是"课堂学习单"的主要环节,一般以问题形式呈现。它的主要作用是引导学生有目的、深入地自学课文,使学生对教材的学习有一定方向,做到有的放矢。问题研讨部分在具体实施中必须依据以下几点。

(1)问题的设计以教材为中心,具体落实到某一课或某一课时。

(2)问题的设计以学生为主体,必须结合学生现有的知识储存,以及学生个体的阅读感受差异,学生个体的阅读能力差异等。

(3)问题的设计的内容要全面:既要有对课文的整体感受,又能涉及课文的重

难点，还可以是学生的兴趣点。

（4）问题设计要有梯度，一般遵循由浅入深，由总到分的规律。

（5）问题设计的语言有别于一般客观的思考题。语言力求贴近学生的心理，做到简洁、亲切、通俗易懂。

（6）问题设计不宜过多，一般是4—6题为宜，不要过于细碎，也不要过于简单或难度过大，必须考虑到绝大部分的学生。

问题研讨的最后一题可以设置一些开放性的话题，让学生思考辨析，提高他们多方面思考问题的能力。

3. 学习疑问

考虑到学生在自学中会有自己的思考并由此产生问题，因此，在问题研讨后我们设计了这一环节。学生在自学过程中所产生的所有问题都可以写在上面，以此来培养学生的探究精神，激发学生的学习兴趣。

4. 学习拓展

"学习拓展"分为"课内阅读"和"课外阅读"两部分。以语文为例，现代文中重点、经典的课文可以设置一些课内语段阅读，作为课堂学习的巩固和延伸，文言文的学习一般是课内阅读和课外阅读相兼顾。七年级的文言文以课内延伸为主，八、九年级以课外材料的拓展为主。

"学习拓展"部分在具体实施中必须注意以下几点："学习拓展"一般以阅读语段或阅读短文的形式呈现。长短要适宜，可适当考虑不同年级段的难易程度。问题设计以4—5题为宜。"学习拓展"如果是以"课内阅读"的形式呈现，一般要避免与"问题研讨"部分的问题相重复，避免与学生作业本中的问题雷同。"学习拓展"如果是"课外阅读"的形式，则要与当前的课文有密切的联系，或者是教材内容的补充，或者是课文作者的逸闻趣事，或者是与课文的主题或题材相似等。总之，"课外阅读"要精心选择，精心设计问题。

5. 学习反思

这一环节主要是让学生学习课文之后，学会对自己的每一次学习做一个总结，可以是对课文理解的反思，也可以是对自己学习态度的反思，一般不做限制，重在鼓励学生学会反思。

二、编写、使用"课堂学习单"应注意的几个问题

"课堂学习单"的设计，应从教材的编排原则和知识系统出发，对教材和教参资料以及自己所教学生的认知能力和认识水平等进行认真的分析研究，合理处理教材，尽量做到重点突出，难点分散，达到启发和开拓学生思维、增强学生学习能力的目的。

因此，"课堂学习单"的设计应注意以下几个问题。

1. 围绕教学目标，紧扣教材

从整体上体现教材的知识结构和知识间的内在联系，使知识条理化、系统化和整体化，使学生明确目标，最大限度地提高课堂教学效益。

2. 有启发性

引导学生自主学习，在一个个问题的解决中培养学生的能力，激发学生的求知欲。

3. 问题设计应有层次性、梯度性

应根据学生对问题的认识逐渐加深，做到循序渐进，使学生意识到，要解决教师设计的问题不看书不行，书不看详细也不行；光看书不思考不行，思考不深不透也不行。这样学生就学会了看书，学会了自学，能真正从教师的设计问题中找到解决问题的方法。

4. 应满足不同层次学生的需求

要使优秀生从"课堂学习单"中感到挑战，一般学生受到激励，学习困难的学生也能尝到成功的喜悦，让每个学生都学有所得，最大限度地调动学生的学习积极性，提高学生学习的自信心。

5. 课后反思，不断完善

反思可以从以下几个方面入手。

（1）解决问题的能力情况。个别学生的个别问题就采取个别辅导的方法单独解决，如果是大面积的问题，则下阶段要强化训练此知识点。

（2）反思教学方法是否能引起学生强烈的学习兴趣，激发学生强烈的学习动机。

（3）知识点的训练程度与知识点的难易程度是否匹配。

（4）某个教学环节失误的原因是重、难点把握力度不当，还是对学生的指导、点拨不到位。

（5）某个教学环节的成功是偶然还是必然等。

三、示例：数学"课堂学习单"的编写要求

"课堂学习单"已成为实施高效课堂的一把利剑，深受广大师生的好评。那么如何才能编写出一份高水平的"课堂学习单"呢？我们认为应从以下几个方面入手。

（一）要重视编写"课堂学习单"的前提条件

1. 深刻解读课程标准

在编写"课堂学习单"之前，一定要仔细研读《初中数学新课程标准》，它为我们每堂课的实际教学活动指明了方向，不但定格了教材的内容，而且定格了教师教学的内容，同时也定格了我们"课堂学习单"编写的基调。所以，"课堂学习单"的编写必须在符合课标要求的前提下进行，我们不能随心所欲，不能偏离了课标的要求。

2. 充分挖掘教材

大家都有一个共识：一张成熟的"课堂学习单"必须与教材完美结合。数学"课堂学习单"更不例外，它对教材的依赖程度比其他任何学科都大。因此充分挖掘教材是编好数学"课堂学习单"的基础。

这就要求我们必须做到如下几点。

（1）要通读教材，读懂教材课时与课时之间、单元与单元之间、册与册之间的必然联系，使我们编写的"课堂学习单"具有系统性和连续性，避免不必要的重复。

（2）要全面详实地解读教材内容，使编写的"课堂学习单"没有知识点的遗漏。

（3）要读懂教材的重难点，使编写的"课堂学习单"在课堂导练的设计中突出重点、突破难点。

（4）要合理组合教材，适当调整课时内容，根据自身课堂时间和学生情况，对教材进行适当取舍增删，这样才能使我们编写的"课堂学习单"与课时内容对口，增强"课堂学习单"与教材的结合度。

3. 认真研究学生

如果编写"课堂学习单"时，只依据课标和教材，不考虑所教学生的实际情况，这样编写出来的"课堂学习单"，要么太简单，达不到训练目的，要么太难，打击学生学习积极性，不利于使用，自然也就达不到教学效果。因此，我们认为，编写"课堂学习单"时心中一定要有学生，要全面了解学情。

我们认为应从以下两个层面去研究学生。

（1）从学生个体对数学学习能力上研究学生，将所编的题目设置为基础题、提高题两档，使好、中、差的学生都有收获，都有成就感，从而增强他们学习数学的信心。

（2）从不同教学时段上去研究学生，熟悉学生的已知知识和未知知识，从而在编写"课堂学习单"时，避免设计的题么过易，要么太难的两种极端，达不到训练效果。

4. 准确定位学习目标

学习目标的设计既能激发学生的学习要求，明确学习意向，又能使学生产生一种期盼，增加一份责任，从而为学生学习指明方向。设置学习目标要做到：一是目标准确；二是要体现重难点。

（二）明确"课堂学习单"的基本框架

一份优秀的"课堂学习单"要包含如下几个基本要素。

1. 页眉

页眉主要书写：某校某年级某学科"课堂学习单"；明确执笔和审核人。

2. 课题、课时

要注明"课堂学习单"是哪一课，第几课时，是新授课，还是复习课。

3. 学习目标

目标要根据课程标准、教学内容、学生实际、教学要求来设定。目标的设定一是要准确，不能"超标"或"降标"；二是要具体，不能空洞，要把课后习题作为目标设定的重要参考因素，要写清楚对学生的学习成果期待。学习目标的描述要从学生的视角而不是教师的眼光来出发，可以采用填空题的形式出现。

例：在《合并同类项》一课时，可设计的学习目标为：

① 同类项的概念＿＿＿＿＿＿＿＿＿＿＿＿＿＿＿＿＿＿＿＿＿＿

② 合并同类项的意义＿＿＿＿＿＿＿＿＿＿＿＿＿＿＿＿＿＿＿＿＿＿

③ 合并同类项法则＿＿＿＿＿＿＿＿＿＿＿＿＿＿＿＿＿＿＿＿＿＿

4. 学习过程

学习过程要以具体的活动一、活动二、活动三这种形式出现，活动方案不要太多，一般三到四个就行了。每个活动的主要环节为：自主学习（阅读课本知识，完成所要学习的知识点，新的概念最好以填空题的形式出现）、合作探究（对自己弄不明白的知识点，可开展小组内合作、组际合作或请教专业教师等）、成果展示、自我完善。学生活动方案最好由教师引导学生按知识的层次性实施。

5. 学习疑问

学生把通过预习、小组讨论后还没解决的疑难问题罗列出来，教师进行针对性的二次备课。

6. 自我评价

自我评价主要是检测学生对当堂知识的掌握程度，出的题目可以从书后习题中选取也可以是教师从其他资料中找、变。要体现层次性，并且题量不宜过多，一般以 8—10 小题为宜，可以分为基础题和提高题两档。

7. 学习反思

发现问题，及时处理，及时总结，及时评价。

以上就是"课堂学习单"编写的基本要素，它重在学生"活动"，重在教师的教学"引导"，体现学生的发展。

（三）编写"课堂学习单"时的注意事项

第一，要注意一课一单。"课堂学习单"是学生的学案，不等同于教师的教案，教师仍然要有可详细操作的教学预案。教师所使用的导学案主要从以下几个方面入手：连接处是情境设计；关键处是重难点突破导学、一些开放题的及时点拨提升等；二次备课主要以变式题或一题多解、多题一解等方法总结的形式出现等。

第二，活动的设计要注意有层次性，避免问题化，避免过细过繁，学生不好操作；避免习题化，变成纯粹的练习题。

第三，练习反馈要注意紧扣目标、知识点，量不宜太大。

第四，学生展示要注意指导学生总结知识要点、注意点，不能是为展示而展示。

第五，重难点突破要注意与多媒体有机结合，增大课堂实效。

第三节 "课堂学习单"的设计过程

一、"《湖心亭看雪》课堂学习单"的设计过程

（一）《新课程标准》对文言文学习的要求

《新课程标准》对中学阶段文言文的学习提出要求："阅读浅易文言文，能借助注释和工具书理解基本内容。学会运用多种阅读方法。能初步理解、鉴赏文学作品，受到高尚情操与趣味的熏陶。"[①]

---

① 《义务教育语文课程标准》（2011 年版）. 北京：北京师范大学出版社，2012：7.

（二）课文所处的位置及单元目标

《湖心亭看雪》是人民教育出版社版（简称人教版）语文八年级上册第六单元的一篇文言文。本单元的主要教学目标是：熟悉一定数量的常用文言词语。养成自觉诵读的习惯，在反复诵读中，进入文中情景交融的境界，并对作品的语言特色有所体会。激发灵性、陶冶情操、丰富文化积累。

（三）课文后面的"研讨与练习"

1. 背诵课文，完成下列练习。
（1）说说本文中描写西湖雪景的文字有什么特色。
（2）文字简练朴素，不加渲染，这种写作手法就是白描。体味本文的白描手法。
2. 柳宗元的《江雪》描写的也是雪景，也写到人的活动，体会它和本文在描写手法和表达情感上的异同。

（四）学习内容的预设效果

学习内容的预设效果，见表 2-1。

表 2-1 学习内容预设效果

学习内容	学习目标层级				
	识 记	理 解	分 析	应 用	综 合
解释字义： 绝、沆砀、更、一、而已、焉得、白、客、痴	√				
翻译句子： 是日更定 舟中人两三粒而已 湖中焉得更有此人 莫说相公痴 更有痴似相公者	√	√			
能准确、流利地朗读课文		√		√	
了解张岱的相关资料	√		√		
赏析雪景描写的语言		√	√	√	
探究作者的精神世界		√	√		√
学习"白描手法"的特点	√			√	

（五）《湖心亭看雪》教学设计的一般样式

教学目标

知识目标：掌握一些常见的文言实词以及虚词的意义和用法。了解白描的手法。

能力目标：学习作者写景和叙事的技巧。

情感目标：理解作者的精神世界，评价作者的性情。寻求人生的启示。

教学重点：在深入理解写景特点的基础上熟读成诵。

教学难点：理解作者的精神世界，把握写景与叙事、抒情的关系。

教学时间：一课时。

教学过程

1. 导入新课

我们刚刚领略了钱塘潮的雄奇壮丽，今天，让我们再到杭州，去领略西湖的秀丽风光。自古西湖就是文人墨客梦萦魂牵，在西湖留下了许多脍炙人口的名篇佳句，请同学们回忆这些诗句：白居易的《钱塘湖春行》、苏轼的《饮湖上初晴后雨》、杨万里的《晓出净慈寺送林子方》。今天让我们随着张岱的文笔，去欣赏雪中的西湖。

2. 学生诵读课文

诵读指导：首先要读清楚，一要句读分明，二要节奏合理；其次要抑扬顿挫，读出作者的感情；再次要流畅自然，一是语句流利，二是音韵铿锵；最后要在疏通文意和熟读的基础上自然成诵，切忌"硬背"。

3. 学生分组探究

（1）语词破译组：负责解决文章中生字、文言词语以及文言翻译等方面的问题。

（2）心灵探密组：走进作者心灵，体会他游西湖时与众不同的思想感情，以及产生这种感情的原因。

（3）性情评价组：为作者在古代文人中找出知音，然后评价作者这样的人的性情到底可取还是不可取。

（4）写法赏析组：对文中的写法以及表达方式的运用进行赏析。

4. 交流探讨的结果

（1）语词破译组可能出现的问题

① 词语

更（gēng）定：更，古代夜间的计时单位，一夜分为五更，每更约两小时。定，完了，结束。

拏：撑，划。

拥：围裹。

毳（cuì）衣：细毛皮衣。

雾凇（sōng）沆（hàng）砀（dàng）：冰花一片弥漫。雾凇：水气凝成的冰花。沆砀：白气弥漫的样子。

一白：全白。

长堤一痕：形容西湖长堤在雪中只隐隐露出一道痕迹。

痕：指斑迹，迹印。

一芥（jiè）：一棵小草。芥：小草，形容船小。

焉得：哪能。

更（gèng）：还。

大白：酒杯名。

客此：在此地客居。客，客居，作动词用。

及：等到。

舟子：船夫。

者：……的人。

② 译文

崇祯五年十二月，我住在西湖。当时连下三天大雪，西湖里人声、鸟声都绝迹了。这一天，更声刚完，天将凌晨，我划了一叶小船，穿着细毛皮衣，带着炉火，独自去西湖里的湖心亭看雪。雾夜里雾气浓重浩茫，天空与浓云与远山与湖水浑然连为一体，上下白茫茫一片。湖上的影子，只留下长堤淡淡的一抹，湖心亭一点，以及我的像一根细草似的小船和船中三个人罢了。

到了湖心亭上，有两个人铺着毛毡对坐饮酒，一个童子在煮酒，炉上的酒正冒着热气。他们见到我非常高兴，说："湖上怎么还有你这个人？"硬拉着我一同饮酒。我勉强喝了三大杯才告别。问他们的姓名，说是金陵人，客居在杭州。等到下了船，船夫喃喃自语："不要说您相公痴呆，还有像您一样痴呆的人呢。"

(2) 心灵探密组可能出现的问题

① 作者与众不同的表述

A. 作者写作本文时，明朝已经灭亡，可是他为什么要用明朝的年号？

提示：对故国的留恋。

B. 天寒地冻他为什么要清晨看雪而且是独自一人。他很在乎雪景吗？

提示：充分展示了作者遗世独立的高洁情怀和不随流俗的生活方式，而一人独行于茫茫的雪夜，顿生"寄蜉蝣于天地，渺沧海之一粟"（苏轼《赤壁赋》）的人生彻悟之感。他脱俗喜欢宁静，遗世独立。不随流俗的性情。

C. "独往湖心亭看雪"与"身中人两三粒而已"是否矛盾？

提示：自命清高，洁身自好，不愿意与那些俗人为伍。在作者眼里这些人并不存在。

D. 一切景语皆情语，他笔下的景色可以看出他的内心是怎样的状况？

提示：作者写景，使用白描手法，不渲染不雕饰，简洁朴素自然，如一幅写意山水画卷。人物云天、高低远近、浓淡疏密，人与自然在精神世界达到了高度的统一和谐。然而，宁静之中，我们仍然感受到作者内心深处的漂泊无依、茫然、无奈的伤感。

E. 金陵人请他喝酒的时候，他连姓氏都没有通报，只是离开的时候才问，也没有记下来，有什么深意？

提示：君子之交淡于水，作者交朋友没有什么功利性，只看重精神的沟通，心灵的交融。

② 能够总括作者形象特点的一个词是"痴"，怎么理解这个的深意？

作者借舟子的一个"痴"字点题，表现他特有的感受，展示他钟情山水、淡泊孤独的独特个性。

(3) 性情评价组可能出现的问题

① 古代文人中有许多曾经有过遗世独立的文人雅士，例如：陶渊明，不为五斗

米折腰，隐居于句曲山中，过着"采菊东篱下，悠然见南山"的生活。又如：陶弘景，曾经掌朝廷机密文书，后来不仕隐居，娱情山水，作起了"山中宰相"。再如：刘禹锡，住在陋室，"谈笑有鸿儒，往来无白丁"，"可以调素琴，阅金经，无丝竹之乱耳，无案牍之劳形。"

② 评价：可以引导学生对他们的行为进行辩论

A. 可取的地方：他们品德高尚，洁身自好，不与腐朽的官场为伍。他们性情高雅，娱情山水，为我们留下了许多绝妙奇文。

B. 不可取的地方：他们消极避世，一方面可以抵抗统治阶级，可是另一个方面他们没有为当时的现实社会作出自己应该有的贡献。他们的独善其身，使他们的杰出才干没有了社会的价值。

（4）写法赏析组可能出现的问题

① 本文写景的句子；写景的方法；景物的特点；折射出人物的情感。

写景的句子：雾凇沆砀，天与云与山与水，上下一白。湖上影子，惟长堤一痕、湖心亭一点、与余舟一芥、舟中人两三粒而已。

白描的方法：此时湖上冰花弥漫，天与云与山与水，一片混沌。唯有雪光能带来亮色，映入作者眼帘的"惟长堤一痕，湖心亭一点，与余舟一芥，舟中人两三粒而已。"一痕、一点、一芥、两三粒，使用白描手法，宛如中国画中的写意山水，寥寥几笔，就包含了诸多变化，长与短，点与线，方与圆，多与少，大与小，动与静，简洁概括，人与自然共同构成富有意境的艺术画面，悠远脱俗是这幅画的精神，也是作者所推崇的人格品质，这就是人与自然在精神上的统一与和谐。

预备资料：关于白描手法的解释。

② 柳宗元的《江雪》描写的也是雪景，也写到人的活动，体会它和本文在描写手法和表达感情上的异同。

在描写手法上，《湖心亭看雪》主要使用白描，西湖的奇景和游湖人的雅趣相互映照。《江雪》主要使用烘托手法，景为人设。在表达的情感上，《湖心亭看雪》表达了作者清高自赏的感情和淡淡的愁绪，《江雪》表达了作者怀才不遇的孤独感。

③ 写作方面，作为一篇游记，作者是怎样处理写景、叙事、抒情的关系的？

叙事是行文的线索，须用俭省的笔墨交代，如文中写"崇祯五年十二月，余住西湖"，"是日更定，余挐一小船，拥毳衣炉火，独往湖心亭看雪"，"到亭上"，"及下船"，交代了作者的游踪。

写景是游记的表现重点，要抓住景物的特点，把景物最打动人的地方表现出来，景中含情。本文写雪景的一段，作者就抓住了夜色中雪景的特点，一痕、一点、一芥、两三粒，正是茫茫雪境中的亮点，作者以他准确的感受体会到简单背后的震撼力，宇宙的空阔与人的渺小构成了强烈的对比，景物因此有了内容。

湖心亭巧遇虽是叙事，但重在抒情。因意外遇到两个赏雪人而惊喜，短暂的相遇都很畅快，随之而来的分别不免伤感，但遇到志趣相投的人又让他释然。情绪的变化一波三折，但是都与"看雪"有关，是"看雪"行动的延伸。由从景的角度写景转变为从人的角度写景，将人与景有机地结合起来。人的参与，给有可能显得冷寂、单调的景物注入了生机。而人与景的融合，正是本文的特色。

5. 总结本文

作者借看西湖雪景，表现了自己遗世独立的情怀和不随流俗的生活方式。全文笔调淡雅流畅，看似自然无奇，而又耐人寻味，西湖的奇景是因了游湖人的存在而彰显了它的魅力，写景与写人相映成趣。（湖北麻城市阎集中学 陶建军）

（六）对以上教学设计的一点想法

第一，该教学设计中，目标的设计存在两个问题，一是"教学目标"的表述体现了课堂还是以"教师的教"为主，而课堂中学生的"主体性"没有得到充分的体现。二是"知识目标、能力目标、情感目标"的定位，实际上是属于新课标的"课程教学目标"，而并非根据学生情况来制定的具体"课堂教学目标"。课堂教学目标主要是指课文教学目标，是所有目标中最低层次的教学目标。

第二，该教学设计中把"在深入理解写景特点的基础上熟读成诵"作为教学重点，把"理解作者的精神世界，把握写景与叙事、抒情的关系"作为教学难点，应该说把握住了本文的重难点。

第三，该教学设计在教学过程中把学生分为"语词破译组、心灵探秘组、性情评价组、写法赏析组"四个小组进行探究，对各小组分配任务，在学生与学生的相互交流和探究中学习，充分体现了学生的课堂主体性。但是，由于初中生自主能力较差，采取合作学习形式时，需要教师精心组织，重视引导，努力提高合作学习的有效性。这一点在该教学设计中未能得到有效的体现。

第四，该教学设计，很好地对学生进行分小组交流探究，并且给每一个小组分配了相应的任务，学生以小组为单位在组内进行了有效的交流探究。但是，教学中似乎缺少一个环节，那就是各小组探究后成果的课堂展示环节。否则，学生对其他组的内容并不了解，一堂课只局限于自己小组探究的内容中。

（七）对《湖心亭看雪》的一点思考

语文学科的课堂教学主要是思考：学什么？怎么学？学得怎样？

本文是张岱在明亡后写的一篇追忆前朝的小品文。文章以精炼的笔墨，记叙了作者湖心亭看雪的经过，描绘了所看到的幽静深远、洁白广阔的雪景图，表达了他幽远脱俗的闲情雅致。这篇山水小品，有人物，有对话，淡淡写来，文章将叙事、写景、抒情熔于一炉，情致深长，洋溢着浓郁的诗意，而全文仅一百多字，笔墨精炼含蓄令人惊叹。

文章共有两个自然段：第一段以叙事写景为主，交代了赏雪的天气背景，通过以视线的移动，景色的变化，白描的写法，描绘了西湖中雪景而且暗示了小船在夜色中徐徐行进，展现了一个微妙而变幻的意境。第二段写人为主，交代了作者的奇遇，在湖心亭上意外的相逢使作者的惆怅与失意荡漾心中，平实的叙述，简练的笔墨，却把作者的悲与喜表现得淋漓尽致，韵味无穷。

赏析白描手法描写雪后西湖奇景的文字，是学习的一个重点。明亡后，张岱消极避居在浙江剡溪山中，他的文章追忆前尘影事，字里行间流露出深沉的故国之思和沧桑之感，总带有淡淡的哀愁。让学生了解文章的这一写作背景，然后走进作者的内心世界，感受明人的生活态度。而对于文中作者遗世独立的情怀和不随流俗的生活态度，但又流露出消极避世的情绪，应引导学生批判地对待，历史地分析。这是教学的一个难点。

这篇文言文可以让学生自读课文掌握大意，引导学生自主补充制定学习目标，自主研读课文理清脉络，品读感悟体味情感。积极倡导自主、合作、探究的学习方式，让学生自己找出难理解和翻译的词语和句子，以互学的方式解决课文翻译的问题，从而掌握文章的重点字、词、句。联系课文和有关背景，通过品读课文和结合"课堂学习单"上的有梯度习题进行小组讨论，适时的以动态的知识加以点拨和引导学生思考从而进一步领悟作者的情感，从而突破难点。

(八)"课堂学习单"编写样张

"课堂学习单"的内容包括学习目标、学习内容、学习疑问、学习拓展、学习反思五个部分。

确定本课的"学习目标"：朗读课文，疏通文意，掌握一些常见的文言实词和虚词的意义及用法；学习文章运用白描手法来描绘雪景的特点，体会叙事、写景、抒情相结合的写法；感悟作者游湖的雅趣和所寄托的情感。

"学习内容"包括"学习积累"和"问题探讨"两部分。主要有：读一读、写一写主要是积累课文中有关重点的字、词；作者资料简介是作者的一些背景资料相关的介绍；读一读，译一译主要是落实课文中重点字、词、句的解释和翻译；问题探讨主要是关注二个知识点，从而来落实重点、突破难点：一个是通过雪景描写进行语言品析，从而对文中"白描手法"的学习；另一个是对作者思想感情有一个深入的探讨。

"学习拓展"是通过这一堂课的学习，进行相关的反馈和知识应用的延伸。教学活动是师生间有计划有目的的双向活动。结合本节课的学习目标，按照一定的梯度，根据中考的要求，设置了相关的习题，当堂的变式练习，进行及时的反馈。这样，既检测本节课的学习效果，又能使教师及时准确地了解学生的学习情况，有效地调整、控制教学。

以下是《湖心亭看雪》的"课堂学习单"的样张。

【学习目标】
1. 朗读课文，疏通文意，掌握一些常见的文言实词和虚词的意义及用法。
2. 学习文章运用_____手法来描绘雪景的特点，体会叙事、_____、抒情相结合的写法。
3. 感悟作者游湖的雅趣和所寄托的情感。

【学习内容】
一、学习积累
1. 读一读，写一写。(给加点的字注音，每个词抄写二遍)
崇祯（　　）　更定（　　）　毳衣（　　）　沆砀（　　）（　　）
雾凇（　　）　长堤（　　）　一芥（　　）　铺毡（　　）

2. 作者资料简介

　　张岱，号陶庵、蝶庵，明朝山阴（今浙江绍兴）人。明末以前未曾出仕，一直过着布衣优游的生活。明亡以后，消极避居浙江剡溪山中，专心从事著述，穷困以终。《陶庵梦忆》和《西湖梦寻》即写于他明亡入山以后，书中缅怀往昔风月繁华，追忆前尘影事，字里行间流露出深沉的故国之思和沧桑之感。他文学创作以小品文见长。文笔清新生动，饶有情趣，风格独特。张岱曾有《自题小像》一文，"功名耶落空，富贵耶如梦。忠臣耶怕痛，锄头耶怕重，著书二十年耶而仅堪覆瓮。之人耶有用没用？"覆瓮，比喻著作毫无价值，只可以作盖酱罐用，多用为谦词。作者在自嘲中讽世骂时，显示自己的卓然独立。

二、读一读，译一译。
(1) 结合课文注释，写出下面加点文言词语的意思。
上下一白（　　　　　）　是日更定（　　　　　）
一童子烧酒炉正沸（　　　　　）　湖中焉得更有此人（　　　　　）
湖中人鸟声俱绝（　　　）余（　　）拏一小舟　惟（　　）长堤一痕
客（　　）此
(2) 试着疏通文意，然后翻译下面的句子。
湖中焉得更有此人！＿＿＿＿＿＿＿＿＿＿＿＿＿＿＿＿＿＿＿＿
莫说相公痴，更有痴似相公者！＿＿＿＿＿＿＿＿＿＿＿＿＿＿＿
(3) 试写出两句描写西湖景色的诗。＿＿＿＿＿＿＿＿＿＿＿＿＿

三、问题研讨
1. 叙事是本文的线索，请在文中找出记叙的要素。
　　时间：＿＿＿＿＿＿　　地点：＿＿＿＿＿＿
　　人物：＿＿＿＿＿＿　　事件：＿＿＿＿＿＿

2. 找出文中描写西湖雪景的句子，抄写下来并读一读。

　　和同学一起讨论，从修辞、表现手法、顺序等方面探讨这段雪景描写的特点。

结合文中语句,说说这篇文章表达了作者怎样的思想情感和内心世界。

【学习疑问】

【拓展练习】
　　阅读下文,完成练习。
一、《湖心亭看雪》
　　崇祯五年十二月,余住西湖。大雪三日,湖中人鸟声俱绝。是日更定,余拿一小船,拥毳衣炉火,独往湖心亭看雪。雾凇沆砀,天与云与山与水,上下一白。湖上影子,惟长堤一痕、湖心亭一点、与余舟一芥、舟中人两三粒而已。
　　到亭上,有两人铺毡对坐,一童子烧酒炉正沸。见余,大喜曰:"湖中焉得更有此人!"拉余同饮。余强饮三大白而别。问其姓氏,是金陵人,客此。及下船,舟子喃喃曰:"莫说相公痴,更有痴似相公者!"

1. 填空:
　　张岱,字_____,号_____,_____(朝代),_____(籍贯)人。有著作《　　　》和《　　　》等。
2. 解释下列加点词:
　　是日更定(　　)　　舟中人两三粒而已(　　)
　　上下一白(　　)　　余强饮三大白而别(　　)
3. 翻译下面的句子:
　　天与云与山与水,上下一白。_____
4. 第一段中"独往湖心亭看雪"中的"独"字展示了作者怎样的情怀?

二、(宋)苏轼《游兰溪》
　　黄州东南三十里为沙湖,亦曰螺蛳店。予买田其间,因往相田得疾。闻麻桥人庞安常善医而聋,遂往求疗。安常虽聋,而颖悟过人,以纸画字,书不数字,辄深了人意。余戏之云:"余以手为口,君以眼为耳,皆一时异人也。"
　　疾愈,与之同游清泉寺。寺在蕲水郭门外二里许。有王逸少洗笔泉,水极甘。下临兰溪,溪水西流。余作歌云:"山下兰芽短浸溪,松间沙路净无泥,萧萧暮雨子规啼。谁道人生无再少?门前流水尚能西,休将白发唱黄鸡。"是日剧饮而归。

[注] 选自《东坡志林》。本篇一作《游沙湖》。游兰溪，游览兰溪。兰溪，在今湖北省浠（xī）水县东，水出竹箬山，其侧多兰，唐置兰溪县。时兰溪之水颇有盛名，唐代张又新《煎茶水记》说"蕲（qí）州兰溪石下水第三"。

1. 解释加（ ）的词

因往（相）田得疾_____　　　（以）纸画字_____

（书）不数字_____　　　　余（戏）之日_____

2. 下面对苏轼的《浣溪沙》（山下兰芽短浸溪）解说错误的一项是（ ）

A. 首句点明兰溪之名的由来及游兰溪之时令，"浸"字更写出了春兰的活力。

B. 次句写漫步兰溪边，突出兰溪的洁净。三句补足洁净的原因，同时烘托诗人多少有些悲凉的心境。

C. 下阕由"流水尚能西"悟出"人生"能"再少"、何必哀叹衰老的哲理。

D. 全词虽然表现诗人身处困境仍力求振作的精神，但也掩盖不了诗人消极隐退的悲凉情感。

【学后反思】

_____

_____

_____

二、"《探索勾股定理（1）》课堂学习单"设计过程

（一）《新课程标准》对直角三角形学习的要求

第一，了解直角三角形的概念，探索并掌握直角三角形的性质（直角三角形的两锐角互余，斜边上的中线等于斜边一半）和一个三角形是直角三角形的条件（有两个角互余的三角形是直角三角形）。

第二，体验勾股定理的探索过程，会运用勾股定理解决简单问题；会用勾股定理的逆定理判定直角三角形。

（二）教学内容所处的位置及教学目标

本节课是九年制义务教育课程标准实验教科书（浙江教育出版社版，简称浙教版）八年级上册第2.6"探索勾股定理"的第一课时。在本节课以前，学生已经学习了有关三角形的一些知识，如三角形的三边不等关系，三角形全等的判定等，也学过不少利用图形面积来探求数式运算规律的例子，如探求乘法公式、单项式乘多项式法则、多项式乘多项式法则等。在学生这些原有的认知水平基础上，探求直角三角形的又一重要性质——勾股定理，本章也是后继学习"解直角三角形"的知识基础。由此，

让学生的知识形成知识链,让学生已具有的数学思维能力得以充分发挥和发展。

(三) 直角三角形考纲要求

直角三角形的考纲要求的学习内容,见表2-2。

表2-2 直角三角形学习内容的要求

	▲34 直角三角形	知道	阐述	综合运用
三角形	1. 直角三角形的概念	√		
	2. 探索并掌握直角三角形的性质			√
	3. 探索并掌握一个三角形是直角三角形的条件			√
	4. 体验勾股定理的探索过程			√
	5. 运用勾股定理解决简单问题			√
	6. 用勾股定理的逆定理判定直角三角形			√

(四) 本节后面的"课内练习"

1. 已知在△ABC中,∠C=RT∠,AB=c,BC=a,AC=b.

(1) 如果 $a=\dfrac{4}{5}$,$b=\dfrac{3}{5}$,求c;

(2) 如果 $a=12$,$c=13$,求b;

(3) 如果 $a=34$,$a:b=8:15$,求a,b.

2. 用刻度尺和圆规作一条线段,使它的长度为$\sqrt{3}$cm.

3. 利用作直角三角形,在数轴上表示点$\sqrt{13}$.

(五) "探索勾股定理(1)"课堂教学的一般样式(节选)

教学目标

学习掌握勾股定理及内容,并能进行简单证明。

培养动口、动手、动脑的综合能力,并感受从具体到抽象的认识规律。

教学重点:勾股定理的证明和应用。

教学难点:拼图、用计算面积的方法证明勾股定理。

教学方法

教师教法:引导发现、尝试指导、实验探究相结合。

学生学法:积极参与、动手动脑与主动发现相结合。

教学过程(师生互动活动设计)

1. 创设情景,引入新课

师:(结合动画讲故事)西周开国时期,周公非常爱才,他和喜欢钻研数学的商高是好朋友。有一天,商高对周公说,最近我又有一个新的发现,把一根长为7的直尺折成直角,使一边长(勾)为3,另一边长(股)为4,连接两端(弦)得一个直角三角形,周公您猜一猜第三边的长等于多少?周公摇头不知道。

同学们,你们猜猜是多少?

生：5！

生：不知道！

师：不知道也没关系，我们来量一量斜边的长就知道了。（动画演示）

师：后来又发现，直角边为6、8的直角三角形的斜边的长是10。这两组数据是否具有某种共同点呢？带着这个问题人们对直角三角形做了进一步的研究，通过计算三条边长的平方发现，直角三角形中的三条边长之间还真有一种特殊的关系。同学们也来算一算、猜一猜看，它们之间到底有什么样的关系呢？

生：$3^2+4^2=5^2$，$6^2+8^2=10^2$。

师：这是两组特殊数字，但由此引发一个有待我们深入思考的问题，看哪位同学有新问题要提？

生：一个任意的直角三角形的三边是否也有这种相等关系呢？

师：这个问题提得好！我们用几何画板再做一个直角三角形来多实验几次，请注意观察。（任意改变三边的长，度量、计算显示相等关系依然不变。）

师：通过实验，可以得到什么结论？（或问同学们发现直角三角形的三边有什么样的关系）请同桌商量讨论后把你们的结论用文字语言或数学式子表达出来。

生：直角三角形的三边满足：两直角边的平方和等于斜边的平方，即 $a^2+b^2=c^2$。

师：同学们概括得非常好！这个结论尽管是通过多次实验得到的，但要说明它对任意的直角三角形都成立，还有待进行证明。首先我们要明确，在什么图形中要证明什么结论？

生：在直角三角形中证明 $a^2+b^2=c^2$。

师：怎样证明呢？（学生茫然）这个问题是有点难度，让我们先来观察这个要证明的等式，看等式中的 a、b、c 表示什么？

生：表示直角三角形的三条边长。

师：a^2、b^2、c^2 是边长的平方，由边长的平方可联想到什么图形？

生：正方形。正方形的面积。

师：对整个等式你们怎样理解？

生：等式可以理解为两个正方形的面积和等于一个正方形的面积。

师：那好，下面我们就来做一个拼正方形的游戏，看能不能对我们证明结论有些帮助。

（这一环节利用故事情节引入，是为了引起学生的注意，激发学生的学习兴趣，调动学生满腔热情地投入学习过程。在问题情景中引导学生提问，是为了培养学生问问题的意识，让学生主动地带着问题在实验的过程中去感受数学的再发现。）

2. 动手拼图，合作探索定理证明方法

师：现在，前后4人为一个小组，老师给每小组提供了拼图模型两套，要求每一套模型拼成一个没有空隙且不重叠的正方形。拼好后请上台展示你们的成果，比一比，看哪一组完成任务最快。

（这里充分利用了初中学生的好奇心和好胜心，给静态知识注入了活力，同时在课堂上增添了观察、探究等可形成能力的新因素。这样不仅可以调动学生的已有经验，沟通相关知识，而且还能培养学生观察、动手实践的能力。另外，在整个拼图过程中，学生自始至终处于主体位置上，老师只是他们的学习合作伙伴，在巡视的同时，给个别小组以适当指导。这样的设计体现了数学活动的教育思想，有利于学生在建构的环境中，真正主动的建构自己的理解。）

待各组同学基本完成后，挑选出一组拼图和同学们共同分析。

师：同学们对比自己拼成的两个图形，看看它们有什么共同点和不同点？

生：都是边长相等的正方形，但拼图的模型不同。

生：这两个正方形的面积相等。

师：这两个正方形的面积怎样计算呢？通过你的计算能否证明 $a^2+b^2=c^2$？请试一试。

师：看哪两位同学愿意上来写出证明过程。

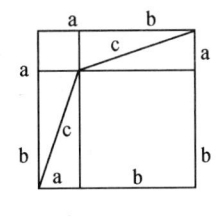

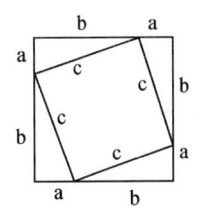

图 A　　　　　　图 B

生甲：证明：∵ 两个正方形的面积相等，

∴ $4×(ab÷2)+a^2+b^2=4×(ab÷2)+c^2$

∴ $a^2+b^2=c^2$

生乙：证明：∵ $(a+b)^2=4×(ab÷2)+c^2$

∴ $a^2+2ab+b^2=2ab+c^2$

∴ $a^2+b^2=c^2$

（证明逐步深入，是为了启发学生把形的问题转化为数的问题，联想到用计算面积的方法证明 $a^2+b^2=c^2$，从而突破教学难点。）

师：两位同学刚才用两种不同的方法证明了实验得出的结论，这就是我们今天要学习的勾股定理。请两位同学再谈谈你们的证明思路好吗？

生甲：图 A 的面积用四个全等的直角三角形的面积加两个正方形的面积，图 B 的面积用四个全等的直角三角形的面积加一个正方形的面积，利用面积相等就证得结论。

生乙：我把图 B 用两种不同方法计算它的面积也能证得结论。

师：说得非常好！甲同学的证明思路正好符合我们前面对等式的理解；乙同学的证明思路启发我们还可以通过拼各种不同的图形来证明勾股定理。美国第十二任总统伽菲尔德有一天外出散步，遇到两个伏在石板上冥思苦想的男孩，总统上前问他们遇到了什么麻烦？一男孩说："先生，您知道怎样证明勾股定理吗？"总统一时语塞，无法解释，于是匆忙回家研究，得出了拼直角梯形证明勾股定理的方法。（多媒体展示拼图）按这个拼图也能证明勾股定理吗？请试试看。

生：根据拼图，用两种方法计算梯形的面积就能证明勾股定理。

师：对！这种思路很好。证明勾股定理的方法很多，有兴趣的同学课后可以上网查询相关资料，也可以尝试拼出不同的图形对勾股定理给予证明。

（多媒体展示拼图，提供网址。启发学生一题多证，多题归类，培养学生思维的灵活性和创新性。）下面我们来看看勾股定理能帮助我们解决什么问题？

3．课堂练习、

（1）在 Rt△中，∠C=90°，BC=a，AC=b，AB=c

(a) 已知 a=1，b=2，则 c=

(b) 已知 a=15，c=17，则 b=

(c) 已知 c=25，b=15，则 a=

（2）一个底边长为6，腰长为5的等腰三角形，求底边上的高和面积。

（3）李明上学经过的路旁有一小湖，隔湖相对有两棵树 A、B，但无法直接测量出 A、B 之间的距离。请你帮他设计一个解决问题的方案好吗？（这是一道与生活实际贴近的开放题，鼓励学生用所学知识解决实际问题，培养学生应用数学的意识。）

4．小结

师：通过以上练习，同学们可以感受到勾股定理有什么作用？

生：用勾股定理可以解决在直角三角形中已知两条边求第三边的问题。

师：说得非常好！在这一节课中，你们还学会了什么？

生：通过拼图学会了用计算面积的方法证明勾股定理。

师：同学们总结得非常好！勾股定理的应用非常广泛，它是联系数学中数与形的第一个定理，是数形结合思想的最初体现，自从我国古代数学家发现勾股定理后，它对数学产生了巨大的作用和影响，我们不仅要为之自豪，更要切实学好它。

（六）基于学生的"学"课堂讨论

本节课的教学活动思路清晰，分以下几个阶段进行。第一阶段是教师讲述"折尺的学问"的故事引入新课，以激发兴趣，鼓励质疑，意在培养学生的探究意识。第二阶段是通过计算猜测、实验探究直角三角形三边之间的关系，学生总结勾股定理的证明方法和步骤。第三阶段是拼图验证再发现的结论。此时，学生的兴趣大增，利用学生独立或分组进行拼图实验，更加强了学生的创新思维、创新技能、创新情感和创新人格的培养。第四阶段是随堂训练掌握定理的基本应用。第五阶段是归纳小结。

该教学设计中把"勾股定理的证明和应用"作为教学重点，把"拼图、用计算面积的方法证明勾股定理"作为教学难点，应该说把握住了教学的重难点。

但该教学设计中，目标的设计存在两个问题。一是"教学目标"的表述体现了课堂，还是以"教师的教"为主，课堂中学生的"主体性"在目标表述中没有得到充分的体现。二是"教学目标"的定位实际上是属于新课标的"课程教学目标"，而并非根据学生情况来制定的具体"课堂教学目标"。课堂教学目标主要是指本节教学目标，是所有目标中最低层次的教学目标。

在教学过程中把学生活动分为"同桌商量讨论"，"前后4人为一个小组"二次进行探究，对各小组分配任务，在学生与学生的相互交流和探究中学习，充分体现了学生的课堂主体性。但是，由于初中生自主能力较差，采取合作学习形式时，需要教师精心组织，重视引导，努力提高合作学习的有效性。同时，在探讨中缺少一个环节，那就是各小组探究后成果的课堂展示环节。否则，学生对其他组的内容并不了解，一堂课只局限于自己小组探究的内容中。学生的问题，学生的思维并不能得到延伸与拓展，局限了思维，也局限了学生的学习积极性。长此以往必定会造成几个优秀学生的个人秀。所谓的讨论也只是形式而已。学生的参与性积极性慢慢变淡。

该教学设计在情景设计中虽提到勾股定理的由来，但不够深入，起不到让学生引起共鸣的作用，也起不到激发学生的学习兴趣，勾股定理的应用，教学设计仅体现的知识层面粗浅的应用。学生由代数式的证明转化由面积这种用等积法来证明勾股定理的思维跨越是一个大的难点，教学设计只提到由 a^2、b^2、c^2 这种形式就想到面积比较牵强。

（七）"《探索勾股定理（1）》课堂学习单"的编写

以下是《探索勾股定理（1）》的"课堂学习单"的样张。

【学习目标——你知道要学什么吗？】

　　1. 勾股定理：_____；

　　2. 你用_____方法证明勾股定理；

　　3. 运用勾股定理解决简单的几何问题。

【学习过程——让我们共同来探究吧！】

一、活动

（一）活动一

1. 作三个直角三角形，使其两条直角边长分别为 6cm 和 8cm，5cm 和 12cm；

2. 分别测量这三个直角三角形斜边的长；

3. 根据所测得的结果填写下表（a，b 表示直角边，c 表示斜边）。

a	b	c	a^2+b^2	c^2
6	8			
5	12			

结论：_____

（二）活动二

探究边长为3，4，5的直角三角形的情况。

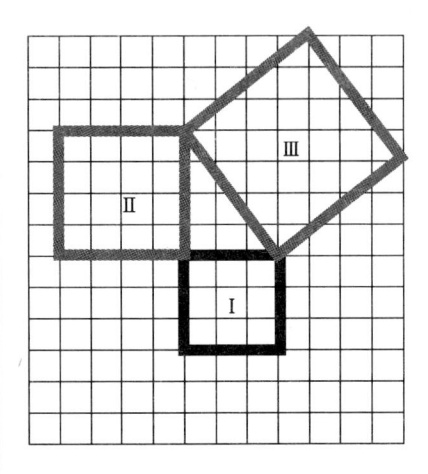

观察图形并填写：（图中每个小方格代表一个单位面积）。

	正方形Ⅰ	正方形Ⅱ	正方形Ⅲ
面积			

结论：_____

（三）活动三 实验作图验证

1. 每组用四个一样的直角三角形拼成一个正方形。
2. 你能否就你拼出的图形根据面积关系说明 $a^2+b^2=c^2$？
3. 展示你收集的其他方法，并简要说明这个证明方法。

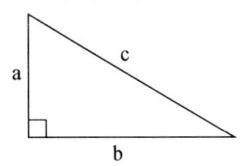

二、承古开今的趣味历史

激发学生的学习兴趣，通过有关勾股定理的历史讲解，对学生进行爱国主义教育。

三、学以致用

例1 如图，在 Rt△ABC 中，∠C＝90°，BC＝a，AC＝b，AB＝c.

(1) 若 $a=1$，$b=2$，求 c.
(2) 若 $a=15$，$c=17$，求 b.

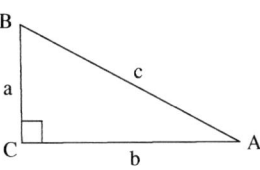

练一练：

如图，在 Rt△ABC 中，∠C=90°，BC=a，AC=b，AB=c.

(1) 若 c=20，b=16，求 a.

(2) 若 a：b=3：4，c=10，求 a，b.

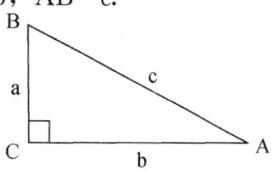

例2 一个长方形零件图，根据所给的尺寸（单位 mm），求两孔中心 A、B 之间的距离.

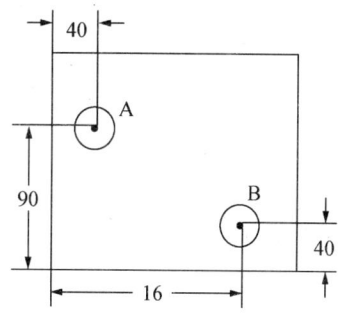

练一练：

1. 一只蚂蚁沿图中的折线从 A 点爬到 D 点，一共爬了多少厘米？（小方格的边长为 1 厘米）.

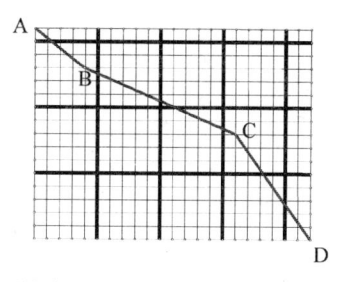

2. 受台风"莫拉克"影响，一千年古樟在离地面 6 米处断裂，大树顶部落在离大树底部 8 米处，损失惨重，问大树折断之前有多高？

四、探索题

1. 直角三角形有两边长为 3 和 4,则其第三边长为多少?

2. 用刻度尺和圆规作一条线段,使它的长度为 $\sqrt{3}$ cm.

【学习疑问——你还有什么不会?】
能说出这节课的收获和体验吗?还有什么疑问吗?

_____
_____

【自我检测——你会了吗?】

A 组

1. 在 Rt△ABC 中,∠C=90°,AC=3cm,BC=4cm,则斜边 AB=_____.

2. 如图,阴影部分是一个正方形,则此正方形的面积是_____.

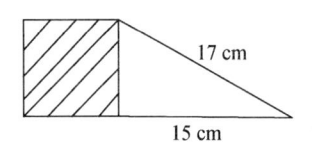

17 cm

15 cm

3. 小红和弟弟同时从家中出发,小红以 4km/h 的速度向正南方向的学校走去,弟弟以 3km/h 的速度向正西方向的公园走去,1h 后,小红和弟弟相距_____km.

4. 在 Rt△ABC 中,若∠C=90°,AB=c,BC=a,AC=b.
   (1) 已知 a=3,b=4,则 c=_____;
   (2) 已知 a=6,c=10,则 b=_____;
   (3) 已知 b=5,c=13,则 a=_____.

5. 在一个直角三角形中,有两边长为 6 和 8,下列说法正确的是 (   )
   A. 第三边一定为 10
   B. 三角形周长为 25
   C. 三角形面积为 48
   D. 第三边可能为 10

B 组

1. 如图，在△ABC 中，AB＝AC＝5，BC＝6，AD⊥BC，求 AD 的长．

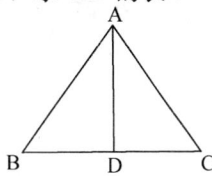

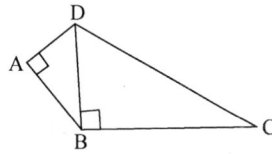

2. 如图，在四边形 ABCD 中，∠BAD＝90°，∠DBC＝90°，AD＝3，AB＝4，CD＝13，求 BC 的长．

3. 如图所示，Rt△ABC 中，∠C＝90°，分别以 AC、BC、AB 为直径向外画半圆，这三个半圆的面积之间有什么关系？为什么？

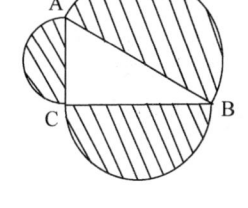

【学习反思——你还有什么问题？】
_____
_____
_____

三、"《浮力》课堂学习单"的设计过程

(一) 教材的地位和作用

本节教材选自华东师范大学出版社科学教材八年级第四章第二节。这一节的内容是在小学科学课和生活经验中已经熟悉的物体受到浮力并结合前几章所学知识的基础上综合地应用液体的压强、压力、二力平衡和二力合成等知识来展开的。这一节是本章的重点和关键,对浮力的研究为学习阿基米德原理、浮力的利用、物体浮沉条件奠定了基础。

（二）教学的重点与难点

浮力概念贯穿本章始末,与人们的生活密切联系,所以浮力概念的建立是本节课的一个重点。对浮力产生的原因的研究,需要综合应用旧知识来解决新问题,因而对理论分析和推理论证能力要求提高了。而初中生侧重于对直观现象进行具体、形象的思维来获得知识。因此这两个知识点既是本节课的重点又是难点。

（三）学习内容的预设目标

本节学习内容的预设目标见表2-3。

表2-3　浮力学习内容预设目标

学习内容	学习目标层级		
	了解	理解	应用
浮力的概念	√		
浮力的方向	√		
浸没在液体中的物体会受到液体对它的浮力		√	
浮力的产生原因		√	

（四）教学内容的讨论

通读教材内容,仔细研读教参要求和新课程标准下中考要求后,我们觉得浮力这个物理概念,跟生活关系密切。在液体中上浮或漂浮的物体受浮力的作用,学生很容易能够理解,但是在液体中下沉的物体受浮力的作用,学生没有直观的认识或经验,往往误解成没有受到浮力才下沉。先用演绎方法分析浮力产生的原因,再通过实验方法得出阿基米德原理,分析物体的浮沉条件,最后介绍浮沉条件的应用使所学知识具体化,这种处理方式比较符合初中学生的认识规律。

本节内容可以以实验为基础,通过用弹簧测力计在空气中测铁块的重力和在水中测得的数值进行比较,使学生直观地认识到弹簧测力计示数减小的原因是铁块受到水对它向上的浮力,对于浮力的方向也有了清楚的认识。

要探究浮力的大小跟什么因素有关,这样大的问题学生可能无从着想,或者考虑到很多其他的无关因素,因此教材在探究浮力之前有一个"想想做做",通过这个实验学生能感受到浮力大小跟物体在液体中的多少有关,这样的初步认识为探究实验活动进行了很好的铺垫。

同时,学习了全国中小学"教学中的互联网搜索"的《浮力》教学设计,如下。

教师活动	学生活动
教学过程 一、激趣导入 　　轮船在水中航行，节日放飞气球，死海中的人可以躺在水中看书等。提问，并板书课题：浮力 　　(设计意图：从生活现象直接导入，让学生感受到物理知识跟生活关系密切，增强学生探究的欲望与激情。) 二、探究新知 　　演示实验：将乒乓球按入水中，松手。 　　提醒学生注意观察到的现象，并设疑：乒乓球为什么会浮上来？ 　　设疑：乒乓球静止时受几个力的作用？ 　　点评学生的受力分析情况。 　　适时鼓励。 　　总结：乒乓球除了受重力的作用外，还受到浮力的作用；浮力的方向：竖直向上。 　　演示：将铁块放入水中，松手设疑：铁块受浮力吗？ 　　当调动起学生的求知愿望时，引导学生做课本上的实验，并提出实验要求。 　　巡回指导。 　　学生报告数据时，板书物体受力示意图。 　　提出问题：为什么在空气中铁块拉弹簧测力计的力比较大？而同一个铁块浸入水中时拉弹簧测力计的力就小了？ 　　听取学生汇报，给予适当的补充说明，得出结论，并板书浮力大小的表达式及浮力的方向。 　　提出问题1：在液体中下沉的物体，你如何测它受到的浮力？ 　　提出问题2：铁块浸没在水中受到的浮力大小与深度有关吗？ 　　提问：浮力的大小跟什么因素有关？ 　　引导学生做实验。	观看，思考，回答。 通过观察、思考，发表自己的观点。 经思考，组织语言叙述：乒乓球受力的情况，并上黑板画力的示意图。 观察：铁块的运动情况。 思考：引起认知上的冲突（带着疑问，好奇，求知的愿望去思考） 学生通过回答，争论，对需要探究的问题更明了、更深刻。 根据要求进行实验，并记录数据。比较数据，思考，讨论，发表自己的观点。学会回答，得出测浮力的一种方法。 学生做实验，通过实验解疑。 带着疑问思考。

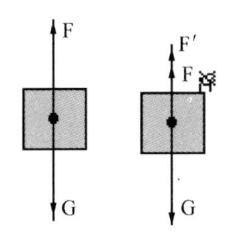

教师活动	学生活动
教师提出问题：浮力可能与什么因素有关？ 耐心听取学生的猜想，并对各种猜想提出疑问，最后达成共识：浮力的大小可能与排开的液体的多少有关。 介绍课本图14.5-3实验中的器材，引导学生根据实验目的和提供的器材进行实验。 学生按要求进行实验操作，并记录数据。 三、课堂小结 通过本节课的学习，大家认识到（学生总结）：1浸在液体里的物体受到向上的浮力，浮力的大小等于排开液体的重量；2求浮力的不同方法。 四、能力提高 1. 一个鸡蛋沉没在一杯清水中，选择下列何种添加物（足量）加入杯内的水中经搅拌后，最终可以使鸡蛋浮起来。 A. 水 B. 食盐 C. 酒精 D. 食用油 2. 我们常看到城市里的大商场进行宣传促销活动时，常用气球悬挂大幅的广告，为了防止气球带着广告飞走，一般用绳子在气球下系上重物。请你用浮力知识分析一下，这样做的原因。 3. 生汤圆或饺子，刚下锅时沉在底部，熟时，就漂浮在水面上，为什么？ （设计意图）：通过学生的独立解决，旨在加深学生对浮力问题的理解，让学生体会到从生活走向物理，从物理走向社会的理念。 五、板书设计 浮力 浮力方向：竖直向上 大小：$G-F'$	实验：将空易拉罐放在水中，逐渐向下按，感受浮力的变化。 学生通过实验感受浮力的大小可能与什么因素有关。思考；交流感受，讨论，发表自己的观点。 根据要求认真进行实验操作。 通过本节课的学习，个人收获了什么，提出存在的疑惑问题，共同讨论解决。 思考，竞答。

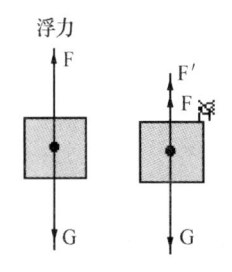

该教学设计是从学生的已有浮力经验知识出发，构建适合学生心理发展的教学内容，促使学生实现"最近发展区"上的最大发展。根据学生已有经验及心理发展特点确立学习层次，以有限知识构建问题序列。两节教学设计都以生活中的物体上浮现象导入新课引出浮力的概念。浮力大小的影响因素和产生原因设计为以问题为纽带，以知识的形成过程和再发展过程以及学生思维发展过程为主线，以师生合作互动，多向信息沟通，多种感官协调活动为基本方式。能激发学生的思维活动，促进学生认知能力与个性品质的发展，引导学生生动活泼、积极主动的学习，为学生自主发展提供时间和空间。

教学设计比较注重科学知识和基本实验技能的掌握。设计中能利用前面所学的知识与新的知识联系在一起，构建新的知识点，符合学生的认知规律。教学设计关注学生的生活世界，注重开发和利用学生生活经验及学习经验中的教育资源，将教学内容设计为从社会、从生活走进教材，在由教材走向社会、走向生活。以增强学生的情感体验，使教学过程充满情趣和活力，让学生品味成功的喜悦，激发学习兴趣。

提高教育教学效益的根本途径就是提高教育教学过程中的科学技术含量和创造性教学的水平。在教学过程中可以有以下几个方面的建议。

（1）开门见山，直奔主题。该教学设计中都创设"启发"的情境，以学生原有知识为起点进行启发，调动学生的学习自觉性、积极性，引导学生积极思考。这样虽然可降低知识难度，便于学生理解，培养学生思维能力和学习素质。但学生在小学阶段对"浮力"已有相当的认识，学生基本能对物体在水中沉浮现象作出正确判断。特别对于沿海地区的学生来说，家里附近就有运沙船、捕鱼船、各种养殖场，沉浮已是一种生活中常见的现象，一定情境下会使用"浮力"这个词，理解浮力现象并不难。因此两个教学设计的导入部分可以省略，开门见山，直接导入主题，解决学生实际存在的不能解决的问题，提高课堂的效率。

（2）学生探究不再流于形式。探索性的教学就是知识的形成过程，在教学设计中，重视知识的构建和生成。想办法引导学生在教师的指导下，进行自主探究活动，获得学习过程的亲身经历和体验会让学生记忆深刻。第一个教学设计中浮力的方向很多学生不能理解为什么总是竖直向上的，这里可以适当引导，由学生分组讨论，设计一个直观形象的实验确定浮力的方向。学生在上课之前可能已经产生了一些问题，如浮力的大小可能跟什么因素有关，直接将学生对该问题的猜想放在课堂中。由学生分组讨论，设计可行的方案解决这个问题。可以做到学生才是课堂的主人，教师只是起到一个引导的作用，为其搭建平台。

（3）关注知识更新。在教学中，教师要把教学内容适当延伸到与之相联系的现实生活。如第二个教学设计中就让学生去设计一个浮力秤，在很多习题资料中也有很多类似的题型。虽然这个应用能落实浮力知识，但事实上很难把这个浮力秤进行实际应用，属于纸上谈兵，没有实际的应用价值。作为教师的我们，要关注当地的生活环境，将所学知识适当扩展到学生熟悉并有机会一展所长的相关领域。因此教学设计中虽有设置知识拓展的内容，但建议浮力知识的扩展也要适时更新。例如，沿海地区多养殖场，学生有丰富的生活经验也非常感兴趣。渔场的一项比较累的活就是捕鱼，而有些生活在深水区底部的鱼是很难用渔网捕到的。如何减轻渔民的劳力又能轻松捕捉到美味的深水鱼可以很好地提高学生的兴趣。先让学生了解普通捕鱼方法的局限，引导学生利用浮力制作自浮式捕鱼网捕捉在底层水面生活的鱼群。既能调动学生兴趣又有实际应用价值，一举两得。

（五）"《浮力》课堂学习单"的编写

以下是《浮力》的"课堂学习单"的样张。

3.1 浮力

课型：新授课　　执笔：陈珍珍　　审核：八年级科学备课组

【学习目标——你有信心吗？】

1. 知道漂浮和浸没在与液体中的物体都会受到液体对它的浮力。
2. 知道物体在液体中受到的浮力的方向总是竖直向上的。
3. 知道物体在空气中也会受到空气给它的浮力。
4. 知道产生浮力的原因。

【学习过程——让我们一起来探究吧！】

1. 填空

（1）仔细想想，生活当中有哪些物体是可以浮在水上的？＿＿＿＿＿＿

（2）把一只空瓶子一半按入水中，和整个按入水中时相比，手感觉到瓶子对手的推力较大的是＿＿＿＿＿＿，这个推力的施力物体是＿＿＿＿＿＿。

（3）生活中我们发现有的物体可以漂浮在水面上没有沉下去，因为它们受到了向上托的力。这种浮在＿＿＿＿＿＿＿＿＿＿＿＿＿＿＿＿的物体叫**浮体**，如：＿＿＿＿＿＿＿＿＿＿＿＿＿＿＿＿＿＿＿＿。

2. 实验：感受浮体受到的浮力

取两只大小不同的空塑料瓶（用盖密封），将其按入水中

(1) 把塑料瓶按下去时，手有什么感觉？＿＿＿＿＿＿

(2) 松手后你看到什么现象？＿＿＿＿＿＿

(3) 为什么会有这种现象？＿＿＿＿＿＿

(4) 两只不同大小的瓶子按下时，手的感受有何不同？＿＿＿＿＿＿

(5) 当瓶子整个浸没在水中后，继续往下按，手的感觉是否不同？＿＿＿＿＿＿

小结：

(1) 漂浮在液面的物体都受到液体对它_____（方向）的托力，这个力就是_____；

(2) 漂浮的物体总会排开一定的液体，排开的液体越多，它受到的向上的浮力越_____，排开的液体体积不变，它受到的向上的浮力不变。

3. 实验探究：浸没在水中的物体是否受到浮力的作用？

给你一根弹簧秤和一杯水，你能证明浸没在水中的石块是否受到浮力的作用？

(1) 先用弹簧秤称出石头的重量，然后用手托住石头，弹簧秤读数怎么变？为什么会变小？

_____

(2) 再把石头浸没在水中称量，此时弹簧秤的读数也变小？此时弹簧秤的读数变小说明了什么？

(3) 用盐水代替水重复实验，浸在液体中的物体受到浮力了吗？浮力的大小如何？

_____

小结：

大量的实验证明：一切液体对浸在其中的物体都有_____，浮力的方向总是_____。

4. 观察

(1) 浸没在水中的正方形木块（如图 A），放手后竖直向上浮，它为什么不向左或向右，向前或向后运动？_____

(2) 浸没在水中的立方体（木块）上下表面所受水的压强是否相等？哪个大？为什么？_____

图 A

小结：

(1) 由于正方体侧面积一样，则每对应的两个侧面所受水的压力_____，方向_____，二力平衡。而上下表面受到水的压强_____，显然 $P_{向上}$ _____ $P_{向下}$，即 $F_{向上}$ _____ $F_{向下}$。浮力产生的原因：液体对物体向上和向下的压力差：即 $F_{浮}$ = _____，两个压力的合力。这就是浮力的本质。

(2) 物体在气体中也受到浮力吗？你能举出具体的事例吗？

_____

5. 如何用弹簧秤测浸在液体中的物体受到浮力大小？见图 B。

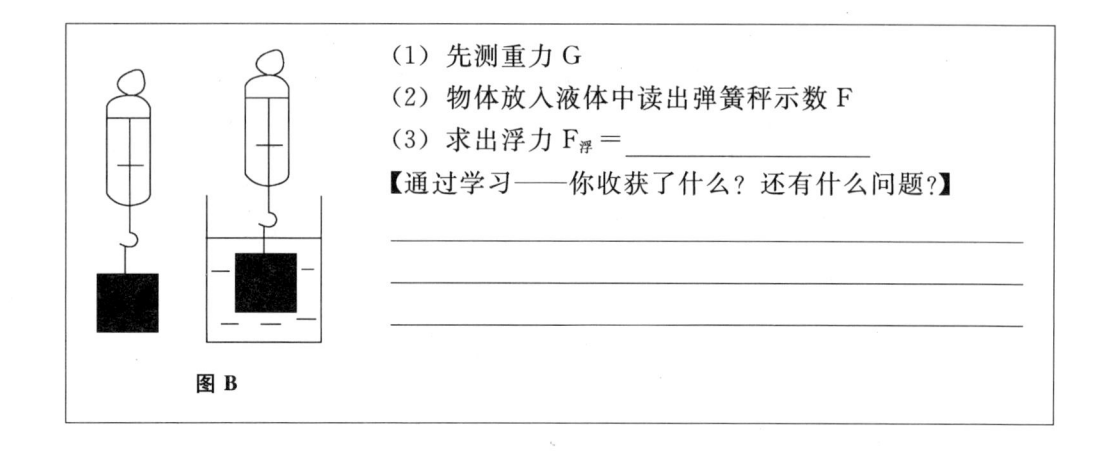

> (1) 先测重力 G
> (2) 物体放入液体中读出弹簧秤示数 F
> (3) 求出浮力 $F_{浮}=$ _____
> 【通过学习——你收获了什么？还有什么问题？】
> _____
> _____
> _____
>
> 图 B

第四节　数学"课堂学习单"的使用举例

一、使用"课堂学习单"的一般程序

1. 教师课前发放"课堂学习单"

上课前一两天，教师把"课堂学习单"发给全体学生，指导学生通过"课堂学习单"自学。

2. 学生课前自学"课堂学习单"

学生在课前，通过"课堂学习单"了解学习目标与学习重难点；借助提示自学新课；学例题、读课文、看注释、做实验，试做例题相类似的习题，比如提前落实新课的单词词组等，发现问题，做上记号，并及时记录。

3. 教师课前收阅"课堂学习单"

教师将"课堂学习单"收上来，从学生做练习时产生的疑问中，教师找到学生的问题，确立课堂教学的重点和难点，生成课堂学习的内容。

如浙教版七年级数学（上）《实数》一章中"平方根"一节的内容学习。平方根及算术平方根是两个重要的概念，是全章的教学重点。通过"课堂学习单"的批改，教师获悉学生主要的问题是对算术平方根与平方根概念的混淆，对概念理解得不清楚，甚至对其符号的表达意义不清楚，通过预习，大部分同学只是依葫芦画瓢。平方根一开始的学习对学生来说很抽象，只能不断地学习，从中慢慢体会其中的含义及其性质。例如，9 的平方根是 3（错误）；3 是 9 的平方根（正确）。一部分同学认为这两个判断题是一样的，然而 9 的平方根是 ±3，3 和 −3 都是 9 的平方根。因此，在课堂中引导学生真正理解这两个概念的本质是什么，并能分清它们的区别与联系，就成了这节课的学习主要目标。

"课堂学习单"高度放大学生的自学环节。传统的教学存在一种通识，既教学始于课堂也终于课堂，因此课堂前的预习和课堂后的反思就不被纳入课堂研究的范畴。

自学环节很自然地受到轻视和忽略。"预习"作为学习的"第一环节",常常由于缺乏强有力的机制而流于口号,但所有有经验的教师几乎都一致认为"预习"是影响课堂效率的重要因素。因而,"课堂学习单"的形式保证了学生"预习"的有的放矢,"课堂学习单"强化了学生的自学要求,放大了学生的自学环节,从而使"以生定教"始于课堂之前。

4. 学生课堂上交流学习问题

课堂上,学生展示自习时在"课堂学习单"的问题,通过相互讨论,相互交流,自己尝试解决。通过同桌或小组学习讨论,同伴互助,明确任务,先期解决一些自己能搞懂的问题。

如讨论:2的平方根是什么?学生不知道如何回答。有的学生说没有,有的说是4。再用类比的思想进行分析,9的平方根是±3,让学生进一步明确平方根的概念,从而知道2的平方根是$\pm\sqrt{2}$。

5. 教师课内学习指导

上课时,师生共用"课堂学习单"。学的内容多数学生能理解,就通过"学生示范"的方式加以巩固。学的内容部分学生感到较难,则采用"问题分解"的方法,引导学生发现,鼓励学生互助。学的内容多数学生认为较难,重新调整课堂学的内容,教师进行深度讲解。教师只讲易错、易混、易漏点,讲学生想不到、想不深、想不透的,讲学生解决不了的。

以七年级数学"无理数"的内容学习为例:有些学生把$\frac{10}{7}$、$\frac{1}{6}$这样的分数都归结为无理数。教师要学生把10/7、1/6写成无限循环小数,并分析这些小数的共同特征,从而明白:任何一个分数都可以化成有限小数或无限循环小数的形式。然后指出像$\sqrt{2}$这类数是无限不循环小数,是无理数,它们不同于有限小数和无限循环小数,如$\frac{10}{7}$、$\frac{1}{6}$,因此无理数是无限不循环小数。

6. 学生对照"课堂学习单"反思

课后,学生对照"课堂学习单"写反思,即在作业讲解辅导后,把自己对错题的错误原因进行分析,或者是把自己学习本节内容后的主要感悟心得,学习活动中所涉及的知识、方法、思路、策略等,填写在"学后反思"栏中,发现自己的不足,寻找新的学习方向。

对七年级数学(上)《实数》一节的内容学习的学生反思:除实数外是否还有其他数?如果有,那是些什么数呢?在数轴上表示的两个实数,是不是右边的数一定比左边大呢?如何才能既快速又准确地在数轴上表示一个实数呢?怎么在数轴上表示如$\sqrt{3}$、$\sqrt{8}$、$\sqrt{12}$这些无理数?用什么方法表示?

二、"《实数》课堂学习单"的呈现

以下为《实数》的课堂学习单的样张。

3.2 实　数

课型：新授课　　执笔：胡哲忠　　审核：屠海杰、胡小丽

【学习目标——你知道要学什么吗？】

1. 实数的分类。
2. 理解实数和数轴上的点一一对应。
3. 理解相反数和绝对值的概念、数的大小比较法则同样适用于实数。

【学习过程——你知道这些道理吗？】

1. 平方根和算术平方根的概念＿＿＿＿＿＿＿＿＿＿＿＿
2. 准备一个2×2的纸制的正方形。

（1）讨论：

如右图，依次连接2×2方格四条边的中点A，B，C，D，得到一个阴影正方形．设每一方格的边长为1个单位，请讨论下面的问题：

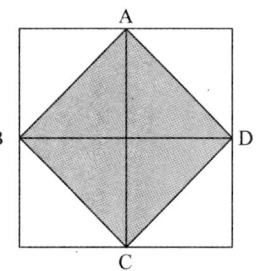

① 阴影正方形的面积是多少？
② 阴影正方形的边长是多少？应怎样表示？
③ 阴影正方形的边长介于哪两个相邻整数之间？

下面通过计算，得到下表来考察$\sqrt{2}$的近似值

$1.4^2<2<1.5^2$	$1.4<\sqrt{2}<1.5$
$1.41^2<2<1.42^2$	$1.41<\sqrt{2}<1.42$
$1.414^2<2<1.415^2$	$1.414<\sqrt{2}<1.415$
$1.4142^2<2<1.4143^2$	$1.4142<\sqrt{2}<1.4143$
$1.41421^2<2<1.41422^2$	$1.41421<\sqrt{2}<1.41422$
…	…

结论：

① 如此进行下去，可以得到一系列越来越接近$\sqrt{2}$的近似值；
② 总结$\sqrt{2}$的特征：无限、不循环。

（2）什么叫无理数？

无限不循环小数叫做无理数。

无理数的三种常见形式：

① 圆周率及一些含有 π 的数都是无理数，例如：$-\pi$，$\dfrac{\pi}{2}$，$2\pi+1$。

② 开不尽方的数是无理数。

例如：$\sqrt{2}$，$-\sqrt{3}$，$-\sqrt{6}$

③ 有一定的规律，但不循环的无限小数都是无理数。

例如：$-0.101001000\cdots$（两个"1"之间依次多一个 0）。

练习：

指出下列各数是有理数还是无理数：

$\sqrt{6}$，$\dfrac{\pi}{2}$，$1.2\dot{3}$，$\dfrac{22}{7}$，$-\sqrt{36}$，$1.232232223\cdots$（两个 3 之间依次多一个 2）

3. 有理数和无理数统称为实数

实数 {
　{ _____
　{ _____
　{ _____ } 无限不循环小数

练习：

在 $\dfrac{1}{7}$，$-\pi$，0，3.14，$-\sqrt{2}$，0.3，$-\sqrt{49}$，$3\dfrac{1}{3}$ 中，有理数 _____，无理数 _____，属于实数的有 _____。

4. 练习

(1) 3 的相反数是 _____，$-\sqrt{3}$ 的相反数是 _____；

(2) $\dfrac{1}{3}$ 的相反数是 _____，$-\dfrac{\pi}{3}$ 的相反数是 _____；

(3) $|-8|=$ _____，$|-\sqrt{5}|=$ _____；

(4) 绝对值等于 9 的数是 _____，绝对值等于 $\sqrt{6}$ 的数是 _____。

结论：把数从有理数扩充到实数以后，有理数的相反数和绝对值的概念同样适用于实数。

5. 举例

把下列实数表示在数轴上，并比较它们的大小（用"<"连接）

-1.4，$\sqrt{2}$，3.3，π，$-\sqrt{2}$，1.5

结论：

(1) 像每个有理数都可以在数轴上找到一个对应点一样，每个无理数也都可以在数轴上找到一个对应点，因此，可以说，每个实数都可以在数轴上找到一个对应点。（想一想：为什么？）反过来，数轴上的每一点也都对应一个有理数或无理数，也就是说，数轴上的每一点都对应一个实数。我们就说全体实数和数轴上的点一一对应。

(2) 在数轴上表示的两个实数，右边的数总比左边的数大。

【学习疑问——你还有什么不会？】
_____
_____

【自我检测——你会了吗？】

1. 用"<"，">"，或数字填空：

   (1) ∵ 1.73^2 _____ $(\sqrt{3})^2$ _____ 1.74^2

   ∴ 1.73 _____ $(\sqrt{3})$ _____ 1.74

   ∴ $\sqrt{3} \approx$ _____ （结果保留 2 个有效数字）

   (2) ∵ 2.449^2 _____ $(\sqrt{6})^2$ _____ 2.450^2

   ∴ 2.449 _____ $\sqrt{6}$ _____ 2.450

   ∴ $\sqrt{6} \approx$ _____ （结果保留 3 个有效数字）

2. 分别指出下列各数是有理数还是无理数：

   $1, -\sqrt{4}, 3.4159, \sqrt{\dfrac{25}{9}}, \dfrac{1}{6}, -\sqrt{3}, 3.131, 3.131331333133331\cdots\cdots$

3. 判断下列各题是否正确。

   (1) 无限不循环小数一定是无理数　　　　　　　　　　（　　）

   (2) 无理数一定是无限不循环小数　　　　　　　　　　（　　）

   (3) 带根号的数一定是无理数　　　　　　　　　　　　（　　）

   (4) 无理数一定是带根号的数　　　　　　　　　　　　（　　）

   (5) 实数和数轴上的点一一对应　　　　　　　　　　　（　　）

   (6) 有理数与无理数统称为实数　　　　　　　　　　　（　　）

   (7) 无理数包括正无理数，负无理数和0　　　　　　　（　　）

4. 把下列各数表示在数轴上，并把它们按从小到大的顺序排列，用"<"连接：

   $0.6, -\sqrt{6}, -\sqrt{2}, \dfrac{5}{2}, 0$

5. 下面的说法是否正确，并举例说明理由。

   (1) 两个无理数的和一定是无理数（　　　　）
   _____

   (2) 两个无理数的积一定是无理数（　　　　）
   _____

6. 如右图在 4×4 方格中,作出面积为 8 平方单位的正方形,然后在数轴上表示实数 $\sqrt{8}$ 和 $-\sqrt{8}$。

【学习反思——我还有什么问题?】

第三章 巧用"二次备课稿"

古希腊有一则寓言。一个渔夫，每次出海打鱼之前，他都要到市场上去看看，什么鱼的价格高，就决定去捕什么鱼。有一年春天，墨鱼的价格最高，他便去捕墨鱼，结果打上来的全是螃蟹，他非常懊恼地空手而归。等他上岸后，才得知市场里螃蟹的价格涨到了最高，于是他决定下次去捕螃蟹。然而第二次出海，他打上来的全是墨鱼，他又一无所获。回到岸上，他后悔不已，原来墨鱼的价格又高了。于是他发誓下次不论是墨鱼或是螃蟹他都要带回来。可是第三次出海他什么也没有捕到。

这只是一则寓言，在我们的传统教学实际中，虽没有这样愚蠢的"渔夫"，却有这样的愚蠢行为：上课就是执行教案的过程。教师的教和学生的学在课堂上最想要的进程就是完成预定的教案。教师期望的是学生按教案设想做出回答，否则就努力引导学生直至到达预定答案为止。于是，"死"的教案成了"看不见的手"，支配、牵动着活的教师与学生。

新课程教学的核心理念是"一切为了每一个学生的发展"。因此，教师只有充分了解学生学习的情况，课堂上才会更好地为学生发展服务。

第一节 "二次备课稿"概述

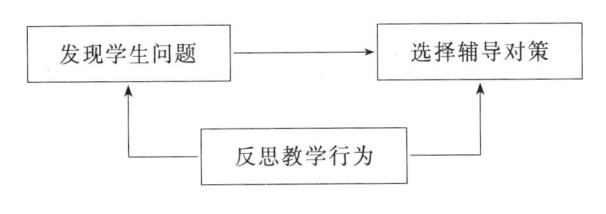

一、"二次备课稿"的基本结构

"二次备课稿"的基本结构包括学生学习的主要问题、教师采取的相应措施，以及教师在课堂教学后根据自己的感受总结得失从而写好的教学反思三部分（见图3-1）。

```
发现学生问题  →  选择辅导对策
      ↑              ↑
      └── 反思教学行为 ──┘
```

图 3-1 "二次备课稿"的基本结构

二、"二次备课稿"的特点

二次备课重在发现问题。上课前，教师将学生做的"课堂学习单"收上来。一看空白题，二看错题，三看拓展开放题，从学生学习的过程、完成"课堂学习单"

的情况和学生在学习反思时产生的疑问中，发现并整理不同班级不同学生的不同问题，以供备课组教师一起讨论，确定课堂学习的内容和目标。

二次备课遵循"以生定教"原则。二次备课以"课堂学习单"为基础，"以生定教"，根据学生学习的实际问题，找到解决问题的办法，把学生的疑问作为课堂重点，确定教学的目标、内容、策略与方法。课堂教学始终围绕学生的学，教为学服务。

二次备课注重个性化。由于不同的班级不同的学生不同的问题，教师在二次备课时注重备课内容的个性化，在课堂内对学生学习的不足进行可个别辅导，解决学生在学习中出现的个例问题，形成个性化教学设计。如七年级数学"实数"一章中"平方根"此节的内容学习为例。针对学生的问题，教师在课堂学习的设计中，力求突出以下两点：首先引导学生建立清晰的概念，在第1课时要求学生正确理解平方根的概念和平方根的表示法；其次在第2课时专门讨论算术平方根的概念及其表示。再编选有针对性的、有梯度的、形式多样的课堂练习题，让学生在练习中巩固和加深概念的理解和掌握，促使学生尽快地把新知识纳入到自己原有的认知结构中。

"二次备课稿"的适用范围。"二次备课稿"适用于教师实施课堂教学。课堂上，教师根据二次备课策略，重新构建教学时空，使得课堂问题向前向后延伸，使我们灵活地走出了"课堂学习单"对我们课堂的束缚，使我们的课堂教学可以在解决学生现有问题的基础上进一步拓展、提升。"二次备课稿"也适用于教师反思课堂学习指导。教师上完一节课后，及时总结教学过程中留下的缺憾，总结课堂成功的关键因素，记录教学过程中学生们新奇的思维方式，整理学生们的普遍错例。教师教学后的自我评价及其心得体会，给教师课后的经验总结提供了广阔的空间，这些日积月累的第一手原始材料，是我们教师宝贵的精神财富，同时也是我们教学水平不断提高的有力保障。

基于"课堂学习单"的预设和实际教学之间的差距进行教学反思，是教师课后的必修功课。反思是对之前教学行为的一种观察和审视，也是对之后教学的一种解读和思考，可以帮助教师调整之后的教学策略，也是教师自我成长的一种有效手段。

第二节 "二次备课稿"设计过程的案例呈现

一、"《湖心亭看雪》二次备课稿"的设计过程

在课堂教学的前两天发下《湖心亭看雪》的"课堂学习单"，要求学生自主预习课文，同时独立完成"课堂学习单"里的相关内容，并要求学生在"学习疑问"里提出预习时所产生的一些疑问。在课堂教学的前一天收回"课堂学习单"进行批改。根据班级同学完成《湖心亭看雪》"课堂学习单"的答题情况以及学生提出的不同疑问，进行整理归纳并思考学生需要在课堂上学什么的问题，也就是确定课堂的学的内容。同时，根据学生的具体情况制定怎么学的策略。

(一)学生做"课堂学习单"的情况

学生在完成"课堂学习单""学习内容"的预习题时,字、词、句的理解一般通过课文的注释和工具书不存在很大的问题。而对"问题探讨"中的第3、4两题解答出现错误,很多题目没有回答。第3题"和同学一起讨论,从修辞、表现手法、顺序等方面探讨这段雪景描写的特点"是对这篇文章描写雪景的语言品析,是引导学生学习"白描手法"特点的练习。第4题是"结合文中语句,说说这篇文章表达了作者怎样的思想情感和内心世界"是引导对作者人物情感、精神世界的探讨题。

(二)学生在自主学习过程中提出的疑问

对于《湖心亭看雪》,学生提出疑问很多,通过筛选、整理、归纳,主要表现在以下几个问题中。

1. 一痕、一点、一芥、两三粒,作者为什么把这些景物写的这么小?
2. 写这篇文章时已是清朝,作者为什么开头还用明朝的年号"崇祯五年十二月"?
3. 为什么作者在这么冷的天到湖心亭看雪?
4. 课文中说"独往湖心亭看雪",可课文写着"舟中人两三粒""舟子喃喃曰",明明还有舟子,这是不是矛盾?
5. 文章写看雪,为什么还要写金陵人呢?
6. 为什么作者强饮"三大白"就走了?
7. 舟子喃喃说"莫说相公痴,更有痴似相公者"这句话怎么理解?

(三)确定学习内容,形成"二次备课稿"

根据学生自主做"课堂学习单"的情况,形成"二次备课稿"(解决这堂课学什么,怎么学)。把"品析雪景的语言,学习白描手法"作为《湖心亭看雪》的课堂教学重点。把对张岱这个人物情感世界的了解和探讨作为《湖心亭看雪》的课堂教学难点。在此基础上,针对主要的问题,教师拿出相应的对策和措施。

1. 一痕、一点、一芥、两三粒,作者为什么把这些景物写的这么小?

(1)出示问题,交于班级同学思考和交流。

(2)比较阅读"天与云与山与水,上下一白"和"天、云、山、水,上下一白",边读边想象,品析两句语言所表现出来的有什么不同。

(3)出示图画,把语言的抽象性化为具体形象的画。

(4)以此为契机,体味白描手法的特点。

2. 写这篇文章时已是清朝,为什么开头还用明朝的年号"崇祯五年十二月"?

引导学生看"课堂学习单"中"作者资料简介"第一段,自主解疑。

3. 为什么作者在这么冷的天到湖心亭看雪?

出示补充材料(一)——张岱的《西湖梦寻》:

余生不辰,阔别西湖二十八载,西湖无日不入吾梦中,而梦中之西湖,实未尝一日别余也。

学生集体朗读,自主解疑。

出示补充材料（二）——张岱的《明圣二湖》：

余以湘湖为处子，腼腆羞涩，犹及见其未嫁之时；而鉴湖为名门闺淑，可饮而不可狎；若西湖则为曲中名妓，声色俱丽，然倚门献笑，人人得而媟亵，故人人得而艳美；人人得而艳美，故人人得而轻慢。在春夏则热闹之，至秋冬则冷落矣；在花朝则喧哄之，至月夕则星散矣；在清明则萍聚之，至雨雪则寂寥矣。

雪巘古梅，何逊烟堤高柳；夜月空明，何逊朝花绰约；雨色空濛，何逊晴光潋滟。深情领略，是在解人。

老师读，帮助学生理解文意。

4. 为什么作者强饮"三大白"就走了？

引荐学生课后去看张岱的《张东谷好酒》，老师直接告诉学生：张岱是个性情中人，很爱酒，但是他的家族对酒有过敏史，只吃饭，不喝酒，张岱也一样。

引导学生去理解"强饮三大白"中的"强"和"大"。

二、"《探索勾股定理（1）》二次备课稿"的设计过程

在课堂教学的前两天发下《探索勾股定理（1）》的"课堂学习单"，要求学生自主预习文本，独立完成"课堂学习单"里的"学习内容"，并提出预习时所产生的疑问。在课堂教学的前一天收回"课堂学习单"进行批改。根据同学完成"课堂学习单"的答题情况以及提出的疑问，进行整理归纳，考量学生应在课堂上学什么？并根据学生的问题制定学的策略。

（一）学生做"课堂学习单"的情况

第一，学生在完成"课堂学习单"中的"学习内容"的预习题时，"活动一"、"活动二"、"学以致用"的解答通过本节知识的阅读一般不存在很大的问题。

第二，对勾股定理的由来及历史了解比较薄弱；"活动三勾股定理的证明"因书上只提到一种方法，学生虽经过查阅，但真正掌握的不多，只是一知半解的程度。例2中的"练一练"与"探索题"四小题的解答出现错误，甚至空白没有答题的情况很多。

（二）学生在自主学习过程中提出的主要疑问

（1）公式中 $c^2=a^2+b^2$，而在计算的时候却是 $c^2=a^2-b^2$？

（2）勾股定理的证明为什么会想到用面积法？

（3）探索题这样的题目怎么做？

（三）教师的对策与措施

针对学生"课堂学习单"的批改与自主学习过程中提出的疑问，教师确定了学习内容，进行了"二次备课"。

1. 引述勾股定理的由来

我国是最早了解勾股定理的国家之一，早在三千多年前，周朝数学家商高就提出，将一根直尺折成一个直角，如果勾等于三，股等于四，那么弦就等于五，即

"勾三、股四、弦五"，它被记载于我国古代著名的数学著作《周髀算经》中。

商　高 　　　　《周髀算经》 　　　　毕达哥拉斯

设计意图：介绍有关勾股定理的历史，使学生对中国乃至世界的数学史产生浓厚的兴趣，培育学生的爱国主义情操，激发学习的积极性。

2. 公式中 $c^2=a^2+b^2$，而在计算的时候却是 $c^2=a^2-b^2$？

学生出现这一错误的原因主要是重公式轻文字表述造成的，学生对于勾股定理的印象往往停留在公式，而其本质内容"直角三角形两直角边的平方和等于斜边的平方"往往会被学生所忽略。这也是我们教师在指导过程中应该强调的。学生对于使用方便的公式自然记忆深刻，但是公式由于已经简化为符号表示，所以学生往往是记住了公式，却不知道那些符号背后真正的含义。

具体的解决程序如下。

第一步，上课时利用预习学案中的列表，在列表上添加标注。说明"$a^2+b^2=c^2$"中的"a"、"b"表示直角三角形的两条直角边，"c"表示直角三角形的斜边，"a^2+b^2"表示直角三角形两直角边的平方和，"c^2"表示直角三角形斜边的平方，从而得出勾股定理的文字叙述"直角三角形两直角边的平方和等于斜边的平方"。

第二步，让学生齐声朗读这一文字叙述。实践证明，通过大声朗读可以刺激学生对于文字叙述的有效记忆。同时要加以强调，是为了方便使用，才将文字叙述转为公式表示，当"a"、"b"表示直角三角形的两条直角边，"c"表示直角三角形的斜边时，用公式"$a^2+b^2=c^2$"来表示。

第三步，根据学生的实际情况，增加例题。在原有例题的基础上，设计一系列具有梯度的例题组，进行精讲精练。在不同的直角三角形中利用勾股定理写出不同的表示形式，反复练习以达到对勾股定理的熟练运用。

3. 学生不掌握勾股定理的多种证明方法

关于勾股定理的证明，因书上只提到一种方法，学生虽经过查阅，但真正掌握的不多，只是一知半解的程度。教师可以让学生在独立思考的基础上以小组为单位，动手拼接正方形中的直角三角形。

4. 例2中的"练一练"与"探索题"第四小题的解答出现错误

由于学生对知识的理解程度有所差异，因此，习题的设置体现层次性。通过对勾股定理的基本应用，让学生知道：已知直角三角形三边中的任意两边，可以求第三边；已知直角三角形三边中的一边及另两边的关系，可以求另两边；构造直角三角形是求线段长度常用的方法。

设计意图：使学生正确地理解勾股定理，并能用它来解决实际问题。

在本次活动中教师要重点关注：

① 学生能否通过勾股定理来解决实际问题；

② 学生是否能通过图形来活动数学问题（数形结合思想）；

③ 学生的表达、语言是否规范；

④ 引导有差异的学生，能让这部分的学生基本上能理解勾股定理的实质（直角三角形的两条直角边的平方和等于斜边的平方）。

三、"《浮力》二次备课稿"的设计过程

在课堂教学的前二天发下《浮力》的"课堂学习单"，要求学生在"课堂学习单"的指引下自主学习教材，独立完成"课堂学习单"里的"学习内容"。并提出预习时产生的疑问。在课堂教学的前一天收回"课堂学习单"进行批改。根据同学完成《浮力》"课堂学习单"的情况以及提出的疑问，进行整理归纳，确定课堂的教学内容，制定怎么学的策略。

1. 学生在小学阶段对"浮力"已有相当的认识

学生基本能对物体在水中沉浮现象作出正确判断。特别对于沿海地区的学生来说，家里附近就有运沙船、捕鱼船、各种养殖场，沉浮已是一种生活中常见的现象，一定情境下会使用"浮力"这个词，理解浮现象并不难。

但学生对"浮力"概念具有一定的模糊性，虽然已经在第一章学习了力的三大要素，但对浮力的三大要素并不能充分的理解与运用。认为浮力是指物体本身有浮力（把浮力作为物体的一种属性）。认为在液体中才有浮力，有一部分仍没有意识到空气的浮力的存在。

2. 学生存在的疑问

《浮力》不仅是初中科学教学的重点内容，也是学生学习困惑最多的一个地方。学习它需要综合前面所学的所有力学知识，包括质量、密度、重力、合力、平衡力和压强等许多物理概念。综合各班级的问题，从"课堂学习单"中发现，学生对以下问题存在着一定的困惑。

（1）浮力的方向总是竖直向上的吗？怎么理解？

（2）浸在水里上浮的物体是受到了水的浮力，那么浸在水里下沉的物体还受到水的浮力吗？

（3）浸在水里的物体都会受到浮力作用吗？

（4）浸在水里的物体受到的浮力大小与它们的形状有关吗？

（5）浸在水中的物体受到的浮力与物体浸在水里的深度有关吗？

3. 感悟

虽然批改"课堂学习单"要花费一定的时间，但收获颇深，既可以了解学生的

已有经验，又可以发现学生的问题所在。在教学过程中能有效地提高教学效率和质量。在学生的经验基础上集中解决问题，使整堂课既紧凑又有效。对学生感兴趣的知识点设置创造性的学生主体活动，不仅可以引起学生的学习兴趣和求知欲，而且可以全面培养和激发学生的创造力，实现发散思维。通过学生自主设计和动手做实验，可以培养他们的创新精神、观察能力、发散思维、动手能力，激发学习兴趣，进而提高学习的积极性。让学生自行设计实验方案，就像一石激起千层浪。

第三节 "二次备课稿"的应用

一、发现学习问题

教师收阅学生自学完成的"课堂学习单"，收集并整理归纳学生学习中存在的问题。如针对"平方根"的"课堂学习单"，教师发现学生主要的问题是混淆了算术平方根与平方根的概念，对其符号的表达意义不清楚。

二、选择辅导对策

针对学生学习中存在的问题，教师根据具体学情采用相应的辅导对策。如"平方根"内容的学习，针对学生存在的实际问题，教师采用了以下三点措施。

一是引导学生建立清晰的概念系统，首先在第1课时要求学生正确理解平方根的概念的意义和平方根的表示法；其次在第2课时专门讨论算术平方根的概念及其表示。二是编选有针对性的、有梯度的、形式多样的课堂练习题，让学生在练习中巩固和加深对知识的理解和掌握，促使学生尽快地把新知识纳入到自己原有的认知结构中。三是在课堂练习中设计了一组纠正错误的练习题引导学生正确认知这节课的内容。

三、反思教学行为

教师课后在"课堂学习单"的有关栏目或空白处填写"课后记"，积累经验、教训和问题，用于下次集中备课时小组交流，用于以后的复习教学。如在七年级数学（上）《实数》一节的内容学习后教师反思如下：

平方根这一节课比较抽象，经历从特殊到一般再到特殊的过程，学生要掌握平方根的表示法以及开平方运算，这节课开平方运算的数字都还比较简单，注重学生理解平方根的概念，在以后的课上要增加一些开不尽的运算，甚至带分数开方运算。

四、案例："《Unit4 What would you do?》二次备课稿"的应用

下面以九年级 Unit4 What would you do? 第一课时的"课堂学习单"为例，来阐明"二次备课稿"的应用。

（一）实施二次备课

教师在批阅"课堂学习单"中发现，学生对短语的翻译和词组的运用，基本过关，但是对本单元的虚拟条件句的运用存在许多疑惑，归纳如下。

1. 虚拟条件句中动词的用法，尤其是 be 动词的用法

在虚拟条件句中，从句的 be 动词一定要用 were，而学生按照自己的习惯思维，把原来用 am/is 的都用成 was，导致了 be 动词的用法错误。

2. 搞不清某个条件从句到底是真实的还是虚拟的

因为虚拟条件句的时态运用与真实条件句是完全不一样的，真实条件句，学生知道四字口诀"主将从现"。虚拟句中动词的应用是主句动词用过去式，从句动词用 should/would 加动词原形。搞不清两者的关系，必然导致动词使用上的错误。例如：If I _____ (be) you, I _____ (take) an umbrella. 应该填 were 和 would，有一部分学生填了 am 和 will。

3. 学习 if 的用法

学习虚拟条件句，就必然要涉及真实条件句，讲到了真实条件句，又要关系到 if 引导的宾语从句的用法。在以前的学习中也讲到这个问题，可在本单元的学习中出现的时候学生还是出现了错误。例如：I don't know if he _____ (come) back tomorrow. If he _____ (come) tomorrow, please tell me.

学生的答案是五花八门的，他们都知道这是表示现在的，但是他们不清楚这到底是条件状语从句还是宾语从句，那动词的形式可谓是多样化了。正确的应该是前一句是宾语从句，后一句是条件状语从句。前一句时态用一般将来时，后一句时态用一般现在时。而学生要么填反了，要么两个都是一般现在时，要么两个都是一般将来时。

基于以上的学生疑问，进行了"二次备课"。对于学生出现的这些问题，教师在课堂上设计相对应的伙伴活动（pairwork）来操练虚拟条件从句，时时注意学生的表述，若发现错误，可以叫其他学生帮忙纠正，让学生相互学习相互提高，对学生不会的或者难以理解的，教师加以引导来解决，在课堂上设计一个小组活动（groupwork），进行小组合作还写一篇小短文，里面也是涉及虚拟条件从句的运用，让学生对所学知识进行输出，最后课后设计相关的习题以加以巩固。

各项步骤走完之后展开一个问题大探讨，逐个解决问题。

（二）走进"学的课堂"

1. 第一阶段：互学互助

41 位学生被分成 10 个异质小组。其中 1 至 3 组讨论第一个问题，4 至 6 组讨论第二个问题，7 至 10 组讨论第三个问题。讨论很激烈，大约持续了 3 分钟，讨论结束了，教师组织各讨论小组来各抒己见。

（1）1 至 3 讨论组的代表就问题一分别发表如下观点。

Mary：虚拟语气中 be 动词一律用 were。

Christine：be 的过去式一律用 were。
　　Sally：主语后面的 be 动词一律用 were。
　　点评：Mary 的观点很好地解决了问题一；Christine 和 Sally 的观点有失偏颇，她们的观点没有立足于在虚拟条件句的前提下。对这三个同学的观点，其他组的同学都能给出恰当的评价，而且大家都达成和 Mary 一样的共识，说明这一问题已得到解决。
　　(2) 4 至 6 讨论组的代表就问题二发表了如下观点。
　　King：如果 if 引导的不是虚拟条件从句，那么便是真实条件从句。
　　Cart：要看句中 if 的意思，如果是"如果"的意思，那么就是虚拟条件从句；如果是"是否"的意思，那么就不是虚拟条件从句。
　　Winnie：if 引导一个从句，后面跟一个主句，如果从句的动词形式是过去式而且条件不真实或难以实现的，那么我们可以判断，这个是虚拟条件句；如果主句的动词形式是过去将来时，主要以 would do 的形式出现，那么我们也可以判断这个条件从句是虚拟的。
　　点评：听完三个代表的发言，同学们都对 Winnie 的观点大加赞成，她的观点让好多同学对是否是虚拟条件从句的判断指明了方向；相对来说 King 和 Cart 的观点就有点模糊，也有些片面。老师又顺势引出了另外一个问题：如果既没有从句的时态显示，也没有主句的时态显示，那你们将怎样去判断是否是虚拟条件从句呢？同学们继续展开讨论，但是初步讨论的结果并未能解决问题，这个需要在接下去的环节中，由教师来引导学生解决。
　　(3) 7 至 10 讨论组的代表就问题三发表了如下观点。
　　Toby：If 引导的是真实条件从句，那么从句用一般现在时；If 引导的是虚拟条件从句，那么从句用一般过去时；If 引导的是宾语从句，那么从句时态用一般将来时。
　　Henry：根据 if 的意思来理解，如果 if 的意思是"是否"，那么从句时态是一般将来时；如果 if 的意思是"如果"，又分为两种情况，如果是真实条件句，从句用一般现在时；如果是虚拟条件句，从句时态用一般过去时。
　　点评：从其他同学对这两种发言的反映来看，他们好像都很赞同这两个观点。但是他们都在犯一个共同的错误：当 if 引导宾语从句时，从句真的就用一般将来时而已吗？如：I don't know if he _____ (go) movies last night. 此处是填"will go"吗？显然学生对这个问题看得不是很透彻，也需要在下个环节经过教师的引导解决。
　　2. 第二阶段：导学导思
　　通过学生热烈的讨论，学生对 if 引导的真实条件句和虚拟条件句有了进一步的了解和掌握，使学生在课堂上"互学"，"互学"的主体作用得到了充分的体现。但是在这堂课上，学生还有两个问题没有很好地解决：如果既没有从句的时态显示，也没有主句的时态显示，学生很难判断是否是虚拟条件从句；当 if 引导宾语从句时，从句真的就用一般将来时而已吗？
　　针对问题一，教师要让学生知道虚拟条件句实际上就是非真实条件句，在非真实条件下中才使用虚拟语气。要让学生通过句子意思，看假设的条件是否能够实现、是否真实，假设的条件不能实现的就是非真实条件句（虚拟条件句），要用虚拟语气。例如：如果我是你，我就会邀请他参加晚会。事实上：我不可能成为你！这只是你的构想，永远不能实现的。因此这就是虚拟条件句。

翻译为：If I were you, I would invite him to the party.（如果我是你，我会邀请他来参加聚会。）

接着让学生翻译一个句子加以巩固："如果你是我们学校的校长，你将怎么做？"这是一个真实的语境，在真实的语境中，学生能够更好地把握这个知识点。一分钟后，教师让知道的学生举手，大概有33个左右的学生举手，教师叫了一个处于班级中等水平的学生回答，"If you were our headmaster, what would you do?"显然这个答案是正确的。接着另外一个学生说：因为你不可能是我们的校长，只是构想，因此可以判断这是个虚拟条件句。其他的同学都加以赞同，说明大多数同学都已经掌握。

针对问题二，教师要明确地告诉学生答案是错误的。if 引导宾语从句时，一般放在动词后面，并且意思是"是否"时，就要根据实际情况，

例：I want to know if he will come tomorrow. 我想知道他明天是否会来。因为从句中"来"的动作是明天，因此要用一般将来时，而错学生误以为所有的宾语从句都要用一般将来时，这是显然不对。因此再讲解学生做错的题目：

I don't know if he _____ (go) to movies last night.（我不知道他昨晚是否去看了电影。）

在 if 引导的宾语从句中，if 翻译成"是否"时，要根据实际情况，"我不知道他是否昨晚去看过电影。"从句中"去"的这个动作是发生在昨晚，因此要用一般过去时"went"。

在这两个例子之后，学生对于这个知识点有了很好的把握。接下来在课堂上又让学生做了一道题目：

He asked me if I _____ (be) late for school yesterday.（他问我昨天是否迟到了。）

数了一下，绝大多数学生的答案都是正确的，填了"was"，老师再引出一个问题：那么这个 was 是怎么来的呢？数秒后，处于班里中等水平的 Jenny 同学和大家分享了她的想法：本空格是要填一个 be 动词的适当形式，首先要确定此处 if 引导的是不是虚拟条件从句，根据句意我们得知此处不是虚拟条件句，而是 if 引导的宾语从句。If 引导的宾语从句的时态则是根据实际情况确定，句中的时间状语 yesterday 表明此处的 be 动词应为过去式。再因为句子的主语是 I，所以对应的过去式的 be 动词为 was。

3. 第三阶段：反馈——反省

(1) 课时反馈：本课时的学习自测题，都是有针对性有层次性编写的，主要在于检测学生对本课时的学习情况。在课前，将学生预习情况中所存在的问题进行归纳分类，教师可以一目了然地知道，学生的弱点在何处，学生想要的是什么。这样教师能够更有针对性地备好一堂高效的课，给学生真正所缺的或需要的知识。在课

堂上，学生知道的问题教师可以不讲；部分学生不知道的问题，可以叫学生"互学""互助"来解决。大家相互学习，相互帮助，这种良好的学习氛围不仅有利于解决部分同学的学习疑问，而且也大大培养了学生的合作能力。大部分学生不知道的问题，教师就要进行"导学""导思"，帮助学生解决。对于学生在解决地过程中存在困难的问题，将会有侧重地编进自测题，进行巩固和深化。

（2）课后反省：充分利用"课堂学习单"，获取学生的认知程度和自主预习情况，从而确定课堂的教学重点和难点。充分发挥学生的智慧。在课堂上，对于一些学生有能力解决，一定要放手，给学生思考的时间和空间，学生在互助、互学中知识和能力能得到进一步的巩固和提高，而且也大大培养了学生的合作能力。对于学生确实难以解决的问题，老师一定要给他们铺好垫子，循序渐进，做好导思，导学。

以下是《Unit4 What would you do》"课堂学习单"的样张。

Unit4 What would you do

【学习目标】

1. 掌握 if 引导的条件句以及虚拟语气的构成和用法。
2. 理解并正确运用 what if…? 和 what to wear。
3. 结合日常生活，能提出合理化的建议，发现自身存在的缺点、差距，并能及时作出调整。

【学习内容】

一、词组翻译

把钱捐给慈善机构＿＿＿＿＿＿　买小吃＿＿＿＿＿＿

把它存银行＿＿＿＿＿＿　有一百万美元＿＿＿＿＿＿

医学研究＿＿＿＿＿＿　穿什么＿＿＿＿＿＿

如果……会怎么样＿＿＿＿＿＿　为……担忧＿＿＿＿＿＿

一件衬衫和领带＿＿＿＿＿＿　仍然紧张＿＿＿＿＿＿

参加大型考试＿＿＿＿＿＿　长痘痘＿＿＿＿＿＿

帮助解决这个问题＿＿＿＿＿＿　长时间散步＿＿＿＿＿＿

得到像金鱼一样的小宠物＿＿＿＿＿＿

二、试一试

1. 虚拟语气，它用来表示所说的不是事实或者是不可能发生的情况，而是一种愿望、建议或是与事实相反的假设。虚拟语气通常用于虚拟条件句中。

条件句：If I（we, you, he, they）+动词过去式（be动词用were）

主句：① I（we）+should/would+do（动词原形）

② 其他人称+would+do（动词原形）

If I were you, I would / should wear a red coat.

If you got up early, you'd catch the early bus.

What would you do if you had a million dollars?

用所给词的适当形式填空。

① She is busy now, if she _____ (be) here, she _____ (go) with you.

② If I _____ (be) you, I _____ (take) an umbrella.

③ What would you do if you _____ (be) me?

④ I don't know if he _____ (come) back tomorrow.

　　If he _____ (come) tomorrow, please tell me.

2. a million dollar　　　　一百万美元
　　3 million dollars　　　　三百万美元
　　millions of dollars　　　好几百万美元

★hundred, thousand, million 等词前有具体数字做到"两无"（无"s"，无"of"），前无具体数字做到"两有"（有"s"，有"of"）。

3. 练一练

① There are _____ trees on the hill.
　　A. 4 hundreds　　　　　　B. 4 hundreds of
　　C. 4 hundred of　　　　　D. 4 hundred

② Benny is so lucky, because he got _____ from his uncle.
　　A. a million dollar　　　　B. a million dollars
　　C. millions dollars　　　　D. millions of dollar

4. What if everyone else brings a present?

① What if：如果……将会怎么样？　后＋从句，常用一般现在时表将来

What if he _____ (not, come) tomorrow?

② else：adj，"别的，其他的"，放在不定代词或疑问词之后

　　区别：other：放在名词之前

What else do you want to buy?

＝ _____ _____ _____ do you want to buy?

5. bring：强调从别处带到说话人所处地点。

　　take：强调从说话人所处地点带到别处。

　　Carry："搬，携带"，为指明方向性，既可能是带来也可能是带走

① Could you help me _____ the book to the classroom
　　A. boring　　　B. take　　　C. get　　　D. carry

② The boy is too young to ____ the heavy bag
　　A. take　　　B. bring　　　C. get　　　D. carry

③ It's going to rain. Please _____ an umbrella with you.
　　A. take　　　B. bring　　　C. get　　　D. carry

④ Remember to _____ me your photos.

　　A．take　B．bring　C．get　D．carry

6．I don't know what to say or do.

★"疑问句＋不定式"相当于该疑问词引导的从句（陈述句语序），常在句中做宾语。

① I don't know how to do it.

　＝I don't know how I should do it

② —Do you know _____？

　　—Sorry，I don't know.

　　A．where does Jimmy work　　B．where Jimmy works

　　C．how does Jimmy go to work　D．what does Jimmy do

三、课堂活动任务

任务一：当个梦想家

1．每一位同学根据老师的要求设计一张如下的调查表：

Name	If I …	I would …
Bob	had a million dollars	travel all over the world
…	…	…

2．在小组中选择3或4位同学进行调查，并记录好他们的回答。

3．待调查结束，请一些同学根据调查的结果，选出自己认为最好的梦想。

任务二：我是老师或校长

1．让同学选择任意的角色。

2．以老师或校长的身份，提出一些合理化建议。

3．把这些建议写下来，送给老师或校长，看能否对他们的工作有所帮助。

完成任务所需要的语言结构：If I were the teacher/headmaster，I would．

【学习疑问】在预习的过程中，你碰到了什么疑问吗？请写下。

_____

_____

【学习自测】

一、单项选择

1．If I _____ you，I _____ do this exercise in a different way.

　　A．am；will　　　　　　B．was；would

　　C．were；would　　　　D．will be；would

2. —What did the teacher ask you to do?
   —She asked me to give a speech _____ the class.
   A. in the front of   B. at the front of
   C. in front of   D. at front of

3. _____ book are kept in our school library.
   A. Five millions of   B. Millions of
   C. Several million of   D. Many million

4. I'm deeply moved and I don't know _____.
   A. where to say   B. when to say
   C. what to say   D. how to say.

5. The mother looked _____ because her son hadn't been back.
   A. worry   B. worried
   C. to worry   D. worrying

6. My cousin is very busy with his work. He has _____ time to read newspapers.
   A. a little   B. little
   C. a few   D. few

7. I don't have a raincoat with me. _____ rains?
   A. What if it   B. Does it
   C. if it   D. Will ir

8. Ann is feeling _____ because all her friends are dancing and singing _____.
   A. happy; happy   B. happy; happily
   C. happily; happy   D. happily; happily

9. Young students should always help their parents _____ some housework at home.
   A. with do   B. doing
   C. do   D. to doing

10. Who _____ will play football next Sunday?
    A. other   B. another
    C. the other   D. else

二、根据汉语完成句子
1. 如果我有一百万美元，我就会买栋大楼。
   If I _____ a million dollars, I _____ _____ a tall building
2. 如果我是一只小鸟，我就能飞起来。
   If I _____ a bird, I _____ _____

3. 倘使他不知道上课的时间怎么办？
   _____ _____ he _____ know the time for class?
4. 如果没有空气和水，地球上就不会存在生物。
   There _____ _____ no living things on the earth if there _____ no air or water.
5. 如果我是你，我就知道该去哪里。
   If I _____ you, I _____ _____ _____ _____ _____.

三、用所给词的正确形式填空
1. What would you do if you _____ (have) a lot of money?
2. If it _____ (snow) tomorrow, we'll have a day or two days off.
3. If I _____ (be) you. I'd take a small present to the party.
4. I don't know if he _____ (come) back. If he _____ (come), please tell me.
5. _____ (million) of people play basketball for fun and exercise.
6. How many _____ (tie) has your father got?
7. Kathy has many _____ (worry). You can give her a hand.
8. The old doctor gave all his life to _____ (medicine) science.

【学习反思】
1. 通过本堂课的学习，你有什么收获吗？请写下。
   _____
   _____

2. 在本次学习中，你发现了几个课外词汇？请你按照下面的格式归纳出来。

单词	音标	基本含义
_____	_____	_____

第四章 进入"学的课堂"

改革开放以来,我国关于教学方式改革与研究有两次高潮:一是20世纪80—90年代课堂教学改革,涌现出了像情境教学法的代表李吉林等大批教学法研究者和改革者,当时的教学改革特征表现为:忠实于既定的课程与教材的课堂教学技术。二是由基础教育课程改革而引发的教学方式的变革,"自主、合作、探究"成为研究与实践的热点。查阅2001年以来的相关研究资料,竟达二千多篇,这些研究和实践推动了教学方式的改革与转变。

"自主、合作、探究"等现代教学方式如何取代传统教学方式?如何创立符合本土文化和教育实情的现代教学方式?这些问题迫切需要应答和解决。我们选择了一种基于"课堂工作纸"的"互学—问学—用学"三个模块构成的"学的课堂"模式。

第一节 "课堂学习单"与"二次备课稿"的整合应用

二次备课是基于"课堂学习单"的学生学习的过程、完成"课堂学习单"的情况和学生在学习反思时产生的疑问的基础上对教学时空的重新构建。由于农村学校的生源比较复杂,班级学生程度参差不齐,如何确定文本的教学内容,如何确定课堂的教学内容,更是需要我们根据实际的学情来确定。下面用西店中学王老师的《我的叔叔于勒》的教学案例来具体解读(见图4-1)。

《我的叔叔于勒》是九年级上册第三单元的一篇小说。从课文的情节看:悬念的设置,有张有弛的故事,令人深思、回味。从人物描写的角度看:深入人物世界内心,通过人物的言语动作来自然表露人物内心世界的写法值得我们品味学习。从文章的主旨看,是表现资本主义社会异化的人与人的关系?是表现小人物的辛酸?抑或是怎样感受人与人之见的关系?很能引发我们的探讨。同时简洁明快而富于个性化的语言,生动逼真而又幽默风趣的细节描写,也是文章的魅力所在。

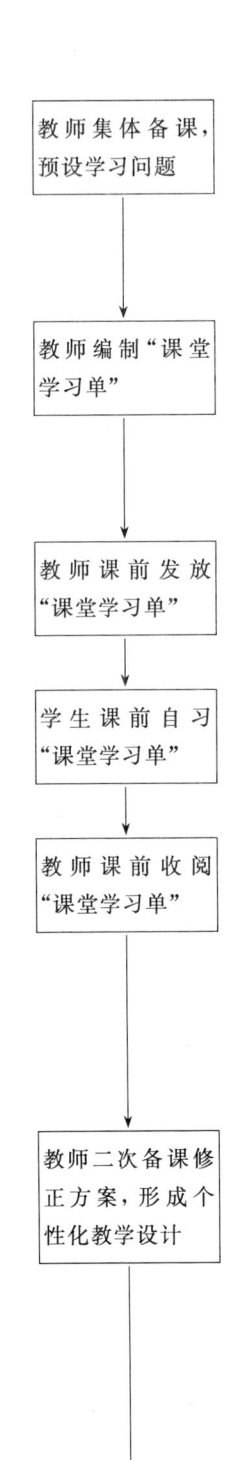

教师集体备课，预设学习问题	语文组五个教师根据文本特点、考查要点、自己的理解以及对学生的学习估计，预设课文学习内容：了解菲利普夫妇和"我"对于勒不同态度的原因；学习用语言、动作、神态的描写来刻画人物并探讨小说的主题。
教师编制"课堂学习单"	印发了《我的叔叔于勒》的"课堂学习单"。提供了课文的作者、背景补充资料，以及字词句的疏通预习题。提出了学生自学的思考问题：说说故事的主要情节，看看哪些情节吸引人。找一找菲利普夫妇对于勒态度变化的词语，并探讨变化的原因。你喜欢小说中的于勒叔叔吗？你读了这篇小说还有哪些方面的体会和感想？ 还准备了与课文内容相近的课外文章阅读训练题和学生自学后的质疑表。
教师课前发放"课堂学习单"	教师课前发放《我的叔叔于勒》的"课堂学习单"。
学生课前自习"课堂学习单"	学生课前自习，做"课堂学习单"中的练习，自读文本，提出问题。
教师课前收阅"课堂学习单"	教师课前收阅"课堂学习单"，分别了解、整理自己班级学生学的情况，收集、归纳学生存在的问题。
教师二次备课修正方案，形成个性化教学设计	王老师课堂。一个女学生忽然说："老师，我爸爸前几天检查我的作业，他看了这篇课文，他边读边笑了。"王老师觉得这是一个引导学生思考课文主题的教学契机，也是帮助学生理解问题的平台。于是她又布置几个家住附近的学生回家与父母共读《我的叔叔于勒》。并设置了父（母）子（女）对话交流的问题：如父母（你们）为什么笑，哪里可笑？除了笑还有什么感受？如果于勒是你们的亲人，你们会相认吗？学生的问题比较集中，如菲利普夫妇谁更坏呢，如果菲利普的妻子同意于勒回来，菲利普会同意吗？于勒后来又变穷了，除了因为欠菲利普夫妇的钱之外，还有什么原因使他不回菲利普家？ 　　不难看出学生对菲利普夫妇的性格和行为有较浓厚的兴趣。对文章刻画人物的那种淡淡的幽默和不经意的讽刺有着探究的意向。王老师决定以"对比"为抓手，解读课文，提炼小说主题；以人物言行品析为抓手，窥探人物内心，把握人物性格。

教师课内学习指导	先让学生找出菲利普夫妇对于勒态度的前后变化对比鲜明的句子，分析变化的原因。从于勒信中得知于勒发财后，菲利普经常挂在嘴边的一句话是什么？引导学生抓住"常常""永不变更""惊喜"等词语体会菲利普对于勒的期盼之切。当确定于勒就是卖牡蛎的老水手时，菲利普夫妇的第一反应是什么？引导学生抓住"煞白"、两眼"呆直"、"哑着"分别感受人物的害怕、绝望、痛苦的心理。 再讨论菲利普夫妇性格的异同。母亲为什么暴怒？如果克拉丽丝同意于勒回来，菲利普会同意吗？学生交流对菲利普夫妇的评价，"我"对父母的评价，作者对菲利普夫妇的态度，学生家长对菲利普夫妇的评价，老师对学生评价的评价…… 引导学生体会他们性格中自私、虚荣、冷酷的一面，特别要感受菲利普妻子性格中的泼辣、精明、冷静等。通过不同身份的读者对菲利普夫妇的态度和评价，体会小人物的悲哀。
学生课堂交流学习收获	学生课堂交流学习《我的叔叔于勒》的收获。
学生课堂上完成"课堂学习单"	学生课堂完成"课堂学习单"。
师生反思课堂教学收获	王老师重点是品味小说人物描写的特色，她以"对比"为抓手，通过菲利普夫妇对于勒态度的前后变化，菲利普夫妇的性格比对，"我"和父母对于勒态度的对比来感受人物鲜明的个性，体会文章独特的写法。最后又以学生、家长和老师共读文本，来体会小说耐人寻味的主旨。

图 4-1 "课堂工作纸"的课堂应用

　　这个教学过程，以"课堂学习单"为依托，从学生反馈的预习情况出发，结合课文自身的特点来进行二次备课。在备课中，学生的学情是他们的着眼点。基本内容还是围绕小说的人物刻画、情节分析和主题探讨展开。

　　课堂教学必须以学生的需要为基础，只有明白学生阅读最想知道什么，应该知道什么，教师才能明确可以指导什么，课堂教学就是以学生的疑点、难点为基础展开的。学生基础不同，能力不同，教学内容就应该有所不同，具体的课堂指导也会有所不同。课堂教学之前教师备课的目的，课堂教学之中教师指导的重点，课堂教学之后教师反思的要点，都应是学生，应是学情，应是学生学的活动。

第二节　语文课堂的基本形态展示

　　传统课堂教学从表面上看是一种集体活动，教师、学生与教材是一个整体。实际上，教师占据了专断地位，教材和教学参考书对人也构成了专断。貌似启发式的问答，从表面上看，学生在课堂上非常踊跃，但实际上学生的表达和发言基本上都是在教师的"点拨"下进行的，学生的思维没有脱离教师的思路，而教师的思路又局限于教学参考书，因此，学生对内容的理解和问题的解答异化为对教师和教学参考书的理解。这种问答和发言从表面上看是教师循循善诱的结果，但实质上是教师在一定程度上掌握话语控制权的产物。

　　体验的教学要求课堂实施多方的对话，主要有人与学习材料的对话及人与人之间的对话。任何一个文本，都既包含着知识技能，也蕴涵着某种文化精神，人和文本的对话也就包容了这两方面。学生对知识技能的学习是运用多种感官特别是听觉和视觉感官和文本对话，并在此基础上自主构建知识结构和心智结构的过程。在这一过程中，学生从其个人已有的经验和智力出发，在阅读中与作者和编者对话，并进行深入的思考，挖掘知识本身的内在含义及其与本单元、本学科和其他学科的有机联系，重组知识系统和认知图式。精神的陶冶更是建立在对话的基础之上，任何一种文本知识都内在地蕴含着一定意义的精神，如自然科学知识的背后就包容了人类对真理的求索、探究精神和求真务实的科学态度等。

　　但课堂对话最主要的还是人和人的对话，主要有学生和学生间的对话、教师与学生间的对话。学习者之间在知识背景、经验和各种非智力因素等方面存在着差异，认知方式和精神活动方式的多元化、经验和知识等的差异性本身就是丰富的课程资源，班级授课制下的学习者之间的交往和活动也是一种重要的教育资本。通过与他人的对话和讨论，学习者对自己的思维过程及其结果进行再认识，对各种观念进行再改造，并能超越自己的认识，修正自己的观念，对自己的知识系统进行重新构造。

一、阅读课：《湖心亭看雪》的课堂教学

　　我们实践的课堂教学中是教师引导学生自己读文解疑，同伴合作分享，师生一起探究文本的意义与精神。

　　1. 互学——呈现

　　先以小组为单位，针对"课堂学习单"中的"学习积累"错题进行组员间互相帮助、纠正和学习。从而学习、落实文言文的一些基础知识。各小组由组长或是指派一个组内成员进行归纳整理本小组的互学情况，向全班同学展示互学情况。呈现的内容主要小组还有哪些问题没有解决。

　　小组互学中同学们解决了以下几个问题：读准了"湖中（焉）得（更）有此人"句中的"更"字；搞清了作者生活的朝代和籍贯；明确了本文叙事的线索，用红笔修正填写了"课堂学习单"上文章交代的时间、地点、人物和事件等。但是有些问题却是同学互学中探讨不了的,如:"作者为什么用崇祯的年号?""为什么要到晚上八点去看雪景?""为什么在写雪景时,要写人、物等?""文章开头与结尾是否矛盾,为什么?"等等。那就只有进入第二个环节"导学—导思"了。

2. 导学—导思

从二次备课中知道了学生的疑问。如:一痕、一点、一芥,作者为什么把这些景物写得这么渺小?可引导学生比较品读:"天与云与山与水,上下一白"和"天、云、山、水,上下一白"。闭上眼睛,边读边想象,去体味其中的不同。和前文"大雪三日"联系起来,抓住文中的"与"字那天地浑然一体,白雪茫茫的景象。强调"一"的意思。比较现代文:"只见天地白茫茫一片,雪花纷纷扬扬的从天上飘落下来,四周像拉起了白色的帐篷,大地立刻变得银装素裹。"得出原文抽象概括,更有想象的空间——这是白描手法。还可以根据雪景描写的意境,出示图画,引导学生去想象。

针对"为什么作者在这么冷的天到湖心亭看雪?"可让学生读"课堂学习单"的材料(1):

"余生不辰,阔别西湖二十八载,西湖无日不入吾梦中,而梦中之西湖,实未尝一日别余也。"(《西湖梦寻》张岱)

"明末以前未曾出仕,一直过着布衣优游的生活。明亡以后,消极避居浙江剡溪山中,专心从事著述,穷困以终。"(《陶庵梦忆》)

《西湖梦寻》和《陶庵梦忆》写于他明亡入山以后,书中缅怀往昔风月繁华,追忆前尘影事,字里行间流露出深沉的故国之思和沧桑之感。帮助学生理解文意:张岱如此爱西湖,关键在于人,只要人能深情领略,那么雪巘古梅、夜月空明、雨色空濛又何尝不是一种美景呢?这就是张岱为什么不白天和那些游客一起热热闹闹地去看西湖雪景的原因。

那么为什么作者强饮"三大白"就走了?引荐学生课后去看张岱的《张东谷好酒》,就可知道张岱是个性情中人,很爱酒,但是他的家族对酒有过敏史,只吃饭,不喝酒。引导学生去理解"强饮三大白"中的"强"和"大"。

学生思考了上面的三个问题后再让学生小组讨论下面两个问题就简单了:课文中说"独往湖心亭看雪",可课文写着"舟中人两三粒""舟子喃喃曰"明明还有舟子,这是不是矛盾?舟子喃喃说"莫说相公痴,更有痴似相公者!"这句话怎么理解?

在课堂上对于简单的问题,老师提供资料引导学生自己去解读,让学生自主思考解疑。对于难的问题老师提供资料,帮助学生解读,引导学生思考从而去理解文意。引导学生在解读文本时,要学会利用相关的资料去思考问题,理解问题,这样就能比较客观,比较全面去解读文本,让学生明白在思考问题时不能把目光只局限于课文中。激发学生要想更深入客观全面地了解张岱,应去读《陶庵梦忆》、《西湖梦寻》。

3. 用学—反省

学生再做"课堂学习单"中的"拓展练习":《湖心亭看雪》和《游兰溪》的阅读理解,从而进一步巩固和练习文言文的相关知识点。

课堂教学以学生学习为主,教师引导为辅。在语言品析中,通过"天与云与山与水"和"天、云、山、水"的比读;通过与现代文"只见天地白茫茫一片,雪花纷纷扬扬的从天上飘落下来,四周像拉起了白色的帐篷,大地立刻变得银装素裹"的品读;通过"画"用视觉的角度去感受"白描",教师用不同的方式引导学生去了解白描手法的特点,而不是简单的说教形式。在探究张岱情感世界时,教师引导学生去看资料,给学生提供材料,对于材料简单的内容让学生自己去解读,而对于材料有难度的帮助学生去解读。

二、写作课：走进社会主义新农村

实践中,我们将课堂作文引向广阔的生活天地,来构建写作课堂,如"走进社会主义新农村"这个写作案例。

（一）写作目标

1. 目标一：了解社会主义新农村建设的背景

请运用网络搜索引擎,搜索社会主义新农村建设的提出背景,深刻的内涵以及意义,然后整理形成一篇文章,谈谈自己对社会主义新农村建设的认识。

2. 目标二：写一份宁海县＊＊村新农村建设可行性报告

近几年来,你村利用区位优势,贯彻落实科学发展观,加大工作力度,完善基础设施,全村经济发展迅猛,初具社会主义新农村的雏形,现在你代表＊＊村向县委作申报建设新农村报告,请写一份题为"建设社会主义新农村"可行性报告。可以从以下方面入手：＊＊村的基本情况（包括面积、人口、人均产值、民俗民风等）；经济状况；优势（村委班子、地理位置、产业优势、资源优势等）；强势发展项目。

3. 目标三：写一份宁海县＊＊村新农村建设实施方案

你的陈述报告得到县委的首肯,接下来,你就得为＊＊村社会主义新农村建设出谋划策了。请你写一份＊＊村新农村建设实施方案,要有具体的步骤、发展内容、阶段目标、具体措施及责任人。

4. 目标四：写一份＊＊新农村的游记

在你们的运筹帷幄之下,十年之后,＊＊村终成为远近闻名的社会主义新农村。让我们共享这犹如陶渊明笔下的"世外桃源"吧,驰骋你丰富的想象,用五彩的笔端,描绘你心中的新农村吧,带领读者去游览＊＊社会主义新农村。

（二）课堂学习过程

1. 目标建构：学习调查报告

调查报告是对某项工作、某个事件、某个问题,经过深入细致的调查后,将调查中收集到的材料加以系统整理,分析研究,以书面形式向组织和公众报告调查情况的一种文书。调查报告有以下几个特点。

① 写实性。调查报告是在占有大量现实和历史资料的基础上,用叙述性的语言

实事求是地反映某一客观事物。充分了解实情和全面掌握真实可靠的素材是写好调查报告的基础。

②针对性。调查报告一般有比较明确的意向，相关的调查取证都是针对和围绕某一综合性或是专题性问题展开的。所以，调查报告反映的问题集中而有深度。

③逻辑性。调查报告离不开确凿的事实，但又不是材料的机械堆砌，而是对核实无误的数据和事实进行严密的逻辑论证，探明事物发展变化的原因，预测事物发展变化的趋势，提示本质性和规律性的东西，得出科学的结论。

(1) 感受调查报告：课外找几篇调查报告，读一读，思考调查报告一般由几部分构成，各部分有什么特点，写法上有什么要求等。

(2) 读下面《保护环境，从我做起》这则调查报告，并回答问题。

保护环境，从我做起——关于学校及周边环境状况的调查

为了使同学们认识到环境问题与我们每个人的实际行动密切相关，提高同学们环保意识，养成良好的环保习惯，我们在老师的指导下以校园及学校周围的环境为调查对象，以存在的环境问题调查内容，采用观察记录、取样检测、座谈访问和问卷调查等方法，对学校及周边的环境状况进行调查。

存在的环境问题。调查显示，学校及周边的环境状况令人担忧，主要表现有：(1) 学校各教室地上碎纸、弃物较多，随地吐痰现象突出；(2) 校园内的纸屑、瓜子壳等随处可见；(3) 生活用水排入校内池塘，使其水质不断恶化，气味刺鼻，经检测水中含磷和有机物成分较高；(4) 伙房烟囱冒出的浓浓黑烟，常常在校园上空弥漫；(5) 校内的垃圾全部堆放在学校大门外河道的旁边；(6) 学校旁边养猪场的污水及周围居民的生活用水直接排入河道内，造成河水污染。

存在问题的原因。通过调查我们了解到，上述环境问题的产生与人们的行为习惯和环保措施不力有直接关系。如随地吐痰是许多同学的不良习惯，被调查的同学都不同程度地有过上述行为；河道旁边堆放垃圾和污水直接排入河道，主要是由于环保措施不力造成的。究其根源，主要是人们环境保护意识不强和环境保护法律法规落实不够。

认识和建议。通过调查我们认识到，环境问题在我们身边同样存在，保护环境不仅是国家和政府部门的责任，也是每个公民应尽的义务，只有每个人都自觉行动起来，才能保护好我们共有的家园。为此，特提出以下建议：(1) 学校可通过环保讲座等形式加强对同学们进行环保教育，提高全体同学的环境意识；(2) 各班召开以保护好身边环境为主题的班会，号召全体同学从我做起，从现在做起，从身边的小事做起，自觉履行保护环境的义务；(3) 主动向周围群众宣传环境保护知识和有关的法律法规，提高群众的环保意识；(4) 环保管理部门对违反环保法律法规的行为，应及时采取有效措施给予制止和制裁。

① 从内容上看，这篇调查报告主要写了什么？

② 从结构上看，这篇调查报告可分哪几部分？请你试着用简洁的语言概括各部

③ 调查报告的语言有什么特点？请从文中试举一例加以说明。

④ 作者写这则调查报告的主要目的是什么？他在文末提出的建议与倡议书或建议书中的"建议"有什么区别？

2. 写作指导：落实注意事项

（1）重点技巧。根据调查的目的，把调查内容写清楚．如果是调查某一件事，就把事件的发生、发展和结果写出来；如果是调查某一问题，就把涉及这个问题"干什么"、"为什么"、"怎么样"写清楚。调查报告重在展示客观事实，也可作必要的分析。

（2）布置作业（具体内容参见"课堂学习单"）。了解社会主义新农村建设的背景，宁海县＊＊村新农村建设可行性报告，宁海县＊＊村新农村建设实施方案和写一份＊＊新农村的游记。

3. 课堂写作与交流提升

（1）去伪存真。材料中往往真与假相混杂。调查对象有的可能由于记忆不准，张冠李戴，无意中弄错事实；有的可能道听途说，反映的情况不够真实；有的可能由于有思想顾虑，谈的情况有不真实的成分；等等。分析调查材料时，要剔除一切虚假的东西。

（2）去粗取精。就是去掉次要的、不典型的材料，筛选出最能反映事物本质的典型材料。筛选出的材料应丰富多样，"点""面"结合，能写入调查报告。

（3）分类整理。对典型材料的分类整理，可以用文字，也可以用表格，必要时还要进行统计分析。

（4）得出客观的结论。分析调查材料的过程，是逐渐揭示这些材料的本质意义，得出正确结论的过程。

（5）修改誊写（或打成电子稿）。

（三）课堂活动反思

没有鲜活新事，就没有鲜活报道。不关注生活，也就失去了生活之源。在调查报告的作文实践中，学生通过观察、记录、交流，不但占有了大量鲜活的第一手写作素材：本村面积、人口、人均产值、民俗民风等基本情况，经济状况和村委班子、环境卫生、医保教育、衣食住行、老幼安排等现状，以及管理政策及对待外来民工的举措等，而且切实感受到了时时处处有生活，真切地感受农村的变化。这就让学生接受、感受、掌握了一定的材料，解决了学生"没东西可写"的问题。自主观察、体验、思考、感悟、表达生活的意识、兴趣、能力、习惯也得到了有效培养。

其次，调查报告的作文教学实践开放了学生习作的"情"。中学生情感本来就丰富，他们各自都有一个独特的心灵世界。加之在调查报告的书写中，老师极力引导学生把自己的认识和体验"原汁原味"地表现出来，不说空话、套话，特别是不强加给学生高于生活的有"深刻立意"的价值倾向，让学生成为自己思想感情的主人，既可讴歌生活中的真善美，也可批判生活中的假恶丑。这样一来，学生原先对自己所在的家乡、村庄的了解仅仅限于非常表面非常肤浅或者说是非常抽象的层面，而现在通过调查，对家乡的影像有感性变为数据等具体的概念了，了解得越多，感受也就越深刻，表达这种情感的欲望和需要也就越强，加之丰富的材料充实了他们的写作底气，研究和写作的素材来自于实际生活中，最贴近他们的东西，自然也就有了写作的兴趣。作文也不再是信口胡诌、附和命题的东西。在积累丰富素材的基础上，学生畅所欲言，他们的习作自然是言之有物、有真情实感得多了。

在调查报告的作文教学实践中，学生还学会了如何根据中心来选择事实。在调查所得的大量的材料中，根据中心进行筛选、比较，既选过硬的，更选事理交融、能说明问题的，这就有利于提高学生抽象、概括、逻辑判断等智力水平。学生不仅搜集信息、整理信息，同时进行积极的内省和反思，解读某些生活现象，感悟语言，感悟人生，既丰富了人文内涵，又培养了对社会现象和事件的分析、评价能力。

调查报告的作文教学实践，扩大了学生的生活天地，提高校园生活质量，丰富了学生的生活情感，创造良好的写作氛围，激活学生的写作情趣，在训练实践中激励实践创新的意识，培养创造性思维，提高创造能力，实实在在有利于提高学生的实用写作能力。它既是课堂作文训练的延伸，更是学以致用。增强了学生的语言概括能力，扩大了学生视野，提高了他们选取不同的视角来评说立意的能力。特别是为村子的建设发展出谋划策这种做法，促进了学生对社会生活的参与意识，有利于提高学生的思辨能力。学写调查报告，包括新闻等文体，不失为走出目前中学作文教学尴尬处境的一条有效途径。

（四）课堂学生作品呈现

充满希望的望海村——新农村建设实施方案
西店中学　二（9）董佳茜　竺蓓蓓

在宁海的北部有一个民营经济活力四射、生机盎然的滨海小城镇，这就是被誉为"宁海北极星"的西店镇。望海村位于本镇东南部，西面靠山，南面与桥棚村相接，与茅洋村相望。现在的望海村是由桥棚、东周、新董、周戴、新詹、老詹6个村规模调整后成立的，现有常住农户708户，常住人口2138人，外来人口1200余人，有村民代表105名。村党总支下设6个党支部，共有党员109名。

新村成立后，望海村的村风村貌发生了翻天覆地的改变，原本小路变成了宽广、平坦的水泥路，河道两旁建设了绿化带，通过整治后，河里的水变得又清又明。村里还建起了图书馆、老年活动室、活动场，为村民提供了集休闲、娱乐、健身于一体的活动场所。不仅环境发生变化，而且全村的经济和民风也在转变，村里吵架的少了，赌博的少了，全村的经济实力和发展也有明显增强，但离新农村的目标"生产发展、生活宽裕、乡风文明、村容整洁、管理民主"还有一定的差距。

但为了加快建设步伐，推进社会主义新农村建设，我们还要继续努力，力求做到以下几点：

一要发展工农业，提高农民收入。"生产发展、生活宽裕"是新农村建设的物质基础，只有发展生产，提高农民的收入，让农民得到实实在在的利益，新农村建设才会有广泛的群众基础才能取得实效。望海村要结合实际，在发展工业、壮大农业上做文章。实施"工业带头、工业富村"战略。望海村现有企业34家，我们可以盘活土地资源，通过"土地出租，厂房出租，场地出租"等方式吸引各地客商前来投资置业。同时，组织安排本村富余劳动力进厂务工。随着工业企业的增加，流动人口的积聚，村集体经济将进一步得到加强。望海村有着较为丰富的耕地、山林、海洋资源，通过引进外地客商共同开发，引进建立农业龙头企业和异地农民联营等多种渠道，建立"企业＋基地＋农户"的生产经营模式，建立高标准农业基地，走科技兴农之路，种植优质、高产、高效农作物，并建设农业信息网，通过信息化促进农业市场化，真正实现农业增效、农业增收的目的。

二要开展环境整治，改善人居条件。以县里开展的"净化大地、美化家园"活动为重要载体，按照点、线、面齐步推进的要求，从治理"脏、乱、差"入手，实现我村环境整治从重点突破向整体推进转变，切实改善我村的村容村貌。一要继续推进道路交通建设，到2008年全面完成桥棚、新董、东周的道路硬化。二要加快自来水网改建，用2年时间完成周戴、老詹、桥棚的安装自来水工程。三要完成坟墓整治，在今年完成新詹和东周的生态公墓的建造。四要加大公共卫生设施的建设，在今年完成露天粪坑清理，年底前完成周戴、桥棚、新董等自然村5座公共厕所的建造。五要加快绿化建设，对通村道路及新建道路和河道两边实施绿化工程，在住宅之间建设绿化带，指导、帮助农民对自己庭院进行绿化，使我村的绿化覆盖率达到25％。六要加强畜禽污染的治理，在今年完成对周戴养猪场环境污染的处理。七要加强环境保护，强化生态农业和生态环境意识，开展渔业资源增殖放流。

三要培育新风，加快文明进程。乡风文明是建设社会主义新农村的灵魂，体现新农村建设内涵、展现农村风貌。望海村加快建设新的村文化室，为广大农民的文化、娱乐提供一个好的平台，以此推动我村文化阵地的建设，通过这一平台组织农民学习党的方针政策、市场经济及科技知识、转变观念，提高素质。根据我村的实际，建立一支具有我村特色的群众文化活动兴趣小组，用乡土文化、喜闻乐见的娱乐活动丰富农民的精神世界和业余生活，积极抵制封建迷信、赌博等不良的社会风气，树立科学文明新风尚。

四要创新机制，提高管理民主。管理民主是建设新农村的政治保证，要以"四民主、三公开"为主要内容，不断增强农民群众的自我教育、自我管理能力，使广大农民群众真正拥有知情权、参与权、选择权、监督权，真正让农民当家做主。要加强农民群众法制建设，教育引导农民依法行使民主权利，切实保障农民的合法权益。不断推进望海村民法治建设，使望海村成为民主和谐的新农村。

乡村建设是文明城镇建设中一项持久又系统的社会工程。我们要以"形象工程"、"实事工程"建设为突破口，抓好基础设施建设，以"精神文明建设"为着力点，提高城镇居民素质、文明程度及管理水平，达到外延扩展，内涵提高，树立文明城乡新形象，为使西店成为名副其实的现代化滨海经济强镇持下坚实基础。

点评：本文语言通畅，条理清楚，但作为调查报告的一个组成部分——实施方案，其中提出的方案应该目标明确，具有针对性和可行性，操作措施具体而翔实。而本文除了第二点措施"要开展环境整治，改善人居条件"中有具体的落实目标外，其他部分不能不说是"高空作战"——空洞的大话多，可行的具体措施少。

西店村新农村建设一瞥

西店中学　二（1）叶宁琦　戴　荧　马梦朦

西店村位于宁海县北端，距县城23公里，为西店镇人民政府驻地。现居叶、王、孙、邬、郑等60多姓。村区面积约1.5平方公里，共314户、806人，另有常年居此做工、经商的外籍人口2000多人。几年来，我村各方面都有着突飞猛进的变化。为了更深刻的了解西店村新农村建设的状况，过一个有意义的寒假，我们三人做了以下调查。

2月15日　西店村委办公室

今天，阳光明媚，我们一行三人兴致勃勃地来到了西店村的村委办公室，一进门就受到了村长热情的接待。慈祥和蔼的村长叫我们坐到沙发上，亲自给我们倒上热腾腾的菊花茶，还在茶几上放了好多好吃的水果。我们三人能受到如此的礼待，真有点受宠若惊。为了不影响村长的工作，节约时间，我们三人按照事先商量好的问题，逐个向村长提问。

"村长，我村现状如何？"

村长微笑着充满自信的说道："我村自改革开放以来，面貌与日巨变。原是半农半商的小集镇，如今已建成半工半商的有一定规模的集镇。村内有村办及村以下工厂100余家，平均每7户有一家工厂，有小轿车4辆、大卡车6辆。每年的人均收入可达50000元之多。而且今年我村全面引用了白溪水库的水作为饮用水。我想，在不久的将来，我村将会成为'生产发展、生活富裕、乡风文明、村容整洁、管理民主'的宁海县第一村。"

"那现在我村外来人员的数目在不断地增长，村长，对此您有什么看法？"

"噢！外来人员呀。这对我村来说是一件好事。帮我村解决现在个体户和私营企业，本地劳动力不足的问题。外来人员的增多也带动、搞活了我村的经济发展。当然，我村也为外来人员提供了优惠的政策和一些服务保障。比如：外来人员的子女在我村享受同等的教育，尽可能的帮助解决他们的住房问题等。"

"村长，村长！那我村绿化环保如何？"还没有等村长话落，戴荧就迫不及待地叫嚷起来。

村长边笑边答："刚才，你们也都看到了道路两侧留有的绿化带以及我村每户人家房前屋后花坛上，种着的各种各样的花草树木了吧，为了保护环境的整洁我村还统一导流村中的河水，严格控制把关各企业的排污，为各路口和主要地段放设一些垃圾大桶，同时专聘一些村容保洁员，每天进行打扫保洁。你们也看到了，走在村里，有没有一种整洁美观的感受？""嗯！是的，是的。"我们异口同声地答道。

"村长！"叶宁琦问道，"每年重阳节，我村都会给60岁以上的老人以一定的资助和慰问，您为何要搞这样的活动？"

"这样的活动我村不单单是在重阳节搞，在平时我们也经常搞的。尊老爱幼是我们中华民族的一种美德。老人年纪大了，儿女平时在外工作很忙，家中常常只剩一人，他们会感到孤单，我们经常去看望一下，尽一份孝道。既能让他们感到村的温馨，同时也让常年在外工作的儿女可以放心。"说完，村长呷了一口茶。

2月16日　西店医院

昨天的成功访问，增强了我们的信心，使得我们对这次活动的兴趣更加浓厚了。今天我们三人利用中午的时间，趁院长休息之际，开始了我们的采访。

马梦朦首开提问："院长，西店医院现状怎样？""西店医院经过多年发展，现已成为一所拥有医疗设备先进，技术力量强大，就医环境优雅舒适的区级综合性医院。设有急诊科、内科、外科、妇产科、眼科耳鼻喉科、皮肤性病科、肝病科、五官科、儿科等科室。能为村民提供良好的医疗服务和健康保障。"院长和蔼地答复我们。

"院长，现在我村也开始实行了农民医保，那么，实施'新型农村合作医疗'对村民有什么实际意义呢？"叶宁琦接着问。院长答："建立新型农村合作医疗制度将更好地解决农民基本医疗保障和看病难的问题，在一定程度上缓解了农民'因病致贫、因病返贫'问题。这关系广大农民的切身利益，村民的医药费可以报销，一定程度上可以减轻农民的经济负担。村民参保率达到90%以上，到年底，达到了95%以上。'新型农村合作医疗'制度将会在将来成为西店村重要的医疗项目。"

戴荧此时也凑了上来："院长，您认为我村村民现在卫生保健意识怎样呀？"院长答："我认为村民们以前对卫生意识不够全面，例如暴饮暴食、喝生水、吃垃圾食品、不注意饮食卫生。造成自己的身体不适，不仅让家人担心，而且还影响正常的学习和工作。现在随着经济的发展，生活水平的提高，村民对自己身体的健康状况也重视起来了，很多村民都隔三差五来我院做常规检查。每天清晨和傍晚也可以看到相当多的一批人在进行锻炼，有打门球的、跑步的、跳舞的、打太极的……"

"院长，那您认为怎样来强化和提高村民的卫生保健意识呢？"

"我们将加强对村民健康维护的指导，鼓励全社会的健身防病热情，从而提高全民族健康水平。同时，免费建立档案资料，掌握个人健康病变过程和村里的防疫重点，开展跟踪治疗，以提高全村的卫生防疫水平。保健部门将定期为建档个人进行体检，免费提供慢性病防治、健康宣教等咨询活动。建档个人如有需要，随时可以与家庭医生保持联系，开展上门服务。"

2月25日　西店派出所

今天，经过了七天热热火火的正月串门拜年后，我们三人约定一起来到了威严的派出所。在一个女警员的带领下，看到穿着一身警服，目光锐利的叶探长。叶探长高兴的接待了我们的采访。

"叶探长！随着外来人员的增多，我村现在的治安形势怎样？"

"刚开始时随着一大批的外来打工者来到我村，一时的治安形势比较严峻，偷盗抢劫常有发生。现如今随着各方面的制度完善和技术的更新，宣传教育的到位，形势有了较大的变化。常驻本地人和外来打工者现已慢慢融合于一起生活，生活安定了，矛盾也少了，相对来说治安形势也好了。"叶探长不紧不慢地回答。

"那叶探长！管理好我村的治安，您是怎么在做的呢？"

"帮助村里基层党组织和自治组织组建治安巡逻力量，建立民事调解组织，并指导他们开展治安巡逻和民事调解工作。"叶探长调整了一下坐姿，接着说："我们这里的警察，每个人的治安各有分工。有的警察常出去转转，看看村里的情况；有的警察常会与一些容易冲动的村民和外来务工者聊聊天谈谈心，有的警察不时安排政策讲座，并不时进行图片、文字宣传教育，有的警察专门负责建立外来务工者的档案资料，便于管理和教育。同时我们还建立了帮教机制。满腔热情地为村民服务，真心实意地为村民办事，与村里广大干部群众广交朋友、建立友谊，使他们都能够成为公安机关的千里眼、顺风耳，甘心情愿为维护社会治安献计献策，为维护农村社会治安提供及时有效的治安信息……"

还没有等叶探长说完，一个电话打来，叶探长要去开会了，我们的小采访也只能就此结束了。

2月26日　　　叶宁琦家

今天我们几个坐在一起，对于本次调查活动，都争相总结发言。

戴荧说："我认为西店村对老人的服务非常好，使老年人真正地做到了老有所乐。西店村为老人建立了老年人娱乐场所，让这些老年人能在一起聚一聚，讨论身边的一些事务；同时，里面开设了许多项目，有读书角、棋牌室、桌球房、健身房、篮球场等等，这为老人安享晚年提供了好的去处。所以，我认为西店村是一个'慈祥'的村庄。"

马梦朦说："绿化对于每一个镇，每一个村甚至对每一个人来说都是很重要的，也是当今社会每个人的应尽责任，这一点我觉得我们西店村就做得很好。每个公民都会在春季到来之时自发地在自家小院种植花草树木，而且每个公民对植物的爱护也非常用心。一年四季绿叶满枝头，花香飘四方，成为了绚丽多姿的真正生态村。"

叶宁琦说："我从小生活在西店村，西店村的变化让我震惊。我家的房子原本只有一层，现在已是三层之多，而且父母的年收入每年都在增长，外来打工者的年收入也在增长，各种商店在新街一带迅速发展，因此新街是西店村的闹区，商店里的物品应有尽有。以前要买一些稍微高档一点的东西，就要上县城去买，现在，在本村一般的东西都能够买到，不用跑县城了。总之，西店村的经济在飞速发展。"

马梦朦说："以前，一到休息日或晚上，在村上走走，看到的、听到的大多数是搓麻将、打牌、喝酒、路边闲坐，而如今走出去瞧见的却大不一样了。在村阅览室里有埋头看书找资料的,在老年活动室有玩棋唱歌打球的,在健身区有弯腰舞剑踢腿的,在阳光下有围坐谈事论业的、在家里有养花种树喂鸟的……"

我们看到了新时期的西店村,农、牧、副、渔各业全面发展,民众生活文明和谐。相信在不久的将来,西店村将以全新的面貌展现在人们眼前,这颗璀璨的明珠将永远闪耀着她绚丽的光芒!

点评:本文以采访纪实的形式记录了小组调查的对象、内容、经过,以及调查中的感受。学生能将平时的写作经验运用于调查报告的实际写作中,虽然语言稍嫌稚嫩,但条理清楚,中心突出,特别是在结构的安排上,显然是动过一番心思的。如末尾用"2月26日叶宁琦家"这一块内容及谈话的形式来总结调查后的感受,既突出了中心,又使文章结构显得更完整。

第三节 数学课:《探索勾股定理》的课堂教学

以小组为单位,针对"课堂学习单"中的"自主学习"中出现的错题进行组员间互相帮助、纠正和学习,从而学习、落实学习内容里的一些基础知识。小组成员先整理本小组的互学情况,向全班同学展示互学情况:一是本小组解决了哪一些问题;二是本小组还有哪些问题没有解决。

各小组在教师组织下当小老师,对展示的疑问进行解答。

师: 观察下列图片。

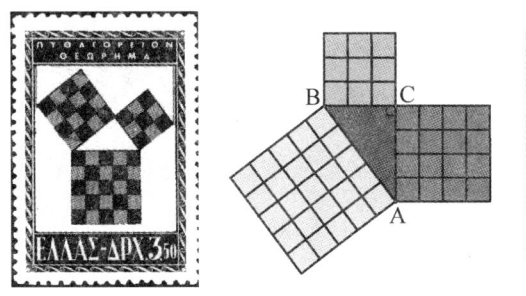

这三幅图分别是一张希腊为纪念一个重要数学定理而发行的邮票、华罗庚教授建议向外太空发射与外星人联系的图案、2002年国际数学家大会会标——弦图,它们都可以证明今天所有要学的一个重要定理:勾股定理。

下面请同学们同组之间,展示自己所学的知识,针对"课堂学习单"中的"自主学习"中出现的错题进行组员间互相帮助、相互学习。

一、向同伴学

生1: 我向大家展示我收集到的勾股定理的史话。勾股定理又称为"商高定理",在外国称为"毕达哥拉斯定理"或者"百牛定理"(毕达哥拉斯发现了这个定理后,即宰了百头牛庆祝,因此又称"百牛定理"),法国、比利时人又称这个定理为"驴桥定理"。其他国家发现勾股定理的时间都比中国晚,中国是最早发现这一几何宝藏的国家。

生2:我来叙述勾股定理的内容:直角三角形两直角边的平方和等于斜边的平方:$a^2+b^2=c^2$。

生3:知道直角三角形的两边,求第三边,我会这样做,如"课堂学习单"中的例题:

如右图,在 Rt△ABC 中,∠C=90°,BC=a,AC=b,AB=c.

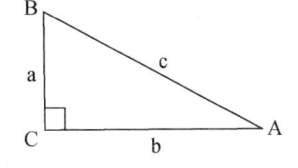

(1) 若 a=1,b=2,求 c.
(2) 若 a=15,c=17,求 b.

存在的疑问:为什么勾股定理是成立的?

分析:学生对现有的基础知识是容易掌握的,并能够进行简单应用,但对定理的证明是难点,需要老师帮助一起进行解决。

二、向老师学

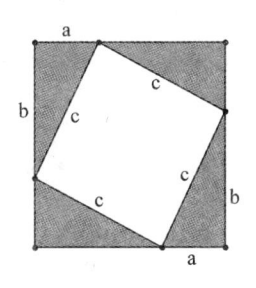

图 A

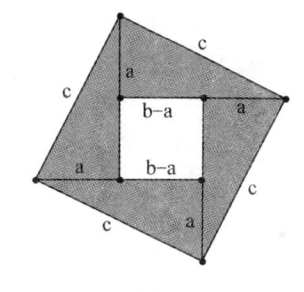

图 B

师:每组用四个直角三角形拼成一个正方形,看哪组拼得又快又准确?
生:我们拼出两种图案:图 A 与图 B。
师:图 A 大正方形的面积是多少?
生甲:中间小正方形的面积为 c^2,再加四个直角三角形的面积就行了。
师:还有什么不同方法呢?
生乙:大正方形的边长就是 a+b,所以大正方形的面积就等于 $(a+b)^2$。
师:很好!两位同学的结果,形式不一样.但同一图形的面积值是相等的.由此你可得出什么结果?
生甲:$c^2+2ab=(a+b)^2$。
师:能简化吗?
生甲:能,结果是 $c^2=a^2+b^2$。
师:刚才我们通过图 4-3 的面积计算,验证了勾股定理;能否在图 B 中,通过面积计算，验证勾股定理？

……

图 B 中，大正方形的面积 $=c^2$ 或 $4\left(\dfrac{1}{2}ab\right)+(a-b)^2$，步骤类似于图 A 中的验证过程。

师：至此，我们已用两种方法证明了勾股定理，从勾股定理的发现到今，已有了四百多种证明方法，同学们课后有兴趣可查阅有关资料。

勾股定理是中学几何中一个很重要的定理，它的应用十分广泛。但在应用勾股定理时，经常会出现这样或那样的错误，所以教师在学生"互学"的基础上还得继续深入进行"导学"。

1. 学生直角边和斜边不分，就出现了错误

例 1 在 Rt△ABC 中，$a=3$，$b=4$，$\angle B=90°$，求第三边长 c.

错解：由勾股定理，得 $c^2=a^2+b^2=3^2+4^2=25$，∴ $c=5$.

所以第三边长为 5.

分析：这里错在盲目地套用勾股定理"$a^2+b^2=c^2$". 殊不知，只有当 $\angle C=\text{Rt}\angle$ 时，$a^2+b^2=c^2$ 才能成立，而当 $\angle B=\text{Rt}\angle$ 时，则勾股定理的表达式应为 $a^2+c^2=b^2$.

正解：因为 $\angle B=90°$，∴ $b^2=a^2+c^2$，∴ $c^2=b^2-a^2=4^2-3^2=7$，∴ $c=\sqrt{7}$，故第三边长为 $\sqrt{7}$.

此题的设计不仅是对定理的进一步加深理解，特别是对字母 a，b，c 所代表的边，深化的教学内容，提高了学生的思维。

2. 学生不注意定理的应用条件

例 2 已知△ABC 中，三边长 a、b、c 为整数，其中 $a=3\,\text{cm}$，$b=4\,\text{cm}$，求第三边 c 的长。

错解：由勾股定理，得 $a^2+b^2=c^2$，∴ $c^2=3^2+4^2=25$，∴ $c=5$（cm）.

分析：勾股定理使的条件必须是在直角三角形中，题设中既没明确指出△ABC 的形状，又没给出图形，错把△ABC 当成直角三角形，导致错误地使用勾股定理.

正解：由三角形三边关系可得 $b-a<c<b+a$，∴ $1<c<7$，又 c 为整数，∴ c 的长应为 2 cm、3 cm、4 cm、5 cm 或 6 cm.

3. 注意分类讨论

例 3 在 Rt△ABC 中，$a=3$，$b=4$，求 c.

错解：由勾股定理，得 $c=\sqrt{a^2+b^2}=\sqrt{4^2+3^2}=5$.

分析：这里默认了 $\angle C$ 为直角. 其实，题目中没有明确哪个角为直角，当 $b>a$ 时，$\angle B$ 可以为直角，故本题解答遗漏了这一种情况. 当 $\angle B$ 为直角时，$c=\sqrt{b^2-a^2}=\sqrt{4^2-3^2}=\sqrt{7}$.

例 4 在△ABC 中，$AB=15$，$AC=13$，BC 边上的高 $AD=12$，则 $BC=$ _____.

错解：$DB^2=AB^2-AD^2=15^2-12^2=81$，即 $DB=9$，
$CD^2=AC^2-AD^2=13^2-12^2=25$，即 $CD=5$，
则 $BC=BD+DC=9+5=14$。

分析：三角形中某边上的高既可以在三角形内部，也可以在三角形外部，错解仅考虑了一种情况，也就是高在三角形内部的情况。还有一种高在外部的情况：$BC=BD-DC=9-5=4$。

三、向生活学

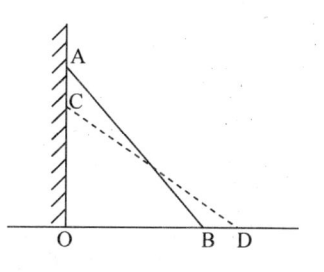

例1 如右图，一个3米长的梯子AB斜着靠在竖直的墙AO上，这时AO的距离为2.5米.
（1）求梯子的低端B距墙角O多少米？
（2）如果梯子的顶端A沿墙下滑0.5米至C，请同学们猜一猜，低端也将滑动0.5米吗？
算一算，低端滑动的距离近似值（结果保留两位有效数字）.

分析：$AB=CD=3$，$AO=2.5$，$AC=0.5$，梯子外移的距离即为BD的长度.
由 $AO-AC$ 得到CO的长，在 Rt△OAB 中运用勾股定理求出OB的长，在 Rt△OCD 中运用勾股定理求出OD的长，再由 $OD-OB$ 得出BD的长.

例2 小明的妈妈买来一部29英寸（74厘米）的电视机，小明量了电视机的荧屏后，发现荧屏只有58厘米长46厘米宽，他认为售货员搞错了。对不对？（$58^2=3364$ $46^2=2116$ $74.03^2≈5480$）

简单介绍电视机尺寸按屏幕的对角长度换算成寸算。1英寸$=25.4mm$，电视标称尺寸，包括电视机边框内部所含部分.

解后反思：利用勾股定理解决实际问题时，关键是将实际问题转化为数学问题，弄清题目的已知条件和所求问题，构建出数学模型.

例3 一块长约40米、宽约30米的长方形草坪，被几个不自觉的学生沿对角线踏出了一条斜"路"。请问：他们知道走"斜路"比正路少走几步路？这样做，值得吗？

第四节 科学课：《浮力》的课堂教学

要真正培养学生的科学探究能力，我们应该尝试新的教学方式，使之成为学生喜欢的科目。再以《浮力》为例，从上节二次备课做起，呈现我们的课堂实践。

根据学生的知识基础、兴趣爱好、学习能力、心理素质把全班学生按照自愿原则搭配成10个学习小组，一般4—5人为一组，每周每个小组成员的职责轮换一次，

通过组内学生的探究和互助活动共同完成学习任务。

一、向同伴学

师：通过预习，我们已经了解了跟浮力有关的知识，结合"课堂学习单"中的教学目标这节课我们要完成以下几个目标。

1. 知道漂浮和浸没在液体中的物体都会受到液体对它的浮力。哪个小组的同学结合自己的实际说一说生活中存在浮力的现象。

生1：泡茶时茶叶会浮在上面，漂浮在水上的轮船，在水中游泳的人。

生2：在水中游泳的鸭子，漂浮在水面上的木块。

师：刚刚有同学提到轮船，那如果这艘轮船沉入水底呢？它还会受到水对它的浮力吗？

生3：那应该没有浮力了，要不然怎么会沉到底呢？

生4：也有的吧，毕竟它还在水里啊。

生5：我认为它是受到浮力的，可能是因为它的浮力不足以支撑物体的重力。

师：好，对于沉入水底的物体有没有受到浮力的作用等下我们一起用实验来验证一下。

师：除了液体对物体有浮力外，气体对物体有浮力吗？有没有什么例子？

生6：哦，有的，节日时候的氢气球会浮在空中，那个也是浮力吧？

生7：是浮力，没错，要不然它怎么会飘起来啊。

多媒体展示物体受浮力的画面

2. 物体在液体中受到的浮力的方向是怎样的？你是怎么得出来的？

生1：我觉得浮力应该是向上的，因为就像轮船没有浮力就浮不起来了。

生2：按照二力平衡分析，重力和浮力是一对平衡力，所以浮力的方向应该是向上的。

师：其实向上的力也可以画出很多种，请同学们画出我们以前学过的向上的力的图示。

学生作图，比较。（发现学生对浮力方向竖直向上的概念不是很清楚，只是知道向上，需要在问学中设计实验来证明）

3. 浮力的大小可能跟什么因素有关？

生1：我们做过教材中的实验，将空矿泉水瓶逐渐按入水中，按瓶时感觉越来越吃力，说明浮力越来越大。

生2：对，而且按瓶时水溢了出来，越往下按，溢出来的水越多。

生3：所以我们认为浮力的大小等于物体排开的液体的重力。

师：我们自选一些实验器材设计出实验方案来验证一下。

4. 为什么会有浮力呢？浮力产生的原因是什么呢？

生：书上解释是因为上下表面存在着压力差，不过不是很理解。

师：其他组的同学能不能帮着解释下？

生：……

（学生普遍对这个问题不是很理解）

二、向老师学

师：现在我们来解决刚才留下的问题：浮力的方向到底是怎么向上的。

现在我准备以下材料：烧杯，乒乓球，有色的细棉线，用手来体验和感受水的浮力（见右图）。

生1：乒乓球浮在水面上，球是静止的，那应该是二力平衡。

生2：重力和浮力是一对平衡力。

生3：根据二力平衡的条件，浮力的方向应该和重力方向相反，是竖直向上。

师：浮力的方向果真是竖直向上的吗？

师：将细棉线系在乒乓球上粘在烧杯底部，向烧杯中加水，观察水中细棉线的方向。摆动大烧杯，观察水中细棉线的方向。

师：你从哪里可以看出乒乓球受到的浮力的方向？（引导学生看绳子始终是竖直的）

学生归纳：浮力的方向总是竖直向上的。

点评："浮力的方向"在教学中本身就是个难点，常规教学中是利用二力平衡的分析后得出。虽然学生能根据已学的知识确定浮力的方向，但是对浮力方向的认识只停留在抽象思维中，印象不深，更不能举一反三，灵活运用。以上活动不仅让学生对物体的受力情况进行分析，学以致用，由学生自己得出结论，还能对浮力的方向有更直观的认识。认识事物的过程是遵循"由浅入深"的规律，开始时就设计让学生"容易成功"的活动，有利于培养兴趣、激发兴趣，让学生在"鼓励中"发奋、努力，也就不会促成某些畏难情绪的产生、降低学习兴趣。做完活动后，回答"抛出的问题"才会显得是"有感而发"。

师：刚刚我们提到如果轮船沉了还会受到水对它的浮力吗？你有没有办法证明沉在水中的物体也是受到水的浮力的？利用桌面上的材料，看哪个小组想出的办法多。

生1：可以用弹簧秤称。

生2：先称一下重物，再把重物放在水中称，两者减一减。

生3：重物要全部浸入水中。

生4：不全部浸入也没关系，算出来的浮力就是浸入的那部分受到的浮力（学生已经会了浮力的测量方法）（见表4-1）。

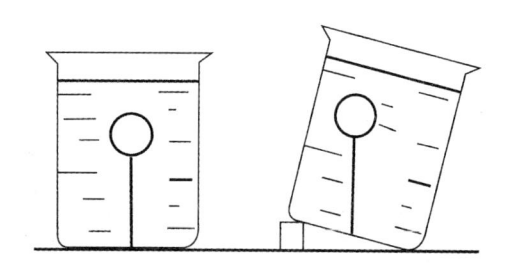

表 4-1　浮力的测量方法

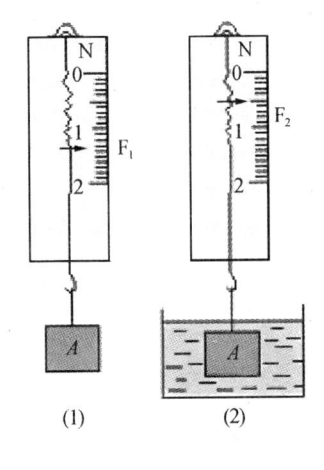

实验器材	实验方案	现　象	结　论	原因分析
200 克钩码 弹簧测力计 烧杯（装水）	用弹簧秤测出钩码的重力（弹簧秤示数 F_1）和钩码浸没在水中时弹簧秤的读数 F_2，计算出钩码在水里受到水对它的浮力大小：$F_{浮}=F_1-F_2$	将物体浸没在水中时，弹簧测力计的示数变小	浸在水里下沉的物体，水对它们也有浮力作用	浸在水里要下沉的物体是因其受到的浮力小于本身的重力；浸在水里要上浮的物体是因其受到的浮力大于本身的重力

点评：此疑问产生的原因是水面上的木块、泡沫等物体需要用力往下摁，才能将它们压入水中，因为它们受到了水的浮力；而石头、铁块等物体放入水中，它们马上下沉，那么这些下沉的物体可能是由于不受水的浮力而产生的（见右图）。学生的实验设计非常充分合理，可以让学生用已学的知识将原有的误区解决掉，这样更适合学生对浮力认知的建构。就像美国学者布鲁巴克认为，精湛的教学艺术，就是让学生自己认同活动观点。

师：浸在水里下沉的物体和浸在水里上浮的物体，都要受到水的浮力，那么浸在水里的任何物体都要受到水对它们的浮力吗？比如水里的桥墩有没有受到浮力的作用呢？

现在把这个矿泉水瓶剪掉，用乒乓球，烧杯（装水）等器材，给大家做个实验，请大家仔细观察现象并思考产生这个现象的原因是什么？将乒乓球放入剪掉瓶底的瓶口朝下的矿泉水瓶中，用烧杯往乒乓球上倒水，观察乒乓球的运动情况（见下图）。

在瓶口朝下，瓶底剪去的可乐瓶内放一个乒乓球　　从瓶底向乒乓球倒水，乒乓球并不向上浮起来

生 1：看见水从瓶口流出，但乒乓球并没有上浮。

生 2：看来乒乓球没有受到浮力，要不然肯定会浮起来的。

师：浸在水里的乒乓球没有受到水对它的浮力，因此，并不是所有浸在水里的物体都会受到浮力作用。日常生活中常常见到的水里的桥墩、陷在河泥里的沉船、打在河床里的木桩等一般都不受浮力。

师：浸在水里的物体是否受到浮力作用，关键是比较水对物体向上的压力 $F_{向上}$ 和水对物体向下的压力 $F_{向下}$ 的大小，若存在向上的压力差则物体受到浮力，否则就不受浮力。

学生归纳：浮力产生的原因：液体作用在上下表面的压力差。

点评：学生能够提出这个问题确实出乎我的意料。幸好当时有做过实验的乒乓球在，灵机一动剪了一个矿泉水瓶。虽然比较粗糙的一个实验，但效果还是比较明显，比原来传统的灌输式教育要形象得多了。可以很好地解释日常生活中常常见到的水里的桥墩、陷在河泥里的沉船、打在河床里的木桩等一般都不受浮力的现象有助于解决生活中的实际问题。

师：以前我们做过纸船，放在水里能浮起来，但是当把纸船揉成一团时它反而沉下去了。为什么呢？

提供橡皮泥，弹簧秤，烧杯（装水）等器材，看能不能解决这个疑问呢？（见下图）。

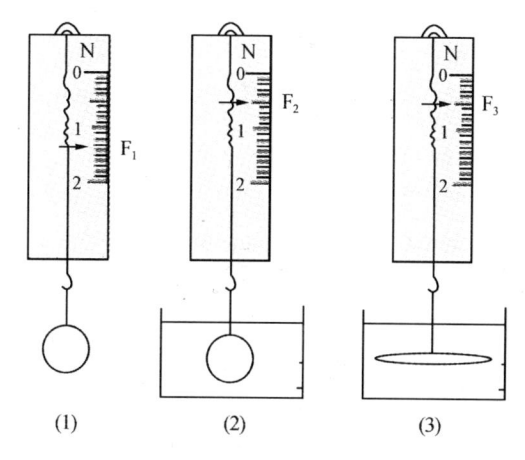

(1)　　　　(2)　　　　(3)

学生归纳：完全浸没在水里的物体受到的浮力大小与它们的形状有关（见表4-2）。

表4-2　浮力大小的实验

实验器材	实验方案	现　象	结　论	原因分析
橡皮泥 弹簧秤 烧杯（装水）	如上图所示，用弹簧测力计测出橡皮泥的重力（弹簧秤的读数 F_1）和圆形橡皮泥浸没在水里弹簧秤的读数 F_2 以及橡皮泥被捏扁后浸没在水里弹簧秤的读数 F_3，计算出橡皮泥在不同形状时受到的浮力大小：$F_{浮圆}=F_1-F_2$，$F_{浮扁}=F_1-F_3$	将物体浸没在水中时，弹簧测力计的示数没有发生变化	浸没在水里不同形状、相同质量的橡皮泥，受到的浮力大小相同	在水里的质量相同、形状不同的同种物体，由于其体积相同，所以它们排开水的体积和受到的浮力大小都相同

点评：此疑问产生的原因是平时看到浸在水里的各种不同形状的物体，有的上浮，有的下沉，学生会联想到一张展开的纸片落下来比较慢，当把纸片揉成一团下落比较快，是因为纸片受到的阻力不一样，也自然会想到它们受到的浮力大小与它们的形状是否有关。

师：游泳时，我从浅水区走向深水区，感觉到人会飘起来，那是为什么呢？从浅水区走向深水区，人体浸在水的什么物理量发生改变了呢？

生1：哦，物体排开液体的体积变大了。

师：越往深水区走人体浸在水里的深度越深，那我们可以设计一个实验来验证一下。准备圆柱体铜块、不规则石块、细线、弹簧秤、带刻度的烧杯（装水）等器材。自己设计表格，记录数据。将铜块慢慢浸没水中，测量铜块浸没在水里的深度和对应弹簧秤的读数，并把实验数据记录在表4-3。

表4-3　铜块浸没在水中的相关数据

深度（铜块下表面到水面的距离）/（厘米）				
弹簧秤读数（牛顿）				
浮力大小（牛顿）				

师：将小石块慢慢浸没水中，测量小石块浸没在水里的深度和对应弹簧秤的读数，并把实验数据记录在表4-4。

表4-4　小石块浸没在水中的相关数据

深度（石块上表面到水面的距离）/（厘米）				
弹簧秤读数（牛顿）				
浮力大小（牛顿）				

学生归纳：物体浸没水面之前，物体受到浮力的大小与深度有关；当物体浸没水面之后，物体受到的浮力大小与深度无关。

点评：让学生动手体验，在体验中获得真知，同时收获成功。通过学生切身体验过的知识比传统的讲授、演示等教学方法所能达到的教学效果要好得多，学生学习情绪也要积极得多。在体验中获得真知，同时让学生收获成功，能牢牢地抓住学生的心，并能培养学生的观察能力、实验操作能力、独立思考和合作能力。

三、向生活学

在《浮力》的习题中，学生普遍感觉比较困难的是浮力的应用。例如游泳时，人从浅水区走向深水区，感觉人会飘起来，为什么呢？

师：当人从浅水区走向深水区时人体浸没在水中的体积有什么变化吗？

生：体积在慢慢变大啊！

师：当浸没在水中的体积变大时水对人体的浮力又发生了什么变化了呢？

生：对哦，浮力慢慢变大，所以才会有飘起来的感觉。

为了巩固学生对知识点的掌握，加深对所学知识的理解，检测学生对所学知识的灵活运用情况。在利用所学的浮力知识解决实际问题时，分别追问了这样两个问题。

师：一艘轮船从河流驶入大海是浮起一些还是沉下一些？为什么？潜水艇的上浮或下潜与鱼的上浮或下潜有什么不同？

点评：这两个问题的设计不仅让学生对所学知识点又进行了二次加工，而且还对有关联的相似问题的分析过程进行了对比，既激活了学生的思维，又对所学知识进行了恰当的拓展。

这节课教师以学生存在的问题设置疑问，引导学生动手实验探究得出结论。对浮力有了最直接的感性认识，使学生进一步理解浮力的定义以及影响浮力的大小的因素，效果不错。虽然在浮力的影响因素的猜想上学生分歧比较大，但采用合并归类的方法保证了大部分学生的猜想都有所体现，所以保证大部分同学都能积极参与。合作性的操作进行顺利得当，学生对数据能快速有效进行分析论证，得出了浮力的影响因素，对科学探究的主要过程都有了亲身良好的体验，达到教学目标。

第五节 社会课：《建设社会主义精神文明》的课堂教学

一、编写"课堂学习单"的构想

（一）编写依据

1. 课程标准的依据

养成文明礼貌的行为习惯。了解中华民族的传统美德，以自己的实际行动促进社会主义精神文明建设。感受个人情感与民族文化和国家命运之间的联系，提高文化认同感。

2. 学生的学业水平

因为是农村学校，生源流失比较严重，学生的学业水平整体上偏低，所以"课堂工作单"的内容选编难度不易过大。并且，因为学生的学业水平差异显著，这就要求"课堂工作单"的编写分难易层次，由浅入深，对不同水平阶段的学生提出不同的要求。

（二）编写说明

知识积累要根据本课的知识目标，明确重点，以填空题的形式呈现。学习内容要根据本课的知识目标、能力目标和情感、态度、价值观目标，以问题的形式呈现。这些问题主要是用来帮助分析解决预设的三大问题，即"为什么要建设社会主义精神文明"、"什么是建设社会主义精神文明"、"怎样建设社会主义精神文明"，帮助学生有针对性地去阅读课本知识，降低教学难度。课堂练习精选于历年习题，特别是选自于历年各县市的中考题。一般的中考试题，能紧密联系当年的时政热点，材料新颖，与学生的生活实际密切相关，拓展的深度、广度强，能极大帮助学生开阔视野。

二、基于"课堂学习单"的课堂学习

（一）互学

"建设社会主义精神文明"的"课堂学习单"收上来了，教师发现第一部分的"知识积累"中的许多填空题空着。在批改的过程中，又发现即使学生写了，还是有许多错误之处。比如："建设和谐文化的根本是什么？"很多学生答成"牢牢把握先进文化的前进方向"，答案应该是"建立社会主义核心价值体系"，"牢牢把握先进文化的前进方向"回答的是"建设和谐文化首要的根本的要求"。前者要求从内涵上去回答，后者却要从要求上去回答。看来学生对这课内容的理解比较困难，以致不能很好地把握。

的确，"投身于精神文明建设"这一课，对学生来说，内容很抽象，知识点理论性很强，与学生的生活距离非常遥远，学生很难理解。再加上知识点很多，彼此之间的联系难以找寻，如果没有一条清晰的思路引导的话，学生学这部分知识就如同抓一把散沙，很难把握。针对"课堂学习单"上学生反映出来的情况，教师确定了下一节课的教学方法。

为了让学生更加深入地理解本课的知识点，教师把全班同学分成几个小组，要求小组内同学讨论"课堂学习单"上已标志错误的问题，重新确定答案，如果最终都不能确定，则把这个问题做上记号，等讨论结束，由其他小组同学帮忙来回答。然后，我留给他们一定的讨论时间，由小组组长公布答案，其他小组如果有异议，则提出来在全班范围内讨论。最后，看看还有哪个小组有遗留问题。这样一来，他们在共同解决问题的过程中增加了阅读课本内容的次数和时间，确保了对教学内容的了解。

（二）导学

"课堂学习单"上的问题虽然解决了，但是因为知识点散乱，彼此之间的联系不清楚，学生回答问题就不能拓展思路，不能有效地运用知识点来解决具体问题。比如，"课堂学习单"上有一题："社会主义思想道德建设和教育科学文化建设，为我们建设全面小康社会、构建和谐社会起什么作用？"文化建设对经济建设的作用学生是知道的，都能够写出"文化建设为经济建设提供精神动力和智力支持"，学生也知道"社会主义精神文明建设（即文化建设）包括思想道德建设和教育文化建设"，但是，换一个问法就不知怎么回答了。所以，必须帮他们理清思路。教师设计了三个问题，尽量把课本中所有的知识点串联起来，即：第一，为什么要进行社会主义精神文明建设？第二，什么是社会主义精神文明建设，它包括哪些内容，它们的地位和作用是怎么样的？第三，怎样进行社会主义精神文明建设？然后总结知识点如下：

```
                    ┌ 经济建设、政治建设、文化建设、社会建设的关系
                    │ （文化建设为经济建设提供精神动力和智力支持）
                    │
                    │              ┌ 加强社会主义核心价值体系建设
  建    ┌           │ 思想道德建设 ┤
  设    │           │              └ 建立社会主义思想道德体系
  社    │           │         ↓
  会    │           │ 地位：发展先进文化的重要内容和中心环节
  主    │           │ 作用：为现代化建设提供精神动力
  义    ┤ 内容      │
  精    │           │                  ┌ 充分落实科学技术是第一生产力
  神    │           │ 教育科学文化建设 ┤ 把教育放在优先发展的战略地位上
  文    │           │                  └ 实施科教兴国战略
  明    └           │         ↓
                    │ 地位：发展先进文化的基础工程
                    └ 作用：为现代化建设提供智力支持
```

（三）用学

通过知识梳理，学生基本掌握了这课内容的基础知识，这可以从"课堂学习单"的"课堂自测"的信息反馈中得知。比如第一部分的选择题，学生基本上都能选出准确答案。但是第二部分的非选择题，情况就不容乐观了。

比如第2题：目前，一场以"敲开心灵的铁门，寻找失去的温情"为目标的"和谐邻里"民间运动——邻居节正在全国范围内兴起。请问："和谐邻里"运动反映了当前社会的哪一文明建设？你认为举办"邻居节"有何深远意义？为建立和谐的邻里关系，你应该怎么做？

问题一的答案应该是精神文明建设，但是部分学生却回答成思想道德建设，可见知识点的包含关系还是没理清；问题二举办"邻居节"的意义部分学生写了促进邻里关系的和谐，而跟精神文明的关系几乎没有一个学生能够联想到；问题三落实到学生的日常生活，"怎么做"，基本上学生稀稀疏疏地写了"多与邻居沟通"或"互帮互助"等几个字。

通过对学生自测题的答案分析可以发现，学生运用课本知识分析社会现象的能力还是比较弱，审题能力、解题能力都有待提高。同时还存在学生答题不规范，比较随意，语言表达不明确等问题。这些都需要教师在以后的练习中加强训练。以下是"建设社会主义精神文明"的"课堂学习单"的样张。

【教学目标——你了解了吗？】

认识发展中国特色社会主义文化的重要性；了解我国先进文化的前进方向及如何把握先进文化的前进方向；知道精神文明建设的中心环节和基础工程。引导学生从日常生活中体会到先进文化建设的重要作用和意义；使学生从情感上认同先进文化的前进方向。

【知识积累——你能回答下面问题吗？】
　　1. 中国特色社会主义社会是_____建设、_____建设、_____建设、_____建设相辅相成、协调发展的社会。
　　2. 发展先进文化的内涵和方向是_____
　　3. _____是发展社会主义文化、建设和谐文化的首要的、根本的要求，也是繁荣社会主义文化、建设和谐文化的根本保证。
　　4. 牢牢把握先进文化的前进方向，最根本的就是_____
_____
　　5. 建设和谐文化的根本是_____，基本内容包括：_____、_____、_____、_____。
　　6. 在当代中国，发展先进文化，就是建设社会主义精神文明。社会主义精神文明建设包括_____和_____。其中，重要内容和中心环节是_____，基础工程是_____。
　　7. 建立社会主义思想道德体系，我们要以实际行动弘扬_____，坚持以_____为核心，以_____为原则，以增强_____为重点，自觉履行"_____"的公民基本道德规范，树立以"_____"为主要内容的社会主义荣辱观，提高思想道德水平和境界，培育文明道德风尚。

【学习内容——让我们一起来探究吧！】
　　1. 经济建设、政治建设、文化建设和社会建设的关系是怎样的？
　　2. 如何加强社会主义精神文明思想道德建设、如何发展教育和科学？
　　3. 社会主义思想道德建设和教育科学文化建设，为我们建设全面小康社会、构建和谐社会起什么作用？

【课堂练习——测测你掌握了多少？】
　　(一) 选择题（难度等级A）
　　1. 社会主义精神文明建设是我国文化建设的主要内容，它包括思想道德建设和教育、科学、文化建设两个方面。以下不属于思想道德建设的是（　　）
　　　A. 胡锦涛总书记号召全党全国各族人民学习"特别能吃苦、特别能战斗、特别能攻关、特别能奉献"的载人航天精神
　　　B. 教育部印发《基础教育课程改革纲要（试行）》
　　　C. 广东省开展现代公民教育活动，号召全省人民"爱国、守法、诚信、知礼"
　　　D. 中共中央印发《公民道德建设实施纲要》

2. "人的生命是有限的，可是，为人民服务是无限的，我要把有限的生命投入到无限的为人民服务之中去。"雷锋的话体现了社会主义道德建设的_____，其内容是_____。（　　）
   A. 重点，诚实守信
   B. 原则，集体主义
   C. 核心，为人民服务
   D. 中心，思想道德

3. 江苏省江阴市华西村是全国闻名的富裕村，该村原党委书记吴仁宝曾说："想要使村子'健康长寿'，不仅要让村民们富口袋，更要使村民富脑袋。"帮助村民"富脑袋"，也就是要（　　）
   A. 加快发展积极，不断提高村民的生活水平
   B. 发展文化市场，丰富村民的文化生活
   C. 加强精神文明建设，提高村民的思想道德素质和科学文化素质
   D. 加强法制教育，增强村民的法律意识

4. 营造积极向上的校园文化环境，这样能够（　　）
   ① 为未成年人健康成长提供社会保护
   ② 为未成年人健康成长提供学校保护
   ③ 有助于中小学生思想道德素质提高
   ④ 避免中小学生违法犯罪的发生
   A. ①②
   B. ①③
   C. ①④
   D. ②④

5. 发展先进文化，需要特别加强青少年的思想道德建设。因为（　　）
   ① 爱国主义历来是激励我国人民团结奋斗的一面旗帜　② 青少年各方面都不成熟，需要国家给予特殊关注　③ 青少年能否健康成长，关系到国家的前途、民族的命运　④ 加强社会主义思想道德建设，是发展先进文化的重要内容和中心环节
   A. ①②
   B. ③④
   C. ②③
   D. ①④

6. 建设中国特色社会主义文化要求我们（　　）
   A. 继承和发扬祖国一切传统文化
   B. 不必参与国际文化的交流与合作
   C. 将民族性和开放性、继承性与创造性相统一
   D. 拒绝一切外来文化

7. 下列属于社会主义文化建设内容的是（　　）
   ① 青藏铁路的修建
   ② "文化科技卫生三下乡"活动
   ③ "社会服务承诺制"
   ④ "百城万店无假货"活动
   A. ①③④
   B. ②③④
   C. ①②③
   D. ①②④

8. "我们国家,国立的强弱,经济发展后劲的大小,越来越取决于劳动者的素质,取决于知识分子的数量和质量。"这句话充分说明了发展教育和科学（ ）

① 是文化建设的中心环节,也是落实"科教兴国"战略的要求 ② 关系到我们能否有效地把人口负担转变为人力资源优势 ③ 关系到我们能否顺利实现现代化 ④ 关系到我们能否从根本上提升人民的综合素质和综合国力

A. ①②③④　　　B. ②③④　　　C. ①②③　　　D. ①②④

9. 中国特色社会主义社会,是经济、政治、文化全面发展和全面进步的社会,是物质文明、政治文明和精神文明相辅相成、协调发展的社会。下列关于"三个文明"的关系,表述不正确的是（ ）

A. 政治文明和精神文明的发展,归根到底要受到物质文明发展的制约
B. 政治文明的发展促进物质文明和精神文明的进步
C. 精神文明为物质文明和政治文明提供思想保证和智力支持
D. 政治文明是物质文明和精神文明的基础

10. （2009·内蒙古呼伦贝尔）社会主义精神文明包括思想道德建设和教育科学文化建设两方面的内容。以下与思想道德建设相悖的是（ ）

A. 2008年6月27日,"抗震救灾英雄少年"颁奖晚会——《英雄少年》在中央电视台举行
B. 开展"抗震救灾"先进事迹宣讲活动
C. 不法分子向原奶中添加三聚氰胺,造成多名婴儿患病
D. 某中学组织开展了"弘扬奥运精神,向体育健儿学习,争做优秀中学生"的演讲比赛

11. （2009·重庆）唱红歌、读经典、讲故事、传箴言"四位一体"的精神文明创建活动,在渝州大地广发开展。开展这一活动有利于（ ）

A. 市民树立不断进取的人生态度
B. 推动我市经济与社会的协调发展
C. 促进社会风气的转变,建设和谐文化
D. 培养有理想、有道德、有文化、有纪律的公民

12. （2009·湖南益阳）益阳市创建国家卫生城市,是市委、市政府根据城市发展现状,从推动我市经济社会又好又快发展的现实需要出发,经过深思熟虑后作出的重大决策。据此,回答(1)(2)题。

(1) 本材料说明了（ ）

A. 创建国家卫生城市已成为益阳市今后几年的中心工作
B. 物质文明建设和精神文明建设互为条件,互相促进
C. 益阳市在抓物质文明建设的同时重视政治文明建设
D. 创建成了国家卫生城市,经济就会自然得到发展的

(2) 小林的爸爸在益阳市创建国家卫生城市活动中，收到了一条信息：一言一行都体现你的文明修养；一举一动，都代表益阳城市形象。下列行为能树立益阳城市良好形象的是（　　）

① 尊重、理解环卫工人的劳动　② 积极参加公益活动，主动清扫街道垃圾　③ 在公共生活中自觉遵守规则　④ 在公共场所吸烟

A.①②③　　　　B.①②④　　　　C.①③④　　　　D.②③④

(二) 非选择题

1. （难度等级 A）时代进步需要健康向上的道德风尚来引领，社会发展需要道德楷模的力量来推动。从2007年7月起开展的全国道德模范评选表彰活动，是新中国成立以来规模最大、规格最高、评选范围最广的道德模范评选。

(1) 全国道德模范的评选表彰属于精神文明建设的哪一方面的内容？该内容在发展先进文化中处于什么地位？该内容的核心是什么？

(2) 全国道德模范评选表彰，对全面小康社会建设有什么作用？对社会主义思想道德建设有什么意义？

2. （难度等级 B）材料一：党的十六届五中全会强调，和谐社会是民主法治、公平正义、诚信友爱、充满活力、安定有序、人与自然和谐相处的社会。构建和谐社会，既需要雄厚的物质基础，也需要强大的思想保证和精神支撑。要紧紧围绕构建和谐社会，推进精神文明建设的各项工作。

材料二：在2005年10月召开的全国精神文明建设工作表彰会上传来喜讯：江阴市华西村、宜兴市官林镇被评为"全国文明村镇"，无锡市检验检疫局和卫生局被评为"全国文明单位"，华西村党委书记吴协恩获"全国精神文明建设先进个人"称号。李长春同志在会上指出："这次评选表彰活动，是对过去几年精神文明建设成绩的集中检阅，也是继往开来、继续前进的新起点。要在以往工作的基础上，进一步加强领导，加大力度，推动精神文明建设再上新台阶。"

请结合教材，回答问题：

(1) 社会主义精神文明建设包括哪两个方面的内容？

(2) 为什么要加强社会主义精神文明建设？

(3) 结合实际谈谈，中学生该如何投身于精神文明建设中去？

3. （难度等级 C）目前，一场以"敲开心灵的铁门，寻找失去的温情"为目标的"和谐邻里"民间运动——邻居节正在全国范围内兴起。

(1) "和谐邻里"运动反映了当前社会的哪一文明建设？

(2) 你认为举办"邻居节"有何深远意义？

(3) 为建立和谐的邻里关系，你应该怎么做？

【通过学习——你收获了什么？还有什么问题？】

第六节　活动课：701班亲子冲突化解辅导

一、课堂辅导设计

亲子关系是维系家庭幸福生活的纽带。在日常生活中，父母和孩子之间经常遇到一些因认知差异、意见不合或感情不睦而引起对抗或对立的行为，即亲子冲突，也有学者称这个时期为"亲子关系的危机期"、"急风暴雨时代"。亲子关系中的冲突不可回避，从发展心理学的角度来看，孩子的青少年时期，是个体由不成熟的童年向成熟人生过渡时期，个体自我意识空前加强，不愿意受父母太多管制，自尊心极度加强，行事冲动，亲子双方心理上沟通困难，最容易发生冲突，出现亲子关系紧张。父母爱孩子，其实孩子内心也是爱自己的父母的，但是生活中总是会有一些磕磕绊绊，这些"爱的冲突"如果不处理好，会引起一系列的亲子关系问题。因此学会理解"冲突的爱"，用正确的方法化解这种"爱的冲突"，十分有必要。

课堂从日常生活中的一个常见小片段入手，通过一系列的游戏和活动，使学生认识到与父母沟通"换位思考"的重要性，帮助学生认识亲子冲突，初步学会化解亲子冲突，从而感恩父母，更爱自己的父母，正确认识"爱的冲突"和"冲突的爱"。

二、课堂辅导过程

准备好辅导活动所需的教师用具、学生用具和多媒体课件，包括："亲"方和"子"方PK所需的计分卡纸；每位同学的家信、心形卡纸、心灵卡片、小黄帽和小红帽等；学生将家长先写好的一封给孩子未拆封的信带到课堂。

（一）设置情境问题

（师生齐唱《幸福拍手歌》）如果感到幸福你就拍拍手……如果感到幸福我们大家都来吧——我们大家一起拍拍手！

师： 从刚刚大家整齐、响亮的歌手中，我感受到大家的心情是非常愉快的，可是有一个叫小雪的同学，心里却充满了烦恼，她有哪些烦恼呢？请看——《小雪的烦恼》（播放《家有儿女》主题曲片花音乐）。

小雪： 爸，妈，我回来了。

妈妈： 小雪回来啦，快去洗手，喝水。

小雪： 哦！

妈妈： 小雪，喝牛奶，对身体好（递过牛奶），今天上课有没有认真听？举手发言了没有？作业多不多？

小雪： 妈妈，又是老三篇，能不能问点别的呀！

爸爸： 这孩子，越大越不懂事了，怎么跟妈妈说话呢，妈妈这可都是为你好呀！

妈妈： 对，对，对，宝贝，都上初中了，快，赶紧进屋看几篇作文，背点英文单词，要不做几道数学题也行。

小雪： 妈妈，都学习了一天了，回家就不能放松放松啊！

妈妈： 行啊，那弹会钢琴去，陶冶陶冶情操。

小雪： 啊……我不！

爸爸：小雪，这可就得听妈妈的话了，你看看那咱们家小区里的孩子，谁不是能拉会唱的，这可是为将来幸福生活打算呀！

小雪：爸爸，我明天练行嘛？今天就让我上网聊会QQ。

妈妈：不行，绝对不行，现在网上有多少骗子呀！

爸爸：妈妈说的话有道理，网上的朋友是好是坏，说的话是对是错，你能辨清吗？万一碰到个骗子可怎么得了。

小雪：你们总是干涉我的自由，真讨厌！哼……

师：（教师边总结边在黑板上张贴"亲"方和"子"方的PK计分卡纸）小雪跟爸爸妈妈在学习和生活等方面都发生了矛盾，爸爸妈妈代表的是"亲"方，小雪代表的是"子"方，当爸爸妈妈的心愿和孩子的意愿发生矛盾，就是"亲子冲突"。生活中，有没有过像小雪这样的冲突经历？

> **设计意图**：通过一个学生特别熟悉的场景——回到家后与父母的对话，将其演绎成小品《小雪的烦恼》，让学生感知随着青春期的到来自己与父母之间关系的变化，然后再联系自己生活中的类似冲突经历，生成课堂资源，便于后面环节有针对性地利用小妙招当场化解冲突。同时展示"亲子冲突原因统计图"，让学生认识到产生亲子冲突是件普遍的事情，不必烦恼，为后面辩论PK赛环节进行铺垫。

（二）问题辩论

师：亲子冲突已经进入了我们生活中的方方面面了，同学们可千万不能像小雪一样烦恼呀！因为这是一件很正常的事情，是我们每个人成长的必经之路，请看：这是我国某权威机构调查分析的亲子冲突原因统计图，说一说，你曾经在哪些方面跟爸爸妈妈发生过冲突？（PPT展示"亲子冲突原因统计图"）

1. 现场调查

支持"亲"赢的戴上小红帽，支持"子"赢的戴上小黄帽，根据帽子颜色进行分组。

（1）双方先亮观点，我口说我心，再进行现场自由辩论。

（2）双方各派一名代表上讲台计分，发言一次获得一分。

> **设计意图**：根据青春期学生的心理特点，再加上有了前面小品《小雪的烦恼》的铺垫，学生一般在此环节中会选择"子"赢。然后学生通过实话实说，大胆说出自己的想法和平时的一些做法以及感受，再通过辩论的形式，一起讨论、辩驳各自的想法和做法是否合理，从而将课堂讨论的气氛推向一个高潮。设计此环节的用意并不是要让学生通过辩论PK得出应该让"亲"赢的结论，也不是要得出"子"赢的结论，而是要让学生亲身经历"亲子冲突"的过程，感受"亲"方和"子"方争论不分高下时双方各自的想法，让学生能设身处地地体验到"换位思考"的重要性。

2. 游戏：皮筋拔河赛

好一番唇枪舌剑，亲说亲有理，子说子有理，再这么针尖对麦芒下去也是谁也不服谁，先来做一个游戏。同桌两个同学，分别用一根手指勾着橡皮筋的一端，用力拔河，选取一组同学上讲台进行现场比赛。讨论：

（1）如果将皮筋拉断了，同学有什么感觉？

生：如果双方都互不相让，则会两败俱伤。

（2）学生将皮筋拉长僵持着，为什么？

生1：怕皮筋断了，会伤到自己，所以就不敢用力。

生2：可能感觉到他没用力。

生3：这亲子冲突如果谁都不肯先退一步，将会一直僵持着。

设计意图：让学生进行拔河比赛，任其"拉断"，抑或"僵持"，抑或"罢赛"，然后再让学生演示，众目聚焦，既是一场游戏，又是一次思考。待到拔河结束，再进行类比提问："如果拔河的双方一方代表的是'亲'方，一方代表的是'子'方，皮筋则代表的是'冲突'，会有什么结果？"这一问题的提出将做此游戏的目的明朗化，有种恍然大悟之感，巧妙地将"冲突"和"皮筋"相类比，使学生理解亲子冲突发生的原因和后果。

---

3. 讲故事：弹钢琴的小男孩

师：通过这个游戏，同学们都已经发现了，这亲子冲突不管谁赢谁输，总有一方会受到伤害，这个是我们大家都不愿看到的结果，那怎样才能获得双赢的效果呢？我们先请班里的一个同学带来一个小故事，也许你就能从中获得启发。

生：（PPT上展示一张母子照片）照片中的这个小男孩，3岁就练习弹钢琴，童年的他被剥夺了玩的权利，所有的日子都是在钢琴边度过的，年幼的他向妈妈提出抗议，可妈妈非要孩子学下去，发生冲突后，孩子想：妈妈是为自己好，先听妈妈的话，坚持弹钢琴吧！妈妈也想：孩子这么辛苦，一定要好好奖励他，于是决定凡是考级成功，就奖励旅游一次。就这样他一年又一年地坚持了下来。小男孩，长大了，成功了，也明白了妈妈的苦心，为了感谢妈妈，他将自己的成长经历写成了一首歌，请听周杰伦的MTV《听妈妈的话》（学生欣赏并跟着一起唱）。

师：请同学说说听完故事、看完MTV后的感受。周杰伦也遇到过这样的问题，他用了什么方法化解亲子冲突获得双赢的呢？采取"换位思考"的方法来化解亲子冲突的。

要求学生分组讨论其他能化解亲子冲突的小妙招，然后像老师一样用言简意赅的几个字归纳好，写入心形卡片，贴在黑板上。

设计意图："90后"的学生都知道周杰伦，可是又有几个人知道他小时候的故事？这一环节先请学生以讲故事的方式呈现周杰伦小时候跟母亲发生冲突并化解冲突的故事，成为闪耀的歌星后为妈妈写了一首歌《听妈妈的话》，当歌声响起学生这才恍然大悟，原来这个小男孩就是周杰伦，原来他的成功是因为换位思考，理解了妈妈的爱，成功化解了亲子冲突而造就的。

4. 情景问题

师：如果在生活中，我们能够利用这些小妙招跟父母进行沟通，那么化解亲子冲突，获得双赢，绝不在话下，我们一起试试吧，看看遇到下列这些情景，你会怎么说、怎么做？

学生根据情景进行现场对话表演，教师也可参与扮演父母的角色，扮演的双方也可角色互换再进行一次表演。

（一）

孩子：爸爸，我已经写完作业了，能上会QQ吗？

爸爸：楼上的小红钢琴都过九级了，练吧？哎！快去练吧！

孩子：……

（二）

妈妈：宝贝，给，吃胡萝卜，它富含维生素A，对眼睛可好了！

孩子：我又不是兔子，不爱吃！

妈妈：不行！你必须吃！

孩子：……

提问同学应该采用哪个小妙招来化解冲突获得双赢？引导学生及时归纳总结，与之后PPT所显示的小妙招相对应。

设计意图：将爱心小妙招应用到生活实际中，从而使学生真正学会用换位思考、退位思考等小妙招来化解亲子冲突，把因亲子冲突而产生的"心有千千结"化做"心有千千解"。

（三）情感体验

师：亲子冲突在我们生活中是不可避免的，当它来临时，我们的爸爸妈妈又是怎么想的，又有什么话想跟我说的呢？用心读一读昨晚爸爸妈妈给你写的信（背景音乐《听妈妈的话》）。

师：请将信合上，闭上双眼，想想我们可爱可敬的爸爸妈妈的笑脸，这一刻，我想同学们的心肯定是暖的。这一张张薄薄的信笺，承载着父母那一份浓浓的爱，这信中的万语千言是在告诉我们，这个单词的含义——Family！（PPT 展示单词，播放背景音乐），它的中文意思是——家，可作为儿女的我们可曾了解它的另外一层含义。（PPT 动画演示 F—Father，a—and，m—mother，i—I，l—love，y—you）Father and mother I love you——爸爸妈妈我爱你们。这世间最最美丽的语言，同学们，让我们一起，发自内心地大声地呼唤一声——爸爸妈妈我爱你们！

Family
Father And Mother I love You!
爸爸妈妈，我爱你们！

师：当你明白了这一切的时候，我们的 PK 赛重新拉开序幕，你又会做出怎样的选择？支持"子"赢的戴小黄帽，支持"亲"赢的戴小红帽，或者像一开始有些同学说的那样，中立的，双赢的，请把帽子摘下来。（学生重新选择）

> 设计意图：很多时候，很多话，亲与子之间总很难开口说出来，而以信的形式，就可以避免尴尬，在特殊的场合——课堂上打开信封，细细品读，更是难得的课程资源。通过爸爸妈妈的信，让学生读懂爸爸妈妈内心的想法，读懂爸爸妈妈的良苦用心，读懂一次次"爱的冲突"中的"冲突的爱"，这样的无声阅信胜过万语千言的教诲。

（四）表达的我们爱

师：未曾表达的爱就不会存在。此时此刻，相信各位同学会有很多话想说，特别是很多心里话想跟爸爸妈妈说，那就请大家把此时此刻最想说的写下来，给爸爸妈妈回一封信，回家悄悄地放在爸爸妈妈的枕边。最后祝愿同学们在爱的冲突和冲突的爱中幸福、健康、快乐地成长！

> 设计意图：在读完爸爸妈妈的心里话后，又对单词 Family 的含义进行重新理解，呼吁学生大胆地放声喊出对爸爸妈妈的爱，激起学生内心最深处对父母的爱，将本节课推向高潮。而后回信环节，学生就更有话想跟爸爸妈妈说了。通过"读信——回信"这样一个环节，让亲子之间以一种特殊的方式进行亲密沟通，这薄薄的信笺会化作神奇的力量去化解亲子冲突。

三、教师的课堂辅导反思

第一次上心理辅导活动课,第一次与学生近距离地心与心交流,第一次在课堂上我热泪盈眶……这节课,给了我好多难忘的记忆。现在已经喜欢上了《听妈妈的话》的旋律了,很温馨的旋律,听上去一股热流涌上心头。

上完课,学生红着双眼跑过来激动地说"老师,谢谢你!"一句简单的"谢谢"说得我心里头暖暖的。在本节课的高潮环节"心灵鸡汤——爸爸妈妈我爱你",基本上所有的同学都感动地流泪了。听完周杰伦的故事,分析完日常生活中的各种冲突的化解方法,再去看爸爸妈妈的"心有千千语——孩子,我想对你说……",读着信,孩子们心里已经有了好多的话想说了,心情很激动。接着我又对单词Family含义的进行重新理解,呼吁学生大胆地放声喊出对爸爸妈妈的爱,激起学生内心最深处对父母的爱,用心去感悟感悟家庭亲情,将本节课推向高潮。此刻,全班同学手上拿着爸妈的信,觉得挺重的,这薄薄的信笺承载着爸爸妈妈对他们无限的爱。几乎全班的同学的眼睛都湿了,好多同学都流下了热泪。是的,学生真的感动了……

教室中回荡《听妈妈的话》的旋律,我抓住课堂细节,请了一个眼睛红红的孩子(一开始戴黄帽子的孩子)站起来,说说自己此时此刻的感想,他说着说着便泣不成声了,我安慰他坐了下来。之后停了大约十几秒,我突然哽咽了起来,一个男老师居然在教室流泪了,当时学生们并没有笑我,他们个个表情很凝重地听着歌,看着信,我相信我的有感而发的感动为学生创造了一个很好的情感体验氛围,所以他们能一改往日的嬉皮笑脸,不由自主地用心去感受那份父爱和母爱!

"蹲下身去"和学生一起感悟。师生有共同的感受,互相感染,这样才会有心灵的真诚交流,才会有情感的真挚碰撞,我们的心理辅导活动课教学才会达到最高境界。

第五章 考量"学"的任务

课堂"学"的任务，指学生完成教师根据《课程标准》、教材集体编制的"课堂学习单"。

考量"学"的任务，关注教师在课堂上如何组织学生完成任务，学生在课堂上能完成多少，以及能否通过教师的帮助把"学"的任务内化成自身能力的一部分。

我们试图实施"'课堂工作纸'评分表"、"任务型看课记录卡"和团队考核等方法，考量教师在学生完成"学"的任务时的作为；试图改变学生作业、考试的内容与方式，激发学生完成"学"的任务的激情与责任心，来考量学生完成"学"的任务的品质；最后，试图让第三方团队相对客观地评估我们学生"学"的结果，来促进教师未来教学水平的提高和发展，最终更好地为学生健康成长服务。

第一节 评估教师辅导学生完成"学"的能力

一、课堂量化评分表的设计

1. "课堂工作纸"评分表的基本内容

"课堂工作纸"评分表编写遵循定性与定量、常规与个性、工作态度与工作创新度、分数与等级、自评与集体评议相结合等原则。"课堂工作纸"评分表的基本内容包括备课、上课、作业与修改、评价等方面。

备课情况主要查看教师的"二次备课稿"等；上课情况主要查看教师候课登记表和看课登记表等；作业与修改情况主要查看学生的"课堂学习单"的批阅和落实情况等；辅导情况主要查看教师下班情况登记表及参看学生参赛获奖情况等。与之相配套的一系列评价制度及设计的表格等，通过打分量化，直接与教师学期、学年的考核评定结果挂钩（见表5-1）。

表5-1 西店中学"课堂工作纸"评分表（试行）

姓名_____ 任教学科：_____ 时间：_____

类别	内容	分值	自评分	备课组评价
一、备课（100分）	1. 能提前备课	10		
	2. 备课符合"课堂学习单"的基本要求，有创新	60		
	3. 能坚持二次备课	20		
	4. 能制作并使用匹配的课件	10		

续表

类别	内容	分值	自评分	备课组评价
二、上课 (100分)	1. 能提前进课堂作准备	10		
	2. 教学能围绕学生问题，注重学生发展	60		
	3. 积极开放课堂，看课节数达到规定要求	20		
	4. 课后有反思	10		
三、作业与批改 (100分)	1. 课前能批阅"课堂学习单"	10		
	2. "课堂学习单"批改及时、认真	60		
	3. 精心选择补充作业并批改	20		
	4. 能编写作业资料	10		
四、辅导 (100分)	1. 乐意辅导全体学生	10		
	2. 中午、作业课、晚自修等时间能及时辅导	60		
	3. 对学困生的辅导有计划、有成效	20		
	4. 对优等生辅导有计划、有成效	10		
五、评价 (100分)	1. 树立全面评价学生的理念	10		
	2. 对学生的学业水平及时考评并反馈	60		
	3. 注重学生评价的多元性和动态性	20		
	4. 能初步建立学生成长档案	10		

注：等级以100分制为标准，A（100—86）B（85—76）C（75—60）D（59以下）四等。

2. "课堂工作纸"评分表的要点

评分每学期分期中期末，自评与考评相结合。教师由备课组长考评，备课组长、中层由教务处考评。方法主要包括以下几方面。

查看资料。一看学生运用的"课堂学习单"落实情况，根据学号或成绩，分层次，定比例，从每个班级抽取部分学生的"课堂学习单"，主要看"课堂学习单"有没有批改，有没有修订，有没有体现层次性等等。二看教师的"二次备课稿"，看看教师是否根据学生"课堂学习单"上呈现的主要问题采取了相应有效的措施，是否及时写下课后反思等等。

问卷调查。对学生进行问卷调查，主要了解这些情况：老师上课是否有迟到、早退，老师上课有无吸烟等不文明行为，老师上课是否坐着讲课，老师上课是否讲普通话，老师是否经常用多媒体上课、老师上课是否有体罚和变相体罚同学，等等。

学生座谈。主要了解老师对学生的态度，如回答学生问题时教师是否乐意耐心，作业批改后是否及时反馈，等等。

3. "课堂工作纸"评分表的作用

学校对每位教师的"课堂工作纸"实施情况进行考评，并打出相应的等级。评定实行等级制，分为优秀、合格和不合格三个等级。教学实效特别优秀（如期中、期末测评中成绩特别优秀，或转差、培优辅导成绩显著等）可认定为一个 A。每学期综合考评为优秀的教师即为校级先进教师；每学期综合考评为优秀的教师优先考虑职称评聘，与年度考核挂钩；每学期综合考评为优秀的教师优先考虑提升晋级和提供专业发展的培训机会；每学期综合考评为优秀的教师给予一定的物质奖励。

二、课堂辅导实施的同行评价："任务型看课记录卡"

"任务型看课记录卡"（见表 5-2）的基本要素包括看课范围、看课方式、记录的内容以及看课者的看法和建议等。西店中学的看课是任务型看课，因此，第一要选定看课任务；第二要开发记录工具，如照相、录像、笔记、观察表、符号、数字等；第三选定观察对象，观察同行、学生或教室内外的情境等；第四选定观测点，即看课的教师确定自己看课时所处的具体位置，以方便看课者观察又不影响学生为宜；第五记录内容，以原貌描述或原味原汁记录为主，同时写上评议意见，供大家研究探讨。

表 5-2　西店中学"任务型看课记录卡"（试行）

课　题		执　教	
看课范围			
看课方式			
记　录			你的看法
建议：			

课堂"任务型看课记录卡"能最大限度地提高学校课堂教学质量，间接地调控学生的学业负担程度。

基于"课堂工作纸"的任务型看课，是努力探索与"课堂工作纸"相匹配的课堂评价方式，期望改变传统的听课。追求教师看课的两个转变包括：一是从教师的个体行为向教师团体行为转变；二是从教师的一般性听课向专业化看课转变。

如何分步实施基于"课堂工作纸"的任务型看课呢？

学会选择任务。看课，教师应是有目的、有选择的，或帮助开课老师评估课堂，或学习开课教师教学的技能，因此看课前要选择好自己的任务。如：学习教师的提问，学习教师回应，任务就是重点记录老师上课过程中的所有话语；学习教师的行为艺术，任务就是重点记录教师在课堂上的动作等。要了解学生课堂学习的热情，可观察全班同学的表情为任务，选择几个学生为观察点，记录他们在课堂上的表情变化；要了解学生思维变化和深度，可记录学生回答、讨论的言语；要了解学生学习的习惯，可观察学生如何记笔记、记在什么地方、记什么内容、用什么方法记和什么时候记等等。看课前，如果每个教师都明确了自己的任务，看课的时候就会进入自己的点，做自己的事。

学会课堂观察。刚开始我们组织的看课活动，过程甚是热闹且兴奋，看课老师像是医生，分散于教室的角角落落，准备将上课者、学生解剖成"透明人"。看时，恨不得多几双手、几只耳朵，要听的、记的东西实在太多，太忙太累。有些教师也会忘记自己的任务，又回归到传统的记账上去。

学会课堂观察的叙述。看课后，每个教师对看课堂现象要用叙述的语言客观地表述，保证记录的真实，不能事先点评，以免影响听讲教师的判断。有些内容只要叙述清楚，一听就能知优劣。比如《香菱学诗》课后，看课教师是这样叙述开课教师行为的：整堂课，教师站在学生中间，很少回讲台；能注视学生，倾听他们的回答；请左边学生发言多右边的少；看了两次表。

试做课堂观察的分析推理。看课之后要认真地对课堂记录进行分析推理，这既是对自己负责，也是对执教者负责。通过分析推理，让自己头脑中明晰哪些是合理的，哪些是需要改进的，哪些是符合学生认知特点的，哪些是有利于培养学生发展能力的。通过分析，促进自己不断提高，是对自己的指导与改进，也是对执教者的尊重，同时，共同提高教师教学水平。比如《香菱学诗》看课活动后，发现教师提问仅给学生四五秒思考时间，《木兰辞》看课活动中，发现教师的提问毫无意义。

听课的定性评价和课堂的量化评价应结合。语文课与其他学科不同，它既有科学性，更有人文性，特别具有情感与思想，因此，不能全用科学的量化来测定。完全用量表的办法不能反映语文课堂的真正水准，必须结合中国传统的中医问病的方法，语文课堂才会有一个全面的评价。

三、实施辅导的总结性评价

我们实行的总结性评价分别在期中和期末进行，评价的主体就是学校的各个备课组。备课组是学校的基层教研组织，是学校最小的业务研究单位，也是学校各项活动得以有效实施的基本单位，是落实校本培训，加强师资队伍建设的一个载体。

如果抓好了一个备课组，就等于抓好了一个年级一门学科的教学。各备课组长既是本学科教学的把关人，又是学校和教研组教学管理的执行者，更是学科教学活动的组织者，要努力成为学科的领袖。如：优秀教案、优秀教学札记、优质课、优秀备课组等评比活动，除了优胜者给予表彰奖励，还主要把备课组作为一个整体来评价，对备课组全体老师的考核与奖励，鼓励老师们团结合作、无私奉献，共同为学校发展贡献自己的力量。

表5-3 对实施"课堂工作纸"的课堂进行的比较

	用"课堂工作纸"前	用"课堂工作纸"后
教学目标	以知识点的传授，解题技巧的落实为主	以指导学习方法、培养学生思维能力、形成学生良好的个性心理品质为主
教学手段	教师讲解、分析，演示，学生练习为主	学生课外自学、自主探索，课堂合作、讨论为主，强调学生学的过程
教学步骤	教师创设情景，引入课题，例题讲解，学生练习，师生共同完成教学任务	学生在做"课堂学习单"的基础上呈现自学过程中的问题，通过小组合作交流、教师启发指导、学生再次讨论、师生共同探究得出结论，在解决问题的过程中生发新的问题。学生在讨论中矫正自己解决问题的思维方式，再迁移到解决其他的问题上去
教学效果	掌握了知识，忽视了方法的选择与思维能力的提高	学生有了学习的触发，掌握发现问题、解决问题路径，积淀了学科素养，形成了良好的个性心理品质

从表5-3可见，实施"课堂工作纸"后，颠覆了传统意义上的课堂教学理念，形成了新的教学结构，使课堂教学效率有了保证。课堂教学目标、教学手段、教学步骤和教学效果都有了根本性的改变，这些改变奠定我校"转变育人模式"背景下的课堂教学质量"轻负高质"的根基。

班级也是学校评价的主体。同样，班级作为一个学习的活动团体，班主任是这个团体的核心。学校管理的考核也是把班级作为一个主体，引导师生协同奋战，共同进步。

第二节 考评学生完成学业的水平

一、学生的学业水平测试

学生完成"学"的任务主要体现在平时完成"课堂学习单"的质量和阶段性评估的成绩。批阅、检查"课堂学习单"是对学生平时完成学业的基本考评，定量的阶段性评估题的编制是学生学业水平评估的科学保证。

1. 25+X 的查阅原则

"课堂学习单"可以帮助教师了解学生的学习情况，但通过何种方式了解，我们尝试了很多方法。一开始，学校采用分层抽样的方法，即课前在较优、中级和较差的学生中抽取部分学生的"课堂学习单"进行检查，以此了解不同层次学生的学习状况。但后来教师发现，这种方法在无形中将学生进行了分类，使学生存在隐性的心理落差，不利于鼓励学生进步。于是学校改用"25＋X"的原则。所谓25是指全班学生的25％，一般是一个大组的人数，X指若干大组以外的学生。随机抽取同一个大组学生的"课堂学习单"，可以避免学生的心理尴尬，X是保证大组中不曾包含的其他层次学生能够获得了解，帮助教师关照到各层面的学生的学习情况。

2. 70＋X 的编制原则

为了配套"课堂工作纸"的教学改革，学校还进行了相应的考试制度改革。首先，在内容上，学校规定70％的考试内容基本来自"课堂学习单"，这样一方面可以激励学生重视"课堂学习单"的学习，另一方面也可以促进学生对考试的信心，同时又兼有对课堂教学的检查功效。其次，在形式上，学校决定通过题库的形式采取多次考试，选取学生取得的最优成绩作为最终评定，学生可自主选择考试的地点、时间，避免一考定局的传统模式，学生也可以在多次考试中树立信心。

二、学生的学习能力测评

1. 从学生投入学习的产出率来考察学习能力

"课堂工作纸"减少了学生过重课业负担。2009年12月29日—31日，宁波市教育局副局长陈文辉带领42位市各学科的教研员和本地大学教育专家来校开展"轻负高质"蹲点调研。调研结果表明：学生认为"课堂工作纸"对学习和减负"非常有帮助"的分别占87.3％和78.8％；78.6％教师（69.6％家长）认为"课堂工作纸"实行后对学生（孩子）学习帮助很大。在学习成绩上，2010届学生中考时有44名学生升入省一级重点中学，并考出了全县最高分607.5分，"产出率"全县第一。

2. 从质疑问难的学习习惯来考察学习能力

调查表明，西店中学现有80％的七年级学生、98％的八年级学生会做到课前有效的自学，质疑、解答等各方面的学习能力也都有很大提高。在七年级到八年级各年级中随机抽取100名学生对自学习惯和质疑问题习惯进行测查，研究后学生自觉应用这些习惯的情况大大超过以前，差异达到显著水平（$P<0.001$）。教师们反映，现在西店中学学生学习过程中自觉按良好习惯进行学习已成风气。

3. 从充分利用各种教学资源的能力来考察学习能力

同样的调查表明：第一，学生会利用文本资源，如利用"课堂学习单"上的"资料链接"来解决自学过程中碰到的问题；第二，学生会利用网络、音像等多媒体资源了。在走访学生家长时，一些家长这样说："记得小学时，孩子玩电脑都是玩游戏的，到中学时到家里使用电脑就是查和课文有关的知识，比如查和月亮有关的知识，包括成语、传说故事、科普知识等等，使孩子的知识面有了很大的提高。"第三，会利用社区资源了，如在暑假期间学生通过调查西店村的基本情况（包括面积、人口、人均产值、民俗民风等），写出了《西店村社会主义新农村建设的调查报告》，写作内容明确，充分反映了新形势下西店村的经济、政治、文化和社会发展，得到了各村领导高度评价。经过三年的"课堂工作纸"实施，九年级学生80％以上会主动利用文本资源，100％的学生会利用网络、音像等多媒体资源为自己的学习所用，还有90％以上的学生会利用社区资源来锻炼自己，能力提高十分显著。

三、试行学生发展的"三好四无"评价

评价具有价值导向的功能，最初的实践，也是核心的评价实践，就是创建家庭、学校和社会"三位一体"和谐教育活动中提出的"三好四无"评价。

1. 评价内容："三好四无"

"三好学生"在中国推行了五十多年，其弊端日益显现。评价理念在不断地应试教育事实中走向功利化；评价内容从"德智体"走向偏重于"学习好"甚至只以"学习好"作为唯一标准；"三好学生"的评选决定权在班主任，当"三好学生"的荣誉与升学挂钩时，可能引发教师徇私；班主任教师一个人的评价不可能全面地考量学生整体综合素质，只凭表面事实对学生评价，势必会产生评价失真甚至不公现象。"三好学生"评价本身的局限性以及异化，迫切需要改进或更新。

为避免这些弊端，促进学生发展，改变单一、机械的评价模式，综合评价学生素质，学校以关工委发起的"三好四无"活动为契机推进学生评价改革，赋予"三好生"新涵义。我们的"新三好学生"即"在校做个好学生，在家做个好孩子，在社会做个好公民"。"在校做个好学生"的要求是勤奋学习，尊重教师，团结同学，遵守校纪校规，参加学校各项有益活动，行为文明健康。"在家做个好孩子"的要求是孝敬父母，尊重长辈，关心亲人，礼貌待人，邻里和睦相处，热爱家务劳动，勤俭朴实，讲究卫生。"在社会做个好公民"的要求是遵纪守法，明荣知耻，热爱集体，热爱人民，遵守社会公德，关心社会公益事业，助人为乐，爱护公物，保护生态，建设美好家园。学校、家庭、社会的评价有利于促进学生不同社会角色的调整与适应。"新三好学生"评价以学校、家庭、社会为维度对学生进行全方位的评价，考核学生在不同生活范围所担任的社会角色，避免学生出现因学校和家庭教育与评价脱节造成的"双面娇娃"现象（在学校是乐于助人的好的学生，在家里是"小公主"、"小皇帝"）。"新三好学生"评价强调学生承担不同社会角色的能力，培养社会意义的人。"四无"即无赌博、无不孝、无辍学、无犯罪。"四无"活动要动员家庭和社会的力量，协助学校教育，达到全面的监督。"三好四无"评价突破学业考核为主的方式，强调学生在学校、家庭和社会中角色扮演的考核，其目的是培养好学生、好孩子和好公民。

2. 评价主体多元合作机制：社会、学校、家庭的综合评价

国外早已意识到学校与家庭、学校和社区合作的重要性。在美国有人就学生如何在学校中取得成功的问题向76名学生进行了调查，调查结果表明，当家长参与孩子的学校教育和社区教育中时，在学生的表现方面可以产生以下结果：① 学生获得更高的学校等级和更好的学校成绩；② 学生的出勤率提高，完成作业的情况有所好

转；③需要参加补习班的学生越来越少；④学生在学校中表现出更加积极的态度；⑤学校拥有学生更高的补习率；⑥学生有更高的毕业率。

由此可见，家长的参与对学生的学校学习生活产生着积极的促进作用。家庭、学校和社区对孩子的教育与发展要担负起共同的责任，发挥三者的合力，铺设学校、家庭和社会三结合的教育渠道。"三好四无"评价实现了学校与家庭、社会的链接，实现了评价主体的多元化。在学校，学生自主评价与班主任、教师评价相互补充，评价其是否为好学生；在家里，父母评价子女是否承担起好孩子的家庭责任；在社会上，学生实践或服务单位评价学生是否为合格的社会公民。评价主体根据每个学生的具体情况进行个性化评价，以学生所扮演的社会角色为评价依据。学生、教师、家长和社区的平等、开放、动态的评价合作机制，是推进学生评价改革的关键；关工委加强组织领导，强化制度保障，重视队伍建设，为三结合教育提供有力保障，并统筹规划，加强学校、家庭、社会之间的联合与配合，精心构建教育网络阵地，保障了多元主体合作评价机制的顺利运行。

3. 评价过程连贯一致

"三好四无"活动每年一次，评选出"三好四无生"、"三好四无先进村（社区）"。"三好四无生"的评价程序是学校将班级的"三好四无生"通知学生所在村委会和家庭，进行二次评选，被选中的学生接受社区的奖金鼓励和学校的荣誉鼓励。"三好四无"的先进村（社区）、校的评选最终要上报到县关工委，经合格验收的被授予"三好四无先进村（社区）"、校。学校—家庭—村委会（社区）—关工委的工作流程和层级关系体现出科学、公平的管理机制，建构了有层级、全员参与、全面的评价体系。关工委把村（社区）、校"三好四无"共建活动纳入目标考核责任制，每年进行考核验收，每两年进行表彰奖励，并把考核结果作为各类文明创建活动评比的重要内容，与各乡镇、街道目标考核责任制挂钩，确保工作落到实处。制定《新"三好"评选表》，由村（社区）、校关工委从"家、社、校"三方面进行"三好生"考核，由学生互评、学校联评、组织审定方法产生，被评为"三好"的学生在村（社区）张榜公示，并由关爱基金给予奖励表彰。政府的支持和监督机制的建立为"三好四无"学生评价的连贯性和一致性提供了有力的外部保障。

4. 评价结果反馈重显性化

学生评价对评价结果的反馈强调正面榜样的引导。学校以宣传栏张贴的方式公布"三好四无生"。在家庭、社区、学校表现优秀的同学，除了可以得到村委会的物质奖励，也能够在每年开学初受到学校大张旗鼓的表扬，并得到荣誉证书，这些显性的正面评价，一方面激发优秀生继续努力，另一方面为其他学生提供了模仿的榜样，塑造了良好的教育氛围。

第三节 第三方评价

第三方评价是一切活动的最有力的评价。我们在 2009 年 12 月 29 日—31 日，邀请宁波市教育局调研组进驻宁海县西店中学进行"'课堂工作纸'的实践与研究"成果的调研评价。调研组由宁波市教育局基础教育处、宁波大学教师教育学院、宁波市教科所与教研室的专家组成。29日晚上7—9点,调研组共分成八组集中对学生家长进行了问卷与访谈,30日上午分别对教师和学生展开了问卷与访谈,具体情况反馈如下。

一、教师部分

问卷的设计思路:调研组成员主要围绕"课堂工作纸"、我国新阶段基础教育新课程改革要求和教师、学生、教学管理、家庭教育的关系进行设计,共10道问卷题目。分析情况如下。

1."课堂工作纸"对教师自身的影响

(1)有57.1%的教师认为,"课堂工作纸"对教师形成个性化的教学风格有很大帮助;32.1%的教师认为没有影响,10.7%的教师认为有一定的束缚。

(2)有32.1%的教师认为,每学期担任主备在5—10次;21.4%的教师认为在10次以上;25%的教师认为在3—5次之间;17.9%的教师认为在1—2次;从没有担任主备的教师占3.6%。

(3)在"课堂工作纸"给教师带来的工作压力方面,有44.4%的教师认为减轻了压力;与以前相比没有改变的占18.5%;加重了工作压力的占37%。

(4)有75%的教师认为,"课堂工作纸"达到了预期的教学效果;另外有25%的教师认为,教学效果一般。

2."课堂工作纸"对学生的影响

(1)有78.6%的教师认为,"课堂工作纸"实行以后,对学生的自主学习的学习方式有促进作用;7.1%的教师认为对学生的合作学习有促进作用;14.3%的教师认为对学生的研究型学习有帮助。

(2)有77.8%的教师认为,"课堂工作纸"的教学方式给学生带来的压力是适中的;而认为压力较大与较小的各占11.1%。

3."课堂工作纸"与其他方面的关系

(1)有39.3%的教师认为,"课堂工作纸"的教学理念与新课程改革的理念是相符的;认为基本相符的占60.7%;没有教师认为不相符。

(2)有75%的教师认为,学生家长对于"课堂工作纸"的比较赞成,有25%的家长非常赞成;没有教师认为家长不赞成这种教学方式。

(3)在影响"课堂工作纸"教学改革成功的因素方面,有46.4%的教师认为教师的投入是关键;有28.6%的教师认为关键在于学生的参与;有21.4%的教师认为学校的管理制度是关键;只有3.6%的教师认为"课堂工作纸"教学改革的成功与经费保障有关。

(4)在被问及二次备课可以在哪些方面促进教学质量时,有60.7%的教师认为主要可以生成课堂的教学目标与内容;21.4%的教师认为,可以积累学生的问题;

其他方面的占 17.9%。

从教师对以上 10 个问题的回答情况来看，教师普遍支持"课堂工作纸"的教学改革，是否会增加教师的工作压力、影响自身的教学风格是因人而异的。教师的教学态度与学生的配合对于推进"课堂工作纸"教学改革至关重要。

二、学生部分

课题组对学生群体的调研采取了问卷和访谈结合的方式进行。2009 年 12 月 30 日上午一节课后，由课题组成员分别到随机抽取的 6 个班级共计发放问卷 306 份，全部回收。问卷采取匿名填写方式，共有问题 19 道，分别涉及学生的家庭背景、学业负担情况、学生的文体活动等课外活动情况、学生对"课堂工作纸"的认识等四个方面。问卷采取了 SPSS 软件进行处理分析。中午 12 点在学校图书室召开了由 23 名学生和调研组 6 名教师共同参加的座谈会，座谈会进行了 1 个小时，比较充分地听取了学生的意见和建议。

1. 学生样本说明

样本随机抽取，分布比较均匀。参加问卷调查的学生在七、八、九年级的比例分别是 105 名、99 名和 102 名，分别占 34.3%、32.4% 和 33.3%。男女生比例分别是 53.3% 和 46.7%。取样中外来务工人员子女偏少，本地户籍学生和外地学生比例分别是 91.4% 和 8.2%，这与本次调查未到西店中学分校有关（分校为本校全民工子弟学生的教学点）。

2. 学习压力和学业负担总体情况

与家长问卷和教师问卷的结论相似，学生问卷显示，87.2% 的学生认为学习压力程度适中，只有 3.3% 的学生认为学习压力较大。在体育活动时间和睡眠时间等指标上，基本符合学业压力适中的结论。63.3% 的学生每天体育活动时间为 0.5—1 小时，31.8% 的学生体育活动时间为 1—2 小时。每天睡眠时间达到 9 小时以上的占 53.4%，8—9 小时的占 41%。这些指标离政策倡导的 1 小时和 9 小时还有一定距离。

学习作业完成情况。53.1% 的学生每天家庭作业时间为 0.5—1 小时，39% 的学生作业时间在 1—2 小时，2 小时以上的仅占 5.9%。在分学科作业比较中，课程难度的序列由高到低分别是数学、科学、英语、语文、社会；课程作业量的序列是数学、科学、语文、英语、社会。

考试与测验情况的调研结果与学业压力呈正相关，63.4% 的学生认为考试和测验次数适中，25.5% 的学生认为考试较少，认为考试测验次数频繁的仅占 3.6%。在考试是否排名问题上，未能够取得有效数据，62% 的学生认为从不排名，17% 的学生填写"只有重大考试才排名"，而 6.2% 的学生反映学校"逢考必排"。数据显示，考试频繁程度存在班级差异。

3. 课外文体娱乐活动情况

课外文体活动方面，学生参加的主要是篮球、跑步等体育锻炼活动，几乎没有与音乐、美术相关的活动，这与学校相关教学力量薄弱、场地器材缺乏以及学生生活的社区条件有关。

4. 学生对"课堂工作纸"的认同

学生对"课堂工作纸"的认同度较为整齐，认为"课堂工作纸"对学习"非常有帮助"的占到了87.3%，认为"有但不明显"的学生占11.8%，仅3人认为没有对自己学习起到促进和帮助作用，占1%。在"课堂工作纸"对减负的作用上，认为"非常有作用"的占78.8%，认为"有但不明显"的占16.3%，3.6%的学生认为没有能有效减负，而1.3%的学生认为"课堂工作纸"的使用加重了自己的学习负担，但没有能够说明具体原因。

三、家长部分

本次家访调研的目的主要是了解家长对西店中学的学生负担、教育质量以及正在实施中的"课堂工作纸"的看法和建议。调研主要是采用问卷调查和访谈两种形式。调研对象为24户家庭及其子女。

问卷设计包括两部分，第一部分是个人资料信息，包括职业、户籍以及孩子和谁生活在一起，第二部分是主体问题设计，共13个问题，包括学习压力、作业压力、考试、补课、课外兴趣、睡眠时间、玩耍时间和对"课堂工作纸"的看法等。

访谈主要围绕着三个问题，包括对课业负担之外的其他负担的了解情况，对学生学习负担的看法和建议以及对"课堂工作纸"的看法和建议等，访谈比较随机，除了这三个问题外，还可以根据情况询问其他有关问题。

本次调研一共回收了24份问卷，下面结合访谈结果，采用数据描述与分析相结合的形式，对调研结果加以说明。

1. 职业情况

数据显示，62.5%的家庭是自主经营者，20.8%的家庭务工，12.5%家庭务农，没有家长在机关事业单位工作。限于样本较小，上述数据不一定真实地反映出本地的社会结构，但是，结合访谈我们了解到，自主经营者确实在本地的社会结构中占有主体地位，这个群体头脑灵活但是学历普遍不高，单纯从文化来讲，由于这个群体的职业特点和知识结构，他们的文化生产、文化关注、文化欣赏和文化消费的兴趣和能力都受到一定的限制。

这个群体的家庭文化特点对教育的影响是：（1）西店中学的学生和家长一般不会有经济压力之虞；（2）他们有独特的教育目的观和价值观，并会鲜明地影响学生，甚至会影响到学校的办学哲学和教育哲学；（3）会影响到与孩子和学校的教育性互动的深度和广度，这个群体的家庭非常重视教育，但是他们的职业特性和文化结构决定了，与机关事业单位家庭相比，他们缺少耐心和能力与子女和学校就教育问题进行深层次的交往和互动，并不关心或没有能力关心孩子受教育过程的复杂性。

2. 户籍情况

数据显示，100%的家庭是本地常住人口。这个数据与学校办学的实际情况并不相符,因为学校实际上有相当比例的外来民工子弟入学,所以,数据样本的选择代表性并不强,其所呈现的信息并不能反映实际情况。

3. 和谁住在一起

数据显示,86.4%的孩子是和父母住在一起,9.1%的孩子是和母亲住在一起,没有孩子是单独和父亲住在一起,其他孩子是和父母外亲属住在一起。跟不同的亲人和亲属住在一起,孩子所受到的教育监督和教育关怀是不同的,和双亲住在一起的孩子,其能够受到更为完善和平衡的教育关怀,相比而言,和单亲或亲属住在一起生活不但受到的教育关怀可能不完整,孩子也会存在一定的心理压力。

对主体设计问题的描述和分析如下。

4. 对孩子的学习压力的看法

数据显示,95.8%的家长认为孩子的学习压力适中,4.2%的家长认为孩子的学习压力小,没有家长认为孩子的学习压力大。结合对教师问卷和学生问卷的调查情况,能够客观说明西店中学的学生学习压力确实较小;不过,相比于教师和学生自己,家长可能更较少能进入学生的学习世界和成长世界客观感知孩子的学习压力。另外,结合家长对学生学习压力源的认识(60%的家长认为孩子的学习压力主要来源于父母的期望和要求)来分析,可能家长的期望也会减低对孩子的学习压力的体验和感受。没有家长选择学生的学习压力来源于作业压力,所以,在家长心目中,作业压力和课业压力并不是构成孩子学习压力的显性因素。

5. 孩子每天做家庭作业的平均时间

数据显示,41.7%的家长反映学生的家庭作业在1小时之内,41.7%的家长反映在2小时之内,选择3小时以内的占12.5%。这个数据除了客观反映西店中学的作业压力并不算太重外,关键是在访谈中我们也了解到,家长认为这样的作业量并不构成学习压力。

6. 是否需要给孩子补充家庭作业

50%的家长认为需要给孩子补充家庭作业,25%家长认为无所谓,12.5%的家长认为不是很有必要,12.5%家长认为没有必要。这些数据说明许多家长甚至对学生作业量较小表现出一定的担忧,这和访谈结果基本是一致的。但实际上,或许由于家长的辅导能力有限,真正由家长主导给孩子额外补充作业的并不多,反而是有些孩子自己主动购买一些练习册之类的材料。

7. 孩子是否参加课外家教补课

数据显示,75%的家长反映没有让孩子参加补课或聘请家教。但是,从访谈中得知,实际上有许多家长认为需要给孩子补课,只是苦于没有多少家教资源和课外辅导资源。让孩子参加课外补课的门类也主要视孩子在哪一学科中较为薄弱而定。

8. 孩子是否参加兴趣班

数据显示,54.2%的家长反映孩子没有参加兴趣班,45.8%的家长反映孩子参加了兴趣班。实际上,从访谈中了解到,家长对孩子某方面有兴趣和参加兴趣班是有点混淆的,孩子有兴趣并不表示孩子参加了兴趣班。另外,这些数据也反映了学校和当地能够提供的课程资源还不够丰富。

9. 孩子每天的平均玩耍时间

数据显示，33.3%的家长认为孩子平均玩耍时间在0.5—1小时，54.2%的家长认为孩子的玩耍时间在1—2小时之内，8.3%的家长反映在2—3小时之内，4.2%的家长反映在0.5小时之内。实际上，家长对孩子玩耍时间的界定并不清楚，对玩耍的时间量也没有清晰的感觉。更主要的是，家长多不清楚玩耍时间与学习压力之间的意义关联，而是多把玩耍时间与孩子个性联系在了一起。

10. 孩子每天平均的睡眠时间

数据显示，50%的家长认为孩子的睡眠时间达到8小时，50%的家长认为孩子的睡眠时间在9小时及以上。这些数据反映出，西店中学孩子的睡眠时间基本上是有保证的。

11. 孩子平均每天在校时间

数据显示，70.8%的家长认为孩子在校时间是8小时，29.2%的家长认为孩子在校时间是8小时以上。实际上，联系到孩子的睡眠时间和作业量，在校时间的多少就减少了其与学习压力的意义关联，在校时间多少并不直接反映学生的学习压力和负担。

12. 对"课堂工作纸"的认识

数据显示，69.6%的家长认为"课堂工作纸"这种形式对孩子的学习帮助很大，26.1%的家长反映比较有帮助，4.1%的家长认为帮助程度一般，没有家长认为没有帮助。实际上，家长对"课堂工作纸"的好处的认识并不是来自于对"课堂工作纸"的意义和价值和本质理解，而是多来自于学生的反馈和对学生身上体现出来的学习状态的感知。

调研组充分肯定了基于"课堂工作纸"的教学改革，切实减轻了学生的课业负担，同时为促进学生的全面发展创作了很好的条件。

调研组认为，课改对于促进教师的专业成长，尤其是促进年轻教师的成长有较大的帮助；通过集体备课的方式，凝聚了教师队伍的集体智慧，为教师的全面发展起到了一定的作用。在培养学生的自学能力、合作学习的意愿，为学生腾出个性化发展的时间与机会等方面的成绩，比较显著。而且，对于提高教学质量方面的成效，也是显而易见的。

第六章　保障"学的活动"

日本稻盛和夫创办京瓷公司后，发明并运用了一种独立的核算制度，即"阿米巴经营"管理系统。这是基于牢固的经营哲学和精细的部门核算管理，将企业分为"小集体"，即可以自由重复地进行细胞分裂的"阿米巴"——每个"阿米巴"自成核心，自行制订计划，实行独立核算，谋求自主成长。因为它可以自由组合或拆分的性质，这种管理模式也被称为"变形虫"管理。每一个"阿米巴"作为一个独立的核算单位，就是一个拥有明确的志向和目标、能够持续自主成长的独立组织。

我们学校的课堂管理，如果能找到一个相类似的"阿米巴"，我们的教学质量就能够得到有效的评估。为了切实推进"初中课堂形态的变革"，我们把学校教学管理的基本单位确定为备课组，把课堂学习的基本单位定为学生组成的学习小组。

第一节　基于备课组的教师学习共同体的建立

一、备课组长负责制

备课组是学校的基层教研组织，是学校最小的业务研究单位，是落实校本培训，加强师资队伍建设的一个载体。

备课组长要按照学校的要求，组织安排好备课组工作。制订备课组工作计划，负责落实集体备课，对各类测试试题在难度、范围及校对上把关，负责选用教学资料，指导备课组成员上好各级公开课、研究课、示范课，领导和管理备课组内教师的研究性学习，积极倡导和带头开展教学改革、教学创新和教学研究，提醒备课组成员在规定时间里上交各种材料。

（一）制订发展计划

每个教师都对自己的成长有一个发展规划，有的是长期的，有的是短期的；有的形成了书面文字，有的留存于内心。个人生涯规划，给了自己前进的方向和动力，使自己能够有的放矢地选择该做些什么，不该做什么。

教研组要发展，也需要有一个发展的规划，对今后几年的发展情况有一个统筹的安排，让组内教师都明白。这样的规划应该是组内教师集体参与讨论的结果，因为规划的实施要和教师个人的发展规划相吻合，要通过教师具体的实践来实现。

（二）主持集体备课

长期以来，在备课中很多人只注重书写工整、认真、环节齐全、数量足，忽视了它的科学性、实效性、针对性、创新性和合作性，使备课成了机械的教案抄写，走入单兵作战、高耗低效的误区。我们学校集体备课的基本流程是如下。

一次备课。假期中，备课组长提前确定每次集体备课的时间、主备人及研讨主题。每周确定一个时间为集体备课时间。组内成员明确内容后，个人钻研教材，编写"课堂学习单"，其他人员备草案，撰写备课发言稿及教学设计思路。集体研讨时，主备教师主题发言，其他成员根据自己提前写好的草案和主备人的发言情况，提出补充和修改意见，再由主备人写出"课堂学习单"修订稿。

二次备课。各位老师收回学生做过的"课堂学习单"，根据本班的学情，对集体备课教学设计进行补改，使之适应本班的教学实际。在教学结束后，备课组教师根据本班情况交流教学情况，反馈教学效果，对教学实践中出现的新问题进行探讨，提出改进措施。

（三）组织评比奖励

组织优秀教案评比、优秀教学札记评比、优质课评比、优秀备课组评比等活动，对优胜者给予表彰奖励。除了鼓励先进外，我们还实行了团队考核办法，如个人的考绩分，除了由自己的成绩决定外，也要受备课组内其他老师的成绩的影响，把备课组作为一个整体来评价，鼓励老师们团结合作、无私奉献，共同为备课组建设贡献自己的力量。

二、作业公示制

为了减轻学生负担，合理安排学生的学科作业，进一步提高学生学习效率，试行作业公示制度。作业公示是指备课组教师每天将布置的作业公示，便于学生和其他课任教师了解作业情况，合理安排作业。

（一）作业公示要求：课任教师每节课后及时公示本学科的作业；公示内容应包括作业内容、要求和上交时间；各项内容应清楚、准确地填写在《西店中学学生作业登记表》（见表6-1）。

表6-1　西店中学学生作业登记表

_____班　_____周　星期_____　登记员_____

学科	作业内容	作业要求	上交时间
语文			
数学			
英语			
科学			
社会			

学　科	作业内容	作业要求	上交时间
思想品德			
音乐			
美术			
体育			
信息技术			

（二）检查与考核：各课代表每天要及时地提醒课任教师公示作业，学习委员将《作业登记表》上交学校教务处；教务处、备课组长对教师作业公示要进行经常性地检查，并将检查情况登记入册；教师的作业公示情况纳入教师的"课堂工作纸"考核范围。

三、课堂反思分享制

备课组成员坚持认真学习与课堂研究有关的理论文章，组织专题论坛，写心得体会，用理论指导实践。每个成员围绕自己研究的子课堂至少上好一节研究课，在组内开展说课、上课、评课系列研讨活动，写好课堂阶段性研究论文。备课组每月必须写一篇"课堂学习单"落实情况的学情分析材料。学校每月编印三四期《学情简报》供大家分享，从而规范课堂研究的程序，也有利于积累第一手资料。

《学情简报》的样张如下。

从课文学什么的预设到课堂学什么的生成

——《我的叔叔于勒》教学札记

语文课选择合宜的教学内容和围绕学生学的活动展开，已成为新课标推进的两个核心标杆。如何把课文教学内容的确定与课堂学生学的活动很好结合呢？我们实施的基于"课堂学习单"的二次备课是比较好的路径。

"课堂学习单"，借用于港澳地区和一些发达国家使用的"课堂工作纸"，是任课教师集体编写的一种教学辅助工具。它创设学生感兴趣的情境，注重学生的切身体验，能引导学生养成自己学习的习惯，可以用在课前预习、课中学习、课后复习及阶段自我评估。其活动、问题安排周密并符合学生的认知过程，能够使学生在完成学习的过程中达成课程目标。二次备课，教师根据学生按照"课堂工作纸"的内容和要求进行课前学习的情况反馈、整理，针对每班学生的个性化备课，确定各班课堂学的内容、方法和策略。

下面用《我的叔叔于勒》的教学案例来具体解读。

（一）"课堂学习单"：确定课文学什么？

《我的叔叔于勒》是九年级上册第三单元的一篇小说。从课文的情节看：悬念的设置，有张有弛的故事，令人深思、回味。从人物描写的角度看：深入人物世界内心，通过人物的言语动作来自然表露人物内心世界的写法值得我们品味学习。从文章的主旨看，是表现资本主义社会异化的人与人的关系，是表现小人物的辛酸，抑或是怎样感受人与人之间的关系，很能引发我们的探讨。同时简洁明快而富于个性化的语言，生动逼真而又幽默风趣的细节描写，也是文章的魅力所在。

如何来引领学生学习这篇课文，我们三个语文教师根据文本特点、考查要点、自己的理解以及对学生的学习估计，预设课文学习内容：了解菲利普夫妇和"我"对于勒不同态度的原因；学习用语言、动作、神态的描写来刻画人物并探讨小说的主题。

在学习前，印发了《我的叔叔于勒》的"课堂学习单"。"课堂学习单"提供了课文的作者、背景补充，以及字词句的疏通预习题。提出了学生自学的思考问题：说说故事的主要情节，看看哪些情节吸引人？找一找菲利普夫妇对于勒态度变化的词语，并探讨变化的原因。你喜欢小说中的于勒叔叔吗？你读了这篇小说还有哪些方面的体会和感想？还有与课文内容相近的课外文章的阅读训练题和学生自学后的质疑表。

(二) 二次备课：生成课堂学什么？

学习课文前，老师把学生的"课堂工作纸"收上来，三个语文教师分别了解、整理了自己班级学生学的情况，进行第二次备课，来生成课堂学的内容。

1. 吴建军老师课堂内容的生成

吴老师带的是来自全国各地民工子弟班学生，对故事情节发展悬念的设置不太理解，提出的问题也与"课堂学习单"上的自学思考题基本重复，如菲利普夫妇为什么要躲于勒？于勒是好人还是坏人？如果于勒认出了菲利普夫妇该怎么办？穷于勒的事被"我"的二姐夫知道了会怎么样？等等。吴老师对学生自学存在的问题进行了筛选、整理和归类，对教学内容做了适当的调整来降低教学难度：课堂学习注重词语积累，如根据语境解释文段中"拮据"、"底货"、"计较"的意思，体悟文段中两个"常常"及"非常痛苦"的内容。

重点学习：为什么菲利普夫妇盼于勒回来最后又躲开于勒？"我"对于勒为什么不感到讨厌？

先让学生找出文中描述于勒的语句，概述于勒的"简历"，再让学生找出文中描述菲利普夫妇家境及对于勒态度前后变化的语句。达成共识：于勒当初行为不正，糟蹋钱，成了全家的"恐怖"；于勒在美洲发财，准备回到故乡，能改变全家的命运，又成了"希望""福音"。

再讨论菲利普夫妇对于勒态度变化的原因，或是于勒贫穷，或是菲利普夫妇不富有、爱虚荣，或是那个社会制度，或是那个女婿……

"这是我的叔叔，父亲的弟弟，我的亲叔叔。"这呼告是出于血缘的亲情，出于孩子的童真，出于担心二姐的婚事，出于害怕父母责怪……

2. 王玲芳老师课堂内容的生成

王老师带的是来自镇周边的乡村、小渔村寄读学生，语文基础也不是很扎实，语文阅读的习惯和能力不强。在收发课堂"课堂学习单"的过程中，一个女学生忽然说："老师，我爸爸前几天检查我的作业，他看了这篇课文，他边读边笑了。"王老师觉得这是一个引导学生思考课文主题的教学契机，也是帮助学生理解问题的平台。于是她又布置几个家住附近的学生回家与父母共读《我的叔叔于勒》，并设置了父（母）子（女）对话交流的问题：如父母（你们）为什么笑，哪里可笑？除了笑还有什么感受？如果于勒是你们的亲人，你们会相认吗？

学生的问题比较集中，如菲利普夫妇谁更坏呢，如果菲利普的妻子同意于勒回来，菲利普会同意吗？于勒后来又变穷了，除了因为欠菲利普夫妇的钱之外，还有什么原因使他不回到菲利普家？不难看出学生对菲利普夫妇的性格和行为有较浓厚的兴趣。对文章刻画人物的那种淡淡的幽默和不经意的讽刺有着探究的意向。王老师决定以"对比"为抓手，解读课文，提炼小说主题；以人物言行品析为抓手，窥探人物内心，把握人物性格。

学习中，先让学生找出菲利普夫妇对于勒态度的前后变化对比鲜明的句子，分析变化的原因。从于勒信中得知于勒发财后，菲利普经常挂在嘴边的一句话是什么？引导学生抓住"常常""永不变更""惊喜"等词语体会菲利普对于勒的期盼之切。当确定于勒就是卖牡蛎的老水手时，菲利普夫妇的第一反应是什么？引导学生抓住"煞白"、两眼"呆直"、"哑着"分别感受人物的害怕、绝望、痛苦的心理。

再讨论菲利普夫妇性格中异同。母亲为什么暴怒？如果克拉丽丝同意于勒回来，菲利普会同意吗？交流学生对菲利普夫妇的评价、"我"对父母的评价、作者对菲利普夫妇的态度、学生家长对菲利普夫妇的评价、王老师对菲利普夫妇的评价的评价……

引导学生体会他们性格中自私、虚荣、冷酷的一面，特别要感受菲利普妻子性格中的泼辣、精明、冷静等。通过不同身份的读者对菲利普夫妇的态度和评价，让学生体会小人物的悲哀，初步思考人与人的社会关系。

3. 童辽明老师课堂内容的生成

童老师带的大多是镇中心小学毕业的走读学生，语文底子较好，阅读能力较强。从学生做"课堂学习单"反馈的情况看，情节与形象分析比较有见地，文中的几处细节及塑造菲利普夫妇形象的语言，学生也有自己独到的见解，有两个学生的提问，让人眼睛一亮："语文作业本中有关于左拉对莫泊桑作品的评价，说他的无限的丰富多彩，精彩绝妙，令人叹为观止。但我无法体会小说'无限的丰富多彩？'"另一个学生问："我犯浑了，搞不清莫泊桑在于勒身上寄予了怎样的情感？是如同鲁迅对于孔乙己的'哀其不幸，怒其不争'吗？但文中后来的于勒是一个自食其力的劳动者。不明白！！！"连接三个感叹号，让老师看到了有再一步去解读小说的契机。

于是童老师以左拉的话"读他的小说，可以使人哭，也可以使人笑"引出一个话题：现在我们以小说中人物的身份去读小说，他们是笑，还是哭呢？

首先探讨"'我'读了是哭还是笑?"可以了解文中人物的状况以及他们的情感世界。"我"不在乎叔叔的过去如何,现在是不是有钱,重要的是我的亲叔叔,我和他之间的血缘关系。看起来啰唆重复,实则是对真情和亲情的呼唤,是对叔叔的深深哀怜,也是对父母六亲不认的困惑、苦闷和不满,这是我,若瑟夫,一个孩子,一个纯洁的孩子对于勒的看法,对人世的感触。

接着探讨:"菲利普夫妇看了是哭还是笑?"走进菲利普夫妇的内心世界,将心比心,去感知他们的真实想法和情感。是哭了,还是笑了?笑中、泪中,人性在我们眼前一览无余。

最后讨论:"我(真我)读了这小说是哭还是笑?"在前面两个基础上,此时看人物、看小说的主旨,应该不是单一的,自然而然,引导学生向作品的深处、广处拓展,此时的解读也应该有个性的魅力了,学生会触摸到莫泊桑作品的无限丰富多彩。

以小说中的人物去看小说,在跌宕的情节中,了解了当时社会人们对金钱的观念,资本主义社会中的人也是人,有着人的七情六欲,看到了菲利普夫妇那样生活在社会底层挣扎的人的艰辛。换位思考,多元解读,会有令人想不到的收获,加深了学生对小说的理解。

(三)讨论和发现

从三位老师的教学过程来看,他们都以"课堂学习单"为依托,然后从学生反馈的预习情况出发,结课文自身的特点来进行二次备课。

在备课中学生的学情是他们的着眼点。从三位老师备课看,三堂课的基本内容还是围绕小说的人物刻画、情节分析和主题探讨展开的。但是课堂的重心略有不同。吴老师的民工子弟班,加强了字词教学,同时因为学生反馈的问题基本与"课堂学习单"重复,因此课堂教学是中规中矩,该讲的尽量讲,又因为学生的阅读能力较弱,在主题探讨时就抓住"我对于勒为什么不感到讨厌"来引导学生体会小说的主旨、作者的情感。

王老师的寄读班重点是品味小说人物描写的特色,她以"对比"为抓手,通过菲利普夫妇对于勒态度的前后变化,菲利普夫妇的性格比对,"我"和父母对于勒态度的对比来感受人物鲜明的个性,体会文章独特的写法。最后又以学生、家长和老师共读文本,来体会小说耐人寻味的主旨。

童老师的走读班,学生基础较好,课堂的中心是"以小说中人物的身份去读小说"来启发学生多元解读小说主旨,他的课更体现了学生的主观意识和探究欲望。

语文课堂教学必须以学生的需要为基础,只有明白学生阅读最想知道什么,应该知道什么,教师才能明确可以指导什么,课堂教学就是以学生的疑点、难点为基础展开的。学生基础不同,能力不同,教学内容就应该有所不同,具体的课堂指导也会有所不同。课堂教学之前教师备课的目的,课堂教学之中教师指导的重点,课堂教学之后教师反思的要点,都应是学生,应是学情,应是学生学的活动。(本《学情简报》发表于2010年4月上海《语文学习》)

第二节　基于学习小组的学生学习共同体的建立

一、教室的改造

（一）注重教室布置，力求班级文化有主题

每个教室门口设置班训、班级口号和班级目标。如907班的班训是"勿以恶小而为之，勿以善小而不为"；班级口号是"相信自己，永不言弃；班级目标：学做真人，走一步再走一步；长风破浪，直挂云帆济沧海"，并配以任课教师团队照片。

教室内要求窗明几净，桌子摆放有序，布告栏位置统一，卫生工具放在固定位置，墙壁的周围挂上适合自己班的四副名言警句，如704班的墙上有这样的四句话：不积小流无以成江海，不积跬步无以至千里；用习惯和智慧创造奇迹，用理想和信心换取动力。

加强板报评比。班级黑板报是班级的一个窗口，我校要求每两个星期刊出一期黑板报，并进行评分公示，评分内容有报头醒目，排版合理，栏目新颖，内容丰富（60%内容要求学生原创）和书写美观等项目。在重大节日时（如国庆节、中秋节等）布置相关主题，平时的黑板报由班主任自定主题。对内容要求有学生习作，增强学生的积极性，树立学生的自信。

（二）设立了班级图书角

为了丰富学生的课外知识，学校为每个班级设置了一个书柜，设立了一个图书角。图书角图书由学校图书馆免费提供，内容涉及名著阅读、素质教育、方法指导、能力培养、个性发展等多方面，每隔一个月班级与班级之间轮流更新。每个班级设置一名志愿图书管理员，名曰"文化的使者"。

设置班级图书角。建设图书角是改变目前班级文化生活冷淡的需要。真正意义上的"因材施教"仅靠上课或几次活动显然是不够的，图书角的建设改变了这种不能完全达到"因材施教"的现状。它的建立和运行能让学生真正按照自己的兴趣去投其所好，解决了因上课时出现的兴趣差异而造成的效果不一的局面，改变了学生获取知识、信息只能靠教科书、老师、家长及有限的信息渠道，可以学到更广阔的知识。

作为一个班集体，有了纪律、集体主义、爱国主义等方面教育后，若没有图书角紧跟上来，其班纪、班规及各项精神文明建设就显得教条化，而且气氛多少有点森严或缺少应有的活力，其效果也很难全部实施和内化。图书角的建成，有效地改变了往日那种"严肃而不活泼"的局面。它的建立，将班集体的各项制度、纪律、要求、建设融入了一个带有浓厚文化氛围的环境中。守纪文明的现象出现了，民主氛围强了，关心集体的事多了。在课外学习阅读中，同学与同学之间对相同问题的争论产生了，交流更频繁了。图书角的建立，有力地促进了班级集体精神文明建设，它把学校精神文明建设的内容有效地渗透到活跃的班级文化氛围中去。

图书角为广大学生的阅读创造良好的人文环境,让学生看一次书就像享受一次愉快的精神之旅,为学生创造赏心悦目的助读环境,让广大学生就像在家里存取东西那样自由、简便。书架旁边设置带有人情味的标语,营造宁静、祥和、舒心的阅读空间,尽量减少教室的喧哗,使学生读者能全方位地感受环境与人的亲和力。

班级每月不定期抽一节课作为"读书交流会",学校每年举办校园读书节。在会上,学生谈自己读书的方法,谈如何提高阅读的速度,谈读书的心得,介绍自己读过的好书,小组交流,全班介绍。图书角是学生学习的第二课堂。它不仅为学生提供了各种学习辅助资料,起到巩固课堂知识的作用,提高学习能力,弥补课堂教育的不足;还为学生提供了其他各种学科和多门类的图书资料,既能丰富学生的课外生活,又培养学生的个性和能力,全面提高学生的素质,实现素质教育面向全体学生的要求。同时,阅读活动在提高学生思想道德、文化科学和健康心理等素质的教育中,具有课堂教育不可替代的优势。如在班中开展"读一本好书,换一本好书,读多本好书"这样的换书活动,可以形成班级热爱读书的良好风气。在这个活动中我们还可以评出最受学生喜爱的书。

(三)引进电子信息技术

七年级每个教室都放置了一张六边形电脑桌,放置了五台电脑,便于学生课间阅览电子图书,查阅课内外知识,提高学生的信息技术能力。

(四)强化班级活动

学校安排大的活动,如运动会和文化节。坚持每年十月下旬举办田径运动会,每年五月举办校园文化节。每年的运动会学生积极参与,努力拼搏,体现了竞技体育的公平和公正,每个人为班级做事,增强了班级凝聚力。每年的文化节为期一周,内容丰富,学科知识浓厚,融探究性与娱乐性为一体,深受学生的喜爱,丰富了学生的课余生活,极大地激发了学生的求知欲望,促进了学生全面发展。

班主任安排有效的班级活动,如班级读书活动、主题班会、志愿者活动等,通过活动达到育人的目的。如《宁波晚报》报道一个女生听惯了表扬,受老师一次批评后竟不走路不说话"自闭"一个月,是什么让现在的孩子如此脆弱?许多班主任将这篇报道向学生朗读后,布置了"表扬与批评"、"学会坚强"、"学会沟通"等为主题的主题班会,让学生讨论,结合学生成长经历,使学生懂得经历批评是必然的,正确对待批评和挫折要调整心态,善于与周围的人交往,养成健康的心理,笑对生活。

二、课堂座位的改变与学习小组的建立

(一)课堂座位的改变

合理的学生座位的编排,往往会直接影响学生的学习情绪和学习效果。特别是当今中学生的心理素质和心理承受力有着极大的个性的差异,合理地编排座位还可

以起到心理调节的杠杆作用。例如对人际关系的态度上，有"热情开朗、好合群"的，有"孤芳自赏、不合群"的；在对前途的态度上，有"阳光型"的，有"无所谓"的，有"担忧焦虑"的；对挫折承受力、对环境的适应能力等有"强"有"弱"等等。而比较严重的心理问题有"厌学"、"逆反"、"社交恐慌"、"嫉妒"、"焦虑"、"抑郁"等。其实，班主任在加强对学生心理健康教育的同时，有针对性地合理安排学生座位，让一些心理上存在这样那样不足的学生与积极向上、乐观开朗的学生多接触、交朋友，有的放矢、对症下"药"，将有利于创建一个"班风优良、纪律严明、团结有力"的班级。与此同时，考虑到学生的偏科现象，可以有意识地让学生以学习互补的方式坐在同组。

班主任在编排及调整学生座位之前，要全面了解学生的各科学习情况，最好征求课任老师的意见，把学科上有差异的学生尽可能编排在一起，形成"一帮一"对子，这样不仅对学习基础较差的同学大有帮助，对成绩较好的同学同样也是一种锻炼和提高，也可以将有同样学科专长的学生编排在一块，便于形成一股浓厚的学科氛围。另外，在教学实践中不难发现，一些成绩较好的所谓优等生，性格上往往也有或多或少的缺点，同样需要有人来帮助，因此在座位编排上应安排一些能够带来性格互补的同学与他们同组而坐。在每天的学习过程中，他们吸收同学性格中的优点，有利于自身个性的完善和发展，这样就能潜移默化地发挥学生之间的自然教育作用。

坚持每周一次小调，每月一次大调。小调是整个组对调，避免学生出现斜视等视力问题，同时，加强同学之间的交流与合作，增加新鲜感。这项工作由一名专门的班干部负责。大调是全班同学重新编排座位，由班主任亲自操作。确定座位时，重视情感投资，班主任通过深入班级、逐个了解学生，掌握学生的家庭、住所、兴趣爱好、同学之间关系等。把一些兴趣爱好相投的，在小学就是要好的伙伴的学生安排为同组或邻组，让他们对班主任产生一种亲切感和信任感，便于班主任对学生的教育。尊重学生的意愿，每次进行全班性的大调，可以先由学生用纸写上希望跟哪个同学同组，并附上理由以及跟他（她）同组后将怎么对待学习与怎样与同学交往的想法。然后，由班主任来确定座位，并公布。同时要反复教育学生以全班的纪律为重。这样操作能尊重学生的合理要求，体现班级管理中的民主氛围。"只有民主才能解放最大多数人的创造力，而且使最大多数人之创造力发挥到最高峰。"[①] 然而这样操作绝对无法满足每一位同学的要求，这就需要班主任给出合理的解释，必要时个别谈心进行思想工作，以真诚换真心，最终学生会理解并接受的。

一个班级几十个学生的性格特征往往大相径庭，有文静的，有好动的，也有顽皮的，班主任要通过细致观察，多找学生和任课老师交谈，这样在安排学生座位时可以避免出现"动"与"动"或"静"与"静"的"强强联手"，而是做到"动""静"结合，以"静"制"动"，保证班级的正常教学秩序。另外，要充分发挥学生干部的作

---

① 陶行知．陶行知全集［M］．成都：四川教育出版社，2005：752．

用，在安排座位时把他们分布在班级的各个"地段"，让他们在各自分管的"一方水土"上起好模范带头作用。

（二）学习小组的建立

全班一般可分为10个学习小组，每组4—5个人，设组长各1名，负责小组的全面工作，各小组长间分工协作，形成一个以学习为中心的团队。每个小组按成绩好、中、差并兼顾男女比例等因素组成。另外，设值周班长一名，由各小组轮流选派学生担任，负责每周及当日的日常管理工作。各小组就是一个亲情式的小家、一个固定的学习团队，他们有各自的组名、口号、学习目标、学习计划，各自的组规、奖惩条例等。

小组合作学习是否高效，在很大程度上取决于学生对"课堂学习单"下的工夫。在小组合作学习中，教师的主要作用是导，是点拨，是学生学习的助手。评价一堂课的好坏不再是老师讲得好不好，而是主要看学生参与度及怎样学，是否学会。

小组之间要开展竞赛，每个月综合评比一次，评出等级进行奖惩。

三、小组合作学习的开展

课堂学习，是在教师的指导下，以个人自学、两人互学、小组讨论为序，整个课堂以自主学习、小组展示为主，教师的主要作用在于点拨或归纳。这种小组合作学习形式激发了学生主动学习、相互学习探讨的热情，初步形成了"兵教兵，官教官，官教兵，兵教官"局面，小组成员间毫无保留，相互帮助，取长补短，共同提高。

教师把大家商量探讨的疑问作为主要内容讲，把课堂的多数时间尽量留给学生自主学习，学生在自主学习中更能积极主动地学习、思考、实践。通过小组讨论可以解决许多问题，并能产生许多新的思想火花，若个别小组仍有问题的可进行个别辅导答疑，操作中让小组长配合，做好辅导和督促工作。

传统的教学三部曲是：提出概念—解释概念—举例说明；新的教学三步骤是：互学—导学—用学。学生以小组为团队，认真分析探讨，努力探索"课堂学习单"呈现的内容与任务，各小组总结或个人总结自己学习的问题，再由教师组织，在班级内进行交流，教师将最终的结果记录在案。

在这样的学习氛围中，学生的学习如鱼得水，教师的教学也极富挑战性。在各个阶段教师应协助有困难的小组，或进行辅导讲解，或参与讨论，鼓励学生发挥主观能力和创新精神，通过团队的力量去解决问题。因为学生不同、内容不同、环境不同，教学方法也不同。只有是调动学生的学习积极性和主观能动性，并能让学生施展才华的教学，才是成功的教学。

每堂课要求学生认真、实事求是地进行自评，各组应轮流推选学生来展示本小组的成果；老师应及时地指出小组和学生中存在的问题并进行评价，明确小组和同学们努力的方向；最后利用评价的结果指导教师的教学和学生的自主学习。这样学生的主体行为能得到尊重，学生学习的主动性和创造性能得到发挥。

我们在二次备课中，会重视教育内容的选择，体现多个不同层次的学习目标，进而让学生在学习时能按难度不同自主选择学习内容，并按一定的学习顺序主动完成学习目标，使学生通过对学习目标的实现，产生一种自我实现后的愉悦感，以形成对课程学习的兴趣。同时，营造和谐的学习环境，养成学生自由学习、自我指导、自我发现、自能表达的习惯。

第三节 基于"学生的学"的师生学习共同体的建立

一、理念追求：培养善学习、能动手、有理想的知行合一的初中生

学校的发展需要一定的办学理念作为支撑。当前，从中小学的实际情况来看，办学过程中往往缺乏理念的支持，而是以领导人的讲话、政策、方针等作为学校办学的理念，或者以自己的办学经验代替办学理念，使学校工作停留于经验的层面。我们从时代精神和时代对人的需要出发，结合学校发展的历史，重新明确办学的理念，定位自己的培养目标，以创建"课堂工作纸"品牌学校为办学目标，以培养"善学习、能动手、有理想知行合一的初中生"为办学宗旨。

办学理念最终要落实在每一个体现了社会和时代特点的学生个体身上，以个体生命的形态呈现出来。我们坚持认为，教育的真谛就在于通过营造一种良好的学校文化氛围，使学生在学校教育生活中不断地充实个体生命的内涵，提升生命的质量。因此，我们办学理念内涵的重要呈现方式，就是对培养出来的人的生命质量的描述："善学习、能动手、有理想的知行合一的初中生"。

"善学习"。就本质而言，一切教育都是自我教育，一切学习都是自主学习。自主学习要求学生对为什么学习、学习什么、如何学习等问题形成自觉意识。善于学习，就是要形成自我主导的学习模式，这就需要培养学生的质疑精神。学必好问，"非学无以致疑，非问无以广识"，思而有疑，疑而能问，问然后学得，从而形成以自主学习为基础的"自教式"的学习方式。

"能动手"。既要会动脑，又要会动手，更要能动手。只有在动手中才能真正发现自己、发掘自己。动手能力是创造力和责任感的外在表现，反之，动手能力的提高则有助于创造力的提升和责任感的增强，二者相辅相成，从而促进全面发展。

"有理想"。理想是目标，是前进的方向。有了目标，就有了学习的动力。青少年学生作为社会主义事业的接班人，必须树立推动人类进步和社会发展的远大理想；作为社会主义事业的建设者，必须肩负建设富强、民主、文明、和谐的社会主义现代化国家的共同理想；作为人，必须怀抱争取幸福生活的人生理想。有了理想，并为之不懈奋斗，才能更好地实现自己的人生价值。

"知行合一"，读万卷书，行万里路，坚持知行合一，重视实践育人，是社会主义核心价值观所具有的实践性决定的，也是学校推进社会主义核心价值观体系建设的必由之路，也是陶行知留给我们教育的宝贵财富。

同时，坚持"以生定教"的原则。即根据学生的实际情况确定教学的内容、要求和方法，进而扩展到以学生发展需要为起点，以促动学生主动健康发展为旨归，开展学校的教育活动。它不仅是一种强调学生主体性的哲学观，而且还是着重教育个别性、针对性的实践观。它要求老师在思想上"尊重学生、解放学生、依靠学生和为了学生"，[①] 在行动上按照学生的现实水平，按照学生的可接受性、按照学生的认知特点等多种因素实施教育活动。

二、以做人的基本责任为基点的"人格教育"

"知行合一"首先是一种道德要求，渗透道德品质和意志品质的培养，做到知、情、意的统一。长久以来，学校德育一直在追求一种理想型的人格，追求一种一般人可望而不可即的崇高境界。我们承认，任何社会都呼唤崇高的人，但我们面对的是全体学生，必须解决底限问题而不是无限拔高。我们认为德育首先应为培养合格的公民服务，这要求德育要从学生做人的基本素养入手，培养学生能够担负起做人的基本责任。我们尝试让德育乃至整个教育回归学生生活，以培养学生做人的基本责任为基点实施"人格教育"。

（一）"人格教育"的认识

人格是思想、品德、情感的统一表现，丰子恺先生把人格比作一只鼎，而支撑这只鼎的三足就是思想——真，品德——美，情感——善。这三者和谐的统一，就是圆满健全的人格，否则，这只人格之鼎就站立不稳。

人格教育是道德教育的重要和基础组成部分。从我国教育史来看，人格教育古已有之。作为启蒙教育的《三字经》中这样叙述："玉不琢，不成器；人不学，不知义"。作为人格教育主渠道的学校，有责任开展多方面的教育活动来培养学生的圆满人格，在提高学生人格素质的基础上进行思想教育，培养学生拥有良好的社会适应能力和强烈的社会责任感，自觉遵守社会规范，维护社会风尚，也就是常说的让学生学会"做人"。其最有说服力的教育方式，是在我们的日常生活中去发现每一位学生人格上的闪光点，去鼓励实践者继续实践，去鞭策未实践者勇于实践，大力表扬，广为倡导，互相激励，竞相学习。

（二）"人格教育"的实践解读

1. 举办"人格教育"训练营

每年的八月下旬先对七年级新生进行分班，确定相应的班主任，然后开始为期一星期的"人格教育"训练营，内容有日常行为规范教育、学习方法系列讲座、值周班制度讲解、国学教育（如学背《弟子规》）和学唱校歌等等。队列和广播操由体育老师负责教学，要求四天学会，并在闭营式上展示评比。日常行为规范和国学内容由班主任负责教学，学习方法和值周制度的宣传采取讲座形式，由专职老师主讲。

[①] 宋慧清、关于语文高效课堂的点滴思考 [J]. 科记文汇·中旬刊. 2012（3）：105.

同时邀请学校优秀毕业生来校作报告，谈自己的学习心得，如屠欢杰同学进行了《我用双脚圆了大学梦》的事迹报告。

2. 基于"值周班制度"的学生自治

前苏联教育家苏霍姆林斯基曾经说过："真正的教育是自我教育。"[①] 用民主的方式教会学生自己管理自己，这是培养民主公民的最佳途径之一。陶行知先生以为，"学生自治是学生结起团体来，大家学习自己管理自己的手续"，从学校这方面来说，就是"为学生预备种种机会，使学生能够大家组织起来，养成他们自己管理自己的能力"。[②]

"值周班制度"就是由各班在全校范围内轮流值周的制度。内容有门口值勤、升旗、车棚管理、食堂管理、行为规范检查、打扫卫生。由于是轮流值周，人人都要成为服务者、管理者和示范者，学生作为主人翁的责任意识更强了。班级值周是培养学生自我管理、自我教育、自我服务的一项措施，对于贯彻执行中学生行为规范，严格校纪校规，维持正常教育教学秩序，促进学校的民主管理，培养学生的民主意识和自治能力，具有重要的作用。

3. 基于"读书节"的"读国学，学传统"活动

先选定学习的具体内容。教师读于丹的《〈论语〉感悟》、《〈庄子〉心得》等，并参加县教师进修学校组织的学国学的读书比赛。七年级学生学背《弟子规》、《三字经》，八年级学生学背《论语》、《古诗三百首》，九年级学生读经典名著、写体会。师生共同参与学唱古词古曲《送别》、《满江红》等。

学校把"孔子"请进校园，立孔子像，造问学亭，营造良好的学国学的校园环境。举办学校"读书节"成果展示，举行中华传统文化典籍朗诵比赛，展示师生学习心得。让孔子的博学和大智慧激发学生的思维，让孔子及其思想继续熏陶大家，全面提升自己的品格修养。

4. 创设"行知实践基地"

学校利用校园内的五亩多空地，开辟为"行知实践基地"，试种庄稼，把陶行知先生的"生活即教育"的理念贯穿其中。学生主要的学习内容：一是因时因地制宜，选种植物；二是优化配置，分工合作；三是查阅资料，了解农作物的种法；四是种植；五是收获并品尝劳动成果；六是记录过程生产与收获。"学校是师生共同生活的处所，他们必须共甘苦。甘苦共尝才能得到精神的沟通，感情的融洽。"事实证明，通过劳动，师生在校园里的生活更加富有诗意。

"教学做合一"。学生的"学"、教师的"教"与师生的"做"在劳动过程中很好地结合在一起，主要以"学"、"做"为主，教师的"教"仅是穿针引线的作用。学生提出劳动方案，并主动地去查找资料，了解有关作物的种植方法与种植效益。同时，在老师的指导下，学生更进一步将理论与实践结合起来，这本身就是一个良好

---

① 杨广让. 苏霍姆林斯基自我教育思想概述[J]. 教育理论与实践. 1986（1）：24.
② 方明. 陶行知教育名篇[M]. 北京：教育科学出版社，2005：16.

的"学"、"做"的过程。

三、基于"文化节"的学生个性展示

（一）设立学校"文化节"

每年的五月第二周是西店中学全校师生最期待的日子。在这一周内，能容纳两千多人的餐厅内会搭起一米多高、近四十平方米的大舞台，中间圆形的"学校校园文化节节徽"是全校学生以征集的方式设计的。

节徽上的图案，简单、鲜明，又令人遐想：那"翅膀"，代表着学校正在腾飞；那"圆球"，象征着海上的明珠；那"波浪"，象征着我们学校位于海滨之乡；节徽正中的"音符"图案又像茁壮成长的幼苗，在跳着欢乐的舞蹈。

四十多项全校性的活动唤起了全体学生艺术的热情和活力，形成了一种有特色的校园文化氛围。

（二）"文化节"的内容设计

文化节的节目以每个年级段、每个备课组为单位设立，以班级为单位参与，奖项既有个人奖项也有集体奖项，但最终会以个人奖项与集体奖项的得分总和评出班级名次。

具体内容有艺术组的书法、绘画现场比赛，语文组的"成语接猜"大赛、"情系祖国，歌颂未来"诗歌朗诵赛，科学组的"体现你的智慧、展示你的才华"活动，数学组的"趣味数学"，英语组的"Happy English, happy day!"、"英语知识大比拼谁是大赢家"，社会组的"爱我中华，爱我家乡"朗诵比赛、"迎世博，祖国在我心中"知识竞赛，还有拔河赛、三人篮球赛、书法绘画现场比赛、"诵读经典美文，争做博学少年"诗歌朗诵、"雷区取水"智慧大比拼、科学智慧大展示、社会历史剧表演、建党90周年党史知识竞赛等活动。

（三）"文化节"的活动安排

筹备。学校在第二学期初就开始策划本年度的文化节，学校会在全校范围内征集本届文化节的节徽和吉祥物的作品，对之评选、打分，并在学校网站上亮相。因此，在文化节开幕搞第一个活动之前，红榜上已经有了各班的"底分"了。

开幕。在教学楼前，一张张桌子排成了百米之长的方阵，为书法绘画的现场赛拉开了足以让每个学生驻足关注的阵势。参赛的学生自备笔墨，画的画，描的描，写的写，个个成竹在胸，意气风发。

闭幕。是"校园文娱大比拼"汇演，上级领导、退休教师及其家长代表分别为文化节各个节目中得奖的个人和班级颁奖，学生分别用相声、小品、独唱、舞蹈、现代越剧、器乐演奏、钢琴协奏等多种形式汇报演出，展示校园生活绚烂多彩的色调，弘扬了新时代自强不息的强音。

校园有了文化，就有了深厚的文化底蕴。学校自2003年首届校园文化节至今，通过许许多多丰富多彩的活动，反映了校园文化的特点，充实了学生的生活内涵，

激发了学生积极进取、团结奋进的精神。校园文化节成了学校一道亮丽的风景线，更是每年全体学生翘首期盼的一件盛事。

四、基于"质量优化管理系统"的师生共同成长

学校发展的一个重要标志是学校教育质量的提升，基于学校的办学理念，我们构建了一个"质量优化管理系统"，旨在提供一个师生相互之间平等、融洽的交流环境，使每一个成员的知识、经验得到相互交流、沟通与共享。成员之间团结协作，友好相处，对于他人的不同意见和经验能置于自身发展历程之中来思考，也能对他人与自身的差异采取宽容的态度，在组织内部的交流互动之中实现自我和他人的共同建构，从而实现师生共成长的愿景。

（一）打造"质量优化管理系统"的平台

学校质量优化系统有三方面的功能。一是查看相应的报告，如学生成绩、教师素养和学校综合水平。二是教育科研工具，如调研工具系统、决策支持系统、网上家访系统和热点调查系统。三是系统中的辅助功能，例如，"我们的班级"——教师学生可以查看班级最新动态，查看班级明星，查看教师风采等；"我的博客"——教师学生可以发布/查看/删除照片，设置收藏等；"认识我自己"——教师学生可以在这里互动答题，班主任在这里可以审核学生填的数据、信息等；还可以在系统中发布新闻公告等。

这三个功能涵盖了学生、教师和学校三个层次，帮助学校实现对各项工作的精细化管理，实现每一个成员良好的沟通交流，从而促进学校和学生的更好发展。

（二）构建学校、家庭与社会"三位一体"的教育

构建"三位一体"的教育，加强了学校教育与家庭教育的联系。开展"家长教育进课堂"和"母亲素养工程"培训等活动，并建立了家长学校，组成了家长委员会，家长委员任期两年。每年进行两次定期的家校联动，在每学年开学后的一个月向家长通报工作情况，学年结束前的一个月听取家长的反馈，恳请家长对学校教育提出建议，使学校教育能够与家庭教育最大限度地互相配合，共同育人。

学校关工委积极与社区联系，开展一系列活动。如社区义务劳动、读书征文活动等，增强学生的社会责任感和主人翁意识，同时开展好结对帮困工作，关心帮助学生的健康成长。家长参与学校学生的"三好四无"评比活动，要求学生在校做个好学生，在家做个好孩子，在社会上做个好公民，提升优秀学生的标杆意识，改变学生家长的思想观念。

（三）建设多元文化背景下的班集体

学校有近四百名外来民工子弟，来自全国二十多个省市，地域差异性直接带来的是文化的多元，价值观的不同。学校的发展需要学校全体成员包括教师和学生在共同愿景下，共同致力于学校的发展与变革，营造一个良好的文化氛围，以求教师和学生生命的更好发展。

营造安全氛围。比如教室的板报、教室的布置、教室的卫生、教室的一切放置等等能让学生真正感受到一种家的元素；教室的每一面墙壁上的标语、装饰，是学生分享心情、交流心得的平台。

确立班级规范。引导学生制定共同遵守的班级公约，规定执行的办法和起讫日期。建立起学生自我管理、自我监督的机制并严格执行。

形成班级灵魂。如找班歌，每周一、周三中午歌唱；召开主题班会，谈理想，鼓励大胆地说出自己的理想，跟同学分享，并为理想的实现规划路径。在多元文化的背景下，学生能够求同存异，相互理解，互帮互助，为实现理想快乐地学习、诗意地生活。

第七章　探索"学"的真谛

"要想考察任何有意义的人类行动的根本成分,首先应从'目的'和'手段'这两个范畴入手。"这是帕森斯(Talcott Parsons)在其巨著《社会行动的结构》的开篇援引的马克思·韦伯的一句至理名言。目的和手段两个范畴提供了分析任何社会实践的基本框架。就教育而言,可以分析为教育目的与教育手段两大方面,其中,教育目的处于基础性与指导性的地位。然而,学校教育到底是干什么的?现在有些学生上小学是为了上名牌中学,上名牌中学是为了考国内外名牌大学,考名牌大学是为了升官发财,升官发财为了干什么?现在很多问题教育不能回答。

第一节　课堂形态变革:"课堂工作纸"

一、实施"课堂工作纸"是育人模式的转换

"课堂工作纸"研究,促进了师生的自我主动发展,达到了课堂教学"轻负高质"目标,实现了学校育人模式的整体转型。

(一)"课堂工作纸"明确提出"以生定教"的理念

这是孔子因材施教思想的"西店版",它真正确立了学生作为"人"的主体地位。无论从课堂教学理念、组织,还是模式,我们都力图使之符合中学生认知发展特点,符合新课改精神。

(二)"课堂工作纸"促使作业制度变革

"课堂学习单"的实施,颠覆了传统的课后作业模式,只做"课堂学习单",作业"跑"到课堂前,课堂与作业辅导同步,并且有层次性地选做,使得重复作业成为过去,学生作业负担大大减轻。

(三)"课堂工作纸"的操作模式

"课堂工作纸"实施几年以来,我们总结提炼出了相应的实践模式,即以"轻负高质"为目标,以"课堂学习单"和"二次备课稿"为学与教的工具,以"看课记录卡"、"课堂评价册"和"学情简报"作为保障机制的课堂教学新模式(见图7-1)。

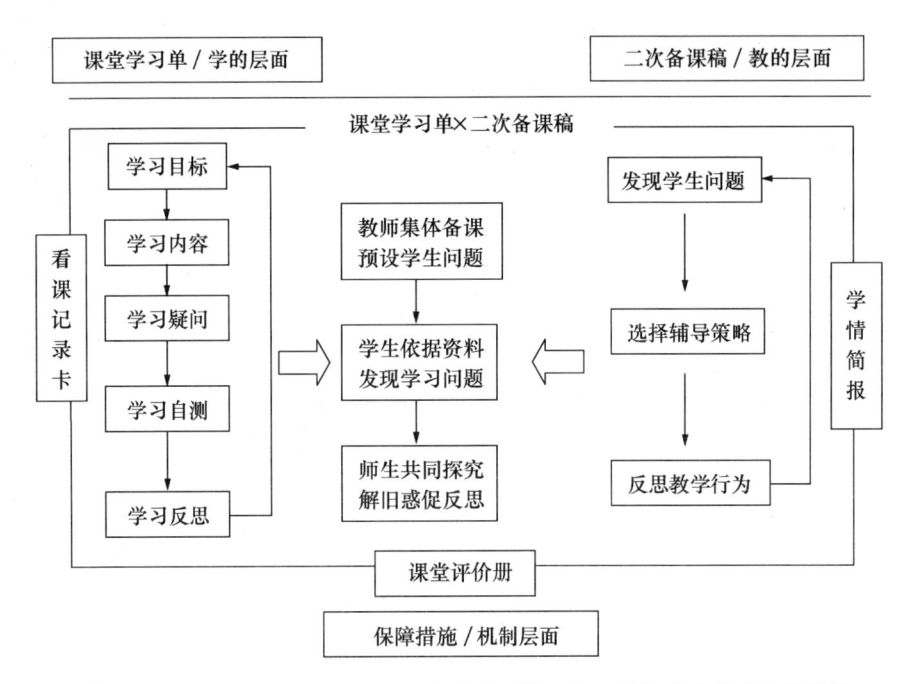

```
课堂学习单/学的层面              二次备课稿/教的层面
         ┌──────课堂学习单×二次备课稿──────┐
         │  学习目标                          发现学生问题  │
看       │     ↓                                  ↑      │ 学
课       │  学习内容     教师集体备课                       │ 情
记       │     ↓         预设学生问题                      │ 简
录       │  学习疑问         ↓            选择辅导策略      │ 报
卡       │     ↓         学生依据资料         ↓            │
         │  学习自测  →  发现学习问题  ←                    │
         │     ↓             ↓            反思教学行为      │
         │  学习反思     师生共同探究                        │
         │               解旧惑促反思                       │
         └──────────────课堂评价册──────────────────┘
                    保障措施/机制层面
```

图 7-1 "课堂工作纸"操作模式："轻负高质"目标下的课堂高效学与教结构

由图 7-1 可见，"课堂工作纸"是由以"课堂学习单"为核心的学的层面、"二次备课稿"为核心的教的面层和一卡、一报、一册为核心的保障机制层面组成的一个操作回路，其工作界面就是"课堂学习单"、"二次备课稿"。这些教学模式或结构的产生，为提高学校课堂教学的实效性奠定了扎实的基础，形成了"课堂工作纸"的教育品牌。

4. 从根本上提升了学校课堂教学的实效性

"课堂工作纸"颠覆了传统意义上的课堂教学理念，形成了新的教学结构，使课堂教学效率有了保证（见表 7-1）。

表 7-1 使用"课堂工作纸"前后的教学效率对比

	用"课堂工作纸"前	用"课堂工作纸"后
教学目标	以知识点的传授，解题技巧的落实为主	以指导学习方法、培养学生思维能力、形成学生良好的个性心理品质为主
教学手段	教师讲解、分析、演示，学生练习为主	学生课外自学、自主探索、课堂合作、讨论为主，强调学生学的过程
教学步骤	教师创设情景、引入课题、例题讲解，学生练习，师生共同完成教学任务	学生在做"课堂学习单"的基础上呈现自学过程中的问题，小组合作交流，教师启发指导，学生再次讨论，师生共同探究得出结论，在解决问题的过程中生发新的问题。学生在讨论中矫正自己解决问题的思维方式，再迁移到解决其他的问题上去

续表

	用"课堂工作纸"前	用"课堂工作纸"后
教学效果	重掌握知识,某种程度上忽视了方法的选择与思维能力的提高	学生有了学习的触发,掌握发现问题、解决问题路径,积淀了学科素养,形成了学生良好的个性心理品质

从表 7-1 可见,实施"课堂工作纸"后,学校课堂教学从教学目标、教学手段、教学步骤和教学效果都有了根本性的改变。

二、实施"课堂工作纸"是教学方法论的转换

叶澜教授曾指出"传统教学"的实质是把教学过程中的'教'与'学'看做可以分割为独立单位的活动,两者之间的关系是一种谁决定谁,或者谁围绕着谁转、谁引导谁的关系。教学过程的转型如果不超越这一认识前提,就不可能走出传统教学的框架。新教学过程观的形成首先要从认识教学过程的方法论转换开始。其核心构成包括:以教学对象为思考重心、前提假设、视角、分析框架(含分析单位)、思考层次、思维方式等,在教学改革中,教师需要走向方法论的自觉。"课堂工作纸"从多重维度渗透了教学方法论的转换意识,以思维品质的不断提升引领教学实践的品质提升,力图在教师的真实成长中实现教学过程的真实转型。

(一)"课堂学习单"在思考重心转移中生成

传统教学中,教师通常思考的是知识的传承和方法的运用,以教学内容为思考重心,结合学生特点,采用相应的教学方法,在课堂上实现知识的重现和思维的操练。"课堂学习单"的生成过程则致力于转换教师思考重心。

一是从重视教学方法的运用转换到关注教学方法与教学对象的互动。"课堂工作纸"由学科备课组长担纲组织教师进行编写,遵循"提前备课、轮流主备、集体研讨、师生共用"的要求。先由教师各自疏通教材,解读教材的知识体系;主备教师提前一周理清教学内容框架,确定课堂教学方法、策略等,形成"课堂学习单"草稿并交备课组长;备课组长阅读后至少提前两天将草稿发给全体组员,由备课组长召集组员集体审稿,重点是分析学生的思维基础、知识基础,然后结合教材内容,预设教学的重难点,需要落实的内容,学生可能会碰到的疑难问题,并以此为基础对教学方法、策略等重新设计、思考。最后再让主备教师执笔定稿,重在确定教学目标,选择教学方法,设计教学程序。这个过程强调教师坚持适切性标准,从教学对象的性质出发,如教学内容的性质、学生的内在状态等,思考选用合适的方法展开课堂教学。

二是从偏重教学内容转换到兼容教学内容和学生状态,这意味着教学方法的选择既要吃透教材,还要读透学生,选择最适合自己所教学生的方法。这种重心转换后的思考方式对教材实行了二度解读。第一次的解读是坚持教师的立场,教学内容的核心是什么,知识结构是什么,可以用哪些方法来呈现知识。第二次的解读则是

基于学生的立场：面对这样一个教学内容，学生的兴奋点在哪里，学习过程中学生的可能困难和可能障碍又在哪里，哪些地方是学生发展的可能空间，等等。正是在这种多重解读中实现了在教学内容分析中体现学生立场，在学生分析里融入教材内容，也实现了教师备课的思考重心的转换。

（二）"课堂学习单"在课堂角色前提转换中实践课堂教学

"课堂学习单"打破了传统课堂角色的分工，在学生、教师以及师生关系重建中实践课堂教学过程。首先，实现学生角色的前提转换。过去的前提假设是把学生当做外在于教学的客体，是课堂被动的受者，如今则是把学生当成主体，转换为教学中的"问"者、"思"者等角色，而摆脱了单纯的"听"者、"答"者的传统角色。"课堂学习单"会在每次上课前反馈给教师，学生根据"课堂学习单"进行预习，同时对预习进行反思，标记出产生的疑问，而任课教师则根据学生的质疑、提问和思考，确立课堂教学的重点和难点，寻找教学方法，再一次补充"课堂学习单"，预设课堂活动。

其次，实现教师角色的前提转换。教师的角色必须定位为"学"者、"思"者、"听"者。上课时，师生共用"课堂学习单"，教师不得不密切关注学生的学习障碍，适时进行点拨。教师们开发出三种策略，一是"学生示范"，当多数学生能轻易地理解所学内容时，就通过"学生示范"的方式加以巩固，教师根据内容再进行适当拓展；二是"问题分解"，当部分学生感到内容较难时，则采用"问题分解"的方法，将较难的问题分解成较容易的问题，引导学生发现，鼓励学生互助；三是"深度讲解"，当多数学生认为内容较难时，重新调整"课堂学习单"的内容，教师进行深度讲解。教师俨然成为一个虚心的学习者，灵敏的倾听者，及时对课堂信息进行捕捉、判断和组织，灵活调整课堂活动进程和推进策略，和学生一道共同清除学习障碍。

再次，关于师生关系的前提转换。转换后的师生关系再也不是"谁决定谁，或者谁围绕着谁转、谁引导谁的关系"，而是对话互动的关系。传统的师生关系定位把教学分割成两个独立的世界，要么是以教师为中心，一切围绕着教师转，教学形态多表现为"教案剧"；要么是以学生为中心，于是产生铺天盖地的"学案"，教学成为"满堂问"、"满堂练"。师生关系转换为对话互动，教与学在教学过程中就成为不可剥离、相互锁定的有机整体，是一个活动，不是由"教"与"学"两个方向的动量叠加，简单交错。整个"课堂学习单"的生成、使用和反思的过程中，为实现教学任务和目的，师生围绕教学内容共同参与，通过多层、多维、多向的对话、沟通和多种合作活动产生交互影响，以动态生成的方式推进教学的活动过程。

（三）"课堂学习单"在层面转换中展开课堂逻辑

在实践中关注的焦点显然已摆脱了先怎么教或是先教什么的程序问题，而是牢牢把握这样一条主线：根据这样的学生，这样的内容，能够用什么样的方法；不同阶段的课堂场景，又需要什么样的教学方法；或者什么样的教学方法，在什么时机出现更有利于课堂活动的展开。这种思考又是以不断推进学生思维水平提升为目的，课堂教学过程逻辑则是：

一是学生课前自学以生成教学共同资源。课前，教师将本课的"课堂学习单"收回，解读学生做练习的过程，以及学生在反思学习时所产生的疑问，确立课堂教学的重点和难点，确定合适的教学办法，重新生成"课堂学习单"，厘清课堂活动内容。这是种具有丰富性、具体性、开发性和结构性的"教学共同资源"，是学生在"课堂学习单"的引领下自学，其内在资源被激发出来，教师则判断、梳理、重组，使资源围绕教学主题逐渐条理化。

二是开放性互动促进过程生成。课堂上，学生先展示、汇报预习感受，教师逐渐把已经梳理出的纲领性问题呈现出来，通过"学生示范"、"问题分解"和"深度讲解"，调动师生之间实现开放性互动，再次促进课堂教学资源的过程生成。这样做既保证了教学中核心任务的推进，而对学生个体而言，又是一个通过教学，对新的教学内容形成感受、理解、认识、体悟的过程。

三是拓展生成中培养学生主动猜想、联想的能力。课后，学生对照"课堂学习单"反思、深究学习活动中所涉及的知识、方法、思路、策略等，对自己的学习活动过程进行自我认识、自我分析、自我评价，从而获得自我体验，发现自己的不足，寻找新的学习方向。教师则填写"课后记"，积累经验、教训和问题，用于下次集中备课时小组交流，用于以后的教学纠偏。师生双方通过多维度、多视角的拓展，既是对已经形成的认识的巩固，并使它具有灵活、多面性，又可以形成后续性的问题，为下一个整体性的教学过程提供新的方向性问题与目标。

四是全程推进中提升学生思维水平。教师始终对教学活动坚持一种层次感，保持着层次提升和转换的指导思想。仅以语文教学为例，"课堂学习单"的使用过程就体现了教师强烈的层面意识，至少让学生对文本实现了三度批注，而且不是量的意义上而是质的意义上的三次，是一次比一次有层面转换的批注。一度批注反映在预习上，根据导示理清文章思路；二度批注反映在提问上，重在关键词句、段落、思想的质疑；三度批注，重在倾听教师和同学互动之后的感发生成。

（四）"课堂工作纸"的思维方式

"课堂工作纸"实践的背后，隐藏着教师思维方式的转换。

一是课堂构成的整体思维。"课堂工作纸"总是坚持从整体上思考每一种教学方法、内容的关系，区分不同方法之间、不同教学内容之间以及每一种方法与特定教学对象之间的内在关联，把点状的方法、问题连成线，再把线构成面。仅就提问而言，提问是教师推进课堂进程的常规策略，具有点状思维的教师，心中始终思考的是知识，呈现出来的是一个一个的知识点与问题，而"课堂工作纸"的整体思维，则是在课堂的初始阶段，教师就要解读学生预习时的问题，并判断、梳理这些不同问题之间的相互呼应、层层递进的关系，进而织成一张具有张力的问题网络，从而以问题结构的形式呈现"教学共同资源"。

二是过程推进的动态思维。动态思维表现在整个"课堂工作纸"的实践过程中不会把教学方法和教学对象的关系看成是一成不变的，而是强调随着教学内容变化、学生状态的变化，弹性化地形成对教学方法与教学对象关系的认识。"课堂工作纸"的几度补充和生成中，一切均在流变，一堂课到底采用什么方法以及这样的方法可能会产生什么效果，要视具体情况而定。

三是教学发展的复杂思维。"课堂工作纸"绝不是把教学视为单向的过程，视为线性流动的必然过程，而是充满了线性和非线性的交错，确定性与不确定性的交融。课堂就是一个展开的旅程，意外之事随时会发生，教师得准备着随时抛弃既定的方法策略，随时替换原先确定的重点和难点内容。教师总在试图去展现学生解决问题的思维过程，关注过程中出现的亮点、创新，或是难点、障碍点及各种错误。正是在对过程的关注中，课堂教学悄悄地发生着转型。

第二节 "课堂工作纸"的实践成效报告

"课堂工作纸"实施以来，成长了一代学生，成就了一批老师，取得了一定的成果（本节内容的数据采自 2006 年 12 月—2009 年 12 月西店中学问卷调查的内容）。

一、学生从"学会"向"会学"转变

传统上，学生的"学"是以教师的"教"为基础的，学生是靠教师教会的，现在用了"课堂工作纸"这一工具，学生开始有能力自己学，教师的责任是帮助学生如何更好地学，以避免用大量重复习题来弥补与强化的低效做法。学生从"学会"到"会学"了，主要表现如下。

（一）学生养成了自学习惯，质疑意识明显提高

自学能力是指一个学生掌握正确的学习方法，独立获取新知识的能力。在中学生的必备能力中，自学能力是极为重要的。联合国教科文组织曾指出："未来的文盲并不是目不识丁的人，而是没有学会怎样学习的人。"人一生中，在教师的指导下学习的时间是较短的，而需要自己独立地学习、探索的时间则是很长的，因此，作为教师应当重视对学生自学能力的培养。如果学生自学能力提高了，他/她就可以主动学习，独立思考，将来长大参加了工作，可以根据自己的需要，提高自己的专业水平，去自由探索，去发明创造。所以，用长远的眼光来看，培养学生自学能力是有重要意义的。

在"课堂工作纸"的实践过程中，学生基于"课堂工作纸"的学习，依据"课堂学习单"进行自学，能够把自己不懂的问题提出来。以前老师不教不学（差）、一般预习就是看一遍教材（中），变成了"我能自学，我会自学"了（好）（见表 7-2）。

表 7-2 学习习惯在实施"课堂学习单"前后的对照分析　　N=100 人

内容			好	中	差	X^2 检验
七年级	自学习惯	实施前	10%	34%	56%	$X^2 56.68$, $P<0.001$
		实施后	52%	36%	12%	
	质疑问题习惯	实施前	6%	28%	66%	$X^2 59.83$, $P<0.001$
		实施后	32%	54%	14%	
八年级	自学习惯	实施前	12%	36%	52%	$X^6 5.84$, $P<0.001$
		实施后	55%	38%	7%	
	质疑问题习惯	实施前	7%	30%	63%	$X^7 7.94$, $P<0.001$
		实施后	36%	59%	5%	
九年级	自学习惯	实施前	15%	38%	47%	$X^6 0.76$, $P<0.001$
		实施后	57%	39%	4%	
	质疑问题习惯	实施前	6%	31%	63%	$X^8 2.24$, $P<0.001$
		实施后	38%	58%	4%	

从表 7-2 可以看出学生的学习习惯有了较大改变，学生养成了及时自学、主动质疑的习惯，为正式上课奠定了基础，这可从课堂学习中体现出来。如学习七年级语文上册《月亮的足迹》，学生提出："宇航员在月球上留下来的足迹，课文题目为什么要说'月亮的足迹'呢？"课堂上，他们还会面对面地质疑老师。在品味语言时，老师点到了语言的准确性，学生竟马上反问老师："那么课文中这句话：这次伟大的探险来回共经过 76 万公里，历时 195 个小时，三位宇航员共同完成了一次到另一个星球的探险。此句中为什么不在'76 万公里'、'195 个小时'前加个'大约'呢？这样表述准确吗？"

有了"课堂学习单"这个学习的载体后，学生更会通过提问的形式充分利用教师资源了。学生得到教师个别辅导次数越来越多。学校问卷调查数据显示，有 46.5% 的学生表示本学期教师对他的个体辅导达到"8 次以上"（见图 7-2）。

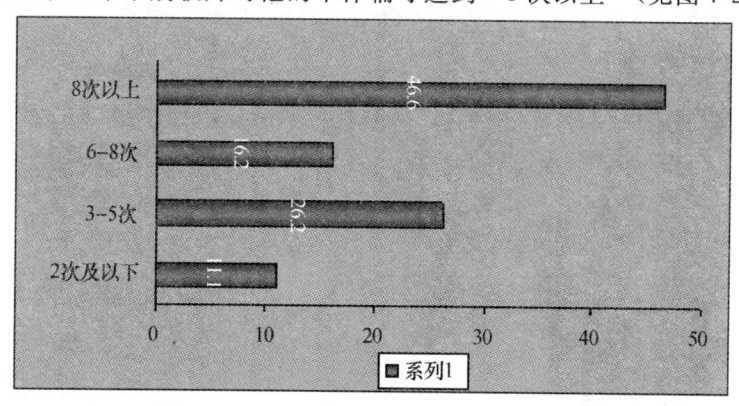

图 7-2 某学期教师对学生的个体辅导次数

这个数据远远超过了一般学校的个别辅导量。这说明，学校的教师资源通过"课堂工作纸"这一载体充分被学生利用。对"学习兴趣变化"和"教师辅导次数"两个变量进行定类—定距的相关分析后，显示两者存在显著相关。也就是说，随着教师对学生个别辅导的增强，学生的学习兴趣也随之提高；学生兴趣提高，教师资源利用率也跟着增高，两者相辅相成。

"以生定教"促使学生自主地带着问题走进课堂。学生在"课堂学习单"引导下学习，自我探究，自我发现，或多或少会经历发现问题——提出问题——作出假想——分析研究——获得结论的科学认识过程。这样一来，提高了学生的自学效率，使以往自学的松散、无序、无效，向集中、有序、有效转变。自学的落实，课堂讨论的明确，使课堂教学环节更加紧凑，课堂效率得到提高。通过课前自学，学生明白了自己的不足之处，从而在课堂上能够进行"有目的"地学习。

（二）学生学习意识逐步增强，能够充分利用各种教学资源

学校是知识的殿堂，是学习的殿堂，教育信息资源丰富，为学生进行高效学习提供了良好的客观环境和学习氛围。为了进一步提高学习效能，学生在明确学习目标、更新学习方法的同时，也应学会合理利用课外时间，努力发挥各种学习资源优势，在自主学习的过程中，不断完善自我，增长知识，提高自身综合素质。在"课堂工作纸"实施之后，学生学习意识明显增强，并逐渐能够充分利用各种资源（见表7-3）。

表7-3 学生在实施"课堂学习单"前后利用各种教学资源前后对照分析

九年级学生	利用教材文本资源	利用网络音像等多媒体资源	利用社区资源
实施前	20%	24%	0
实施后	80%	100%	90%

1. 学生利用文本资源

如利用"课堂学习单"上的"资料链接"来解决自学过程中碰到的问题，在九年级语文《变色龙》的"资料链接"里有这么一段话："《变色龙》是契诃夫早期创作的一篇讽刺小说。在这篇著名的小说里，他以精湛的艺术手法，塑造了一个专横跋扈、欺下瞒上、看风使舵的沙皇专制制度走狗的典型形象……"学生会思考：这篇小说为什么"著名"？这个"变色龙"又是怎样"专横跋扈、欺下瞒上、看风使舵"的？又如利用"课文导读"中的提示来理清课文思路，七年级语文《伟大的悲剧》的"课文导读"里提到斯科特他们的失败时，用了"覆灭"一词。学生看了就会思考：为什么不说是"全部牺牲"而说是"覆灭"呢？然后顺着这个问题自学，明白伟大的悲剧"悲"在哪儿，"伟大"又表现在哪里，在寻求答案的过程中达到理清文章思路的目的。

2. 学生利用网络、音像等多媒体资源

在走访学生家长时，有家长这样说："记得小学时，孩子玩电脑都是玩游戏的，到中学时到家里使用电脑就是查和课文有关的知识，有一次是查和月亮有关的知识（包括成语、传说故事、科普知识等等）。以后多次都是查相关的知识，使他的知识

面有了很大扩展。"在写社会调查时,学生同样会运用网络筛选相关信息,利用网络搜索引擎,如 www.baidu.com、www.google.com 搜索社会主义新农村建设提出的背景、深刻的内涵以及意义等。

3. 学生利用社区资源

在长假期间,学生会学着去写调查报告。学生习作《××村社会主义新农村建设的调查报告》,不但写作内容明确,在了解社会主义新农村建设的背景和××村现状的基础上,反映了新形势下××村的经济、政治、文化和社会发展,并综合××村的基本情况(包括面积、人口、人均产值、民俗民风等)、经济状况、优势(村委班子、地理位置、产业优势、资源优势等)、强势发展项目,制定写作方案,写出调查结论。学生平时会利用发生在身边的事学着去写新闻,并投稿,如发表在《东南商报》的学生习作《首届"夕阳红"奖学金在西店中学颁发》,标题、导语都写得不错,能简明扼要地概括新闻的中心事件了,比如标题中突出"首届"两字,语言表达上较好地体现了新闻写作的"用事实说话"的原则。正文不但介绍了"夕阳红"奖学金的颁发的相关背景材料,充实了新闻的内容,还对有关资料进行了意义上的挖掘,突出了事件的社会意义,展现了新闻的价值。

由表7-4可见,经过3年"课堂工作纸"的运用之后,九年级学生80%以上会主动利用文本资源,100%会利用网络、音像等多媒体资源为自己的学习所用,还有90%以上的学生会利用社区资源来提高的能力。

(三)学生能够结合自身实际运用科学的学习方法

每位学生都有自己的学习特点,帮助学生找到适合自己特点的学习方法是提高学生学习效率的关键。我们发现,运用"课堂工作纸"之后,学生运用学习方法的能力得到了明显提高。比如,对于"如何自学"的调查中,我校现有80%的七年级学生、98%的八年级学生会做到课前有效自学,质疑、解答等各方面的学习能力也都有很大提高,并且不同的学生还有不同的适合自己的学习方法(见表7-4)。

表7-4　九年级学生运用学习方法在实施"课堂学习单"前后的情况比较表

N=100人

九年级学生		好	中	差	X^2 检验
制订学习计划	实施前	12%	55%	33%	$X^2=39.29$,$P<0.001$
	实施后	58%	31%	11%	
做课堂笔记	实施前	20%	65%	15%	$X^2=36.59$,$P<0.001$
	实施后	62%	32%	6%	
整理错题集	实施前	10%	25%	66%	$X^2=38.47$,$P<0.001$
	实施后	48%	37%	15%	
进行学习反思	实施前	7%	45%	48%	$X^2=34.99$,$P<0.001$
	实施后	40%	40%	20%	

（四）学生的活动组织能力得到了明显提升

在学生的学校生活中，组织能力是一项重要的生活技能，需要不断地学习与加强。一个人要有所作为，对社会要有所贡献，不仅要有丰富的理论知识，而且要有利用知识为社会创造财富的能力。因此，对学生的组织管理能力的培养一直是学校领导，尤其是学生工作第一线的教师所关注的问题。在我校，学生活动丰富多样，每天的中午以及下午的第八节课，校园内更是充满生气。学校每年举行大型的校园活动——校园文化节和体育艺术周，每届节目都是异彩纷呈。如第八届校园文化节就有书法、绘画现场比赛，语文组的"成语接猜"大赛、"情系祖国，歌颂未来"诗歌朗诵赛，科学组的"体现你的智慧、展示你的才华"活动，数学组的"趣味数学"，英语组的"Happy English, happy day!"、"英语知识大比拼谁是大赢家"，社会组的"爱我中华，爱我家乡"朗诵比赛、"迎世博，祖国在我心中"知识竞赛等，体育艺术周也是节目多多，男生三人制篮球比赛、女生运球2次投篮比赛、拔河比赛、自行车慢骑比赛、10人跳远接力比赛等。为了促进学生活动的进一步开展，学校设置了多项相应的评比活动，如每学期评选"校园绅士"，要求学生生活自理、勤俭节约、尊敬师长、友爱同学、爱护公物、讲究卫生等行为习惯的养成。评选校园"运动健将"，要求学生争取参加县以上田径、棋类、球类、跳绳等比赛，得奖将被授予"运动健将"称号。同时，评选校园"三好四无"学生——要求在校做个好学生、在家做个好孩子、在社会做个好公民；"四无"即无赌博、无不孝、无辍学、无犯罪（见表7-5）。

表7-5　近三年来组织学生课外活动统计

	团委	语文组	数学组	英语组	科学组	社会组	艺体组	合计
2007学年	4	7	6	5	6	4	10	42项
2008学年	4	8	5	7	7	5	12	48项
2009学年	4	9	7	6	7	4	12	49项

学生参加活动的兴致很高，只要有机会，都会积极参加。就2009年，学生在县级语文报杯的阅读竞赛中，就有徐灵修等10多人获奖；在县级"我是90后"的征文比赛中，竺俏伶、王俪颖等同学获得了二等奖；在县级"书香伴我行"的活动中，有邬嘉欣、葛佳欢、戴含宇、王丹群、徐挺挺、竺晨列等同学获奖，邬嘉欣同学的《心跳》还被送选市级的评比，学校也获得了优秀组织奖。在县计算机信息学竞赛中，更是获得了好成绩，2010年1月，7名学生参加竞赛，全部获奖；6月，同样由7名学生组队参加宁海县计算机信息学竞赛，全县一等奖5人中3个是西店中学的，另外4名选手全获二等奖（二等奖全县才11个）。

（五）学生能够明确人生理想与人生目标

人生理想与目标是一个人所追求所向往的目标，是世界观、人生观、价值观的集中体现，是主体精神世界中最重要的组成部分，在人的精神世界中居于核心地位。崇高的理想与人生目标是一种巨大的精神力量，它对学生成长、对社会发展都有重要意义和作用，对于处于人生观、世界观、价值观形成期的中学生而言尤为重要。

西店中学大多数学生都有自己的理想和目标，调查发现，95%以上的学生都非常明确自己今天的学习是为了什么。在学校随机对113个同学进行的"毕业后想干什么"的调查中，其中15名学生想当教师，4名想当翻译，10名有志于读卫校，5名有志于学厨师，13名想考艺术类学校、当画家，4名想从事动漫行业，24名有志于电脑专业，13名想当会计，13名想办企业，2名想当职业运动员等，2名有志于从事慈善事业，还有8名选择了其他工作等。其中一个同学写道："毕业以后我想去读有关传媒的大学，觉得当主持人蛮不错……因为我可以说是口齿伶俐，反应也比较快，性格也活泼。""我决定去读医。医生是个道德高尚的人，又受人尊重……""初中毕业后，我决定读卫校，长大后当一名护士，一则可以克服病魔，二则可以拯救一些病人。"他们不管有志于继续升学，还是高中毕业后就工作，对自己的未来都有了明确的目标和方向，而且基于自身的实际，结合自己的学习成绩、兴趣爱好等，较切实地规划自己的未来。在目标制定的基础上，反过来又督促自己现在的学习状况，比如想当英语翻译的一名同学这样要求自己："我现在就必须要学着去看英语杂志，英文电影。"

（六）学生学习成绩发生了决定性变化

"课堂学习单"将预习和作业结合在一张"纸"上，将上课的内容与作业的内容统一起来，使学生的课内和课外学习具有连续性，帮助学生既节省学习时间，又提高学习效率。学校2010届学生小学毕业考的平均分数在全县18个乡镇的排名中，西店居第13位，经过三年基于"课堂工作纸"的学习后，学生中考取得了优异的成绩，有44名学生升入省一级重点中学，还考出了全县最高分607.5分。2011届学生小学毕业考的平均分数在全县18个乡镇的排名中，居第16位，经过两年基于"课堂工作纸"的学习后，到八年级期末考时总平均分为全县排名第10名。2012届的英语和自然科学尤其考得出色，全年级段平均分居宁海县前6名。

二、通过"课堂工作纸"，教师教学能力与水平得到提升

在传统教学中，教师的教学往往是通过钻研教材教参，模仿名师、抄写优秀教案等方式进行。"课堂工作纸"实施之后，教师的课堂教学有了很大变化，主要体现在以下几个方面。

（一）教学内容更具有代表性与针对性

教学内容的核心要素是各门学科的知识素材，技术、能力、思想品德、行为习惯等都是凭借或者是在学习和掌握知识的过程中发展起来的。然而，人类社会积累起来的知识和经验浩如烟海，尤其是科技高度发达的今天，新知识以前所未有的速度增加，知识老化的速度加快，任何人，包括学生，都不可能也没有必要掌握所有的知识。因此，用以促进学生发展的教学内容必须经过严格的、精心的选择。在具体的教学过程中，每一篇文章可选用的内容很多。我们学校的生源复杂，班级内学生程度参差不齐，因此，如何确定文本的教学内容，如何确定课堂的教学内容就需要教师进行更多思考和研究。我们的教师本着"以生定教"的原则，根据实际的学情来确定，根据具体的不同的学情选择不同的学习内容。通过批阅"课堂学习单"，了解学生存在的疑问，教师能够把问题进行内容、档次分类，找准学生共同的问题，就能更好地设计课堂，对解决问题的目的更加明确。同时，教师会依据大纲及单元要求，结合文本特点，考虑不同的学情来制定不同的教学目标，根据不同的学情来调整不同的学习目标和重点。

（二）教师的教学设计更加科学、合理

在教学中，教师的教学设计在许多方面决定了学生将要学什么。因为，教师往往通过教学设计将课程转变成学生的活动、作业和任务，而学生在课堂活动中做什么，在很大程度上就决定了他学什么。我们教师的二次备课以"课堂学习单"为基础，以学生的实际情况为依据，关注学生的学习疑问，了解学生所需要解决的问题。在收阅"课堂学习单"、整理不同班级不同学生的不同问题的前提下，备课组教师一起讨论，把学生的疑问作为课堂重点，设计不同的适合各个班级学习的教学过程。例如语文《桥之美》的教学过程，民工子弟班的教学环节设为：首先在板书课题时故意大写"美"字，由"美"导入，把课堂重点落在学生对"美"的感受上，既感受本文的桥之美，更感受本文的语言美，最后希望学生做个生活的有心人，去发现身边的美。寄宿班的教学环节主要放在让学生品味语言，然后比较与《中国石拱桥》的不同之处，引导学生从内容、语言、表现手法和阅读感受等方面畅所欲言。走读班的教学重点则是放在搞清本文的说明对象及对"美"的更深层次的赏析和体会方面。

（三）教师能够编制基于学情的"课堂学习单"

教师在编写"课堂学习单"时，会照顾学生的差异，结合学生实际，结合教材，根据难度高低把作业有层次地分成三部分：基础题、提高题和拓展题。不同的班级、不同的学生，根据他们不同的学习起点，不同的能力，在保证落实"双基"（基础知识和基本能力）的基础上，允许学生选做其他作业。教师在编写"课堂学习单"时，尽量做到学与教的有机结合，怎么学就怎么编，既充分考虑到基础知识的落实，也考虑到尖子学生的培养；既有学法指导和讲解，又有简单易懂的基础知识识记；既落实了基础知识，又提高了学生的能力。确保尖子生能"吃饱"，能有所拔高，同时，注意进度，提高趣味，关注多数学生的学业进步，重视多数学生能力的培养。

教师或在单元教学结束、期中，或在学期结束等时间，都会及时编一份测试卷，对学生进行阶段性测试。一般情况下，"课堂学习单"里的内容会占测试内容的主要部分。每次单元小测的内容，60%原本来自于"课堂学习单"，40%对其进行些许的改换，既落实了课文内容，又能适度地让学生对所学知识进行运用。自编的测试题，因为是在与学生同步学习，充分了解学生的学习情况进行，因此，更适合考查学生的学习程度，有利于知识的巩固和查缺补漏。只要是认真完成每一课时的同学，肯定能考出好成绩，"课堂学习单"的掌握情况在这里得到了很大程度的体现。在测试后我们都会进行及时讲评，就所犯错误进行纠正，并引导学生进行反思，对自己的学习情况进行总结。通过测试，落实"课堂学习单"里的基础知识，考查学生的基础能力。测试后要求教师及时反馈，与学生交流，并对学生的学业测试能积极反思，采用改进措施，主动与家长联系，取得家长的支持与理解。

（四）教师更加注重因材施教与个性化辅导

因材施教能力是教师的重要教育教学能力。在教学过程中，教师针对不同年龄、个性的学生应该予以不同的教学与辅导。教师不仅应具备一般的因材施教能力，还应具备针对各类特殊学生群体及学生的各类差异开展针对性教育的能力。在实施"课堂工作纸"后，教师能够在了解学生学情、个人兴趣爱好等的基础上，为学生量身定做，帮学生设计个人成长计划，并能够进行更具有针对性的教学和辅导。以往教师备课大都是"拿来主义"，网上搜索，使用一些专家精心设计的教案、学案，一般以本定教，以分定教，根据教本、练习本的条条框框来设计课堂教学，课堂主要以"授业"为主，只要教给学生知识就是，只要学生记住知识就是。一般课堂教学的主要问题在于"从教法入手而困于教学内容"，"着眼于教师的教而较少顾及学生的学"，教师"教"的活动比较有结构，完整，也相对丰富多样，而学生"学的活动"非常零碎，没有结构，非常机械、单调。有了"课堂工作纸"后，学校变为"以生定教"，教师根据学生的实际需要来设计教学了。教师必须深刻理解教材，查阅更多的学习资料，了解学生的程度，按照自己学生自身的情况，把专家的精髓进行整合，把握好题目的梯度，精心设计，把重点难点有效地整合，找到最适合学生学习的资源，这无疑提高了课堂教学与课外个别辅导的针对性。

在学习活动中，教师把促进学生的发展，作为评价的出发点和归宿，既要遵循学生的认知规律、年龄特点，又要使学生在活动中个性和特长得到充分的展示和发展，弘扬教育者的主体意识，促进学生学习方式的改变，关注学生的兴趣，尊重学生的自主选择，积极推进学生自主活动，努力为学生的终身学习奠定坚实基础。在活动中，教师重视学生活动过程的发展性评价，如看学生在活动中的合作表现，看每一个学生在群体共同任务中是否能积极地承担个人责任，是否相互支持、相互配合，遇到问题能协商解决，能通过有效的沟通解决群体内的冲突，对个人的任务进行群体加工，通过合作，从而培养自己的能力，发展自己的个性特长。

近三年以来，我校教师有 20 多人次上过县级、市级的公开课、示范课、优质课。2006 年前，全校高级教师就只有 1 人，现在增为 6 人了。越来越多的教师参加了名师带徒活动，越来越多的教师积极参与到各项评比活动中来。学校里获得县市学科带头人、骨干教师荣誉的人也越来越多。就以 2009 年为例，2 位老师评上了高级教师，在宁海县"五个一"工程教师业务能力提升考核中，有 40 人次获奖，5 位教师获得一等奖。

（五）教师科研素养逐年提高

教师的科研素质是"课堂工作纸"改革对所有教师的一项基本要求，是学者型、专家型教师素质的核心部分。在其理念下，结合教师职业化发展趋势来看，教师只有转变以往"接受教育"模式那种简单、重复、低效的"教书匠"角色，坚持教学和科研的整合统一，搞好教育科研，发展学术文化，将自己塑造成为研究型专家、学者型教师，才能保障教育改革和发展顺利进行，才能真正提高办学水平，提高教育教学质量，培养出大批高素质的人才。在过去，西店中学参加课题研究的教师只有学校的几个骨干教师，现在，随着课题的开展，98%的教师加入到了课题研究中来，不但参加了"课堂工作纸"课题研究，还自己主动申报其他德育课题，有5位老师在2009学年度德育论文中获奖。每个备课组每个学期都会主动选择一两个小课题进行研究，并写出研究结果。课题组编印了28本书籍，写出了100多篇论文，其中有2篇论文被人大复印资料全文复印。

第三节 以"学的活动"为特征的新课堂

教学，顾名思义，指有教有学。在我国古代，"教"与"学"常常是单独出现的。"教"为"上所施，下所效也"；而"学"则为"效也"、"受人之教而效之也"。所以，教学包括教师的教和学生的学。许多优秀教师的成功课例都显示：教学环节，其实就是教师组织学生充分地"学的活动"。因为学生是学的活动的主体：学生是教育目的的体现者，是学习活动的主人，学生在学习活动中是积极的探索者，另外，学生在学习过程中发挥着能动的作用。新课程其实就是呼唤这样的课堂：使学生的"学"更丰富些、多样些，使学生的"学"比较有结构、比较完整。上海师范大学的王荣生教授提出新课程的主导理念就是把以"教的活动"为基点的课堂变为以"学的活动"为基点的课堂。

以学生的需要为出发点，关注制定课堂学习目标的标准。学习目标是教学设计中必须考虑的要素，是教学的出发点，也是教学的归宿。我们知道，教师教的根本目的无非是帮助学生学。所以，在"教"与"学"两方面中，应该突出学生"学的活动"。而"以学生学的活动为基点"的课堂教学，要的就是教师备课时就得根据学生学习的状态来选择合宜的教学内容，确定合宜的教学目标，然后进行有效地教学设计。"教师想教什么"是不能等同于"学生实际需要学什么"的，教师"教"得好也并不能代替学生"学"得好。优秀的教师应该能把"教的活动"与"学的活动"这两方面区分开来，然后又能关注这两者之间的关联点。

以"学的经验"为关注点，在备课中关注学生的学习经验。新理念下的备课应考虑改变课堂结构，化教师讲授为学生学习活动，应做好组织和引导工作，落实合作和网状学习。新课程理念认为，课程是经验，课程是人类已有经验和教师、学生个人生活经验的结合。因而新课程强调，教学是教师与学生间、学生与学生间的交流、互动的过程。在这里师生之间、学生与学生之间分享彼此的思考、经验和知识，交流彼此的情感、体验与观念，在这种交流中生成新的知识，求得新的发展。了解学生学习某一具体内容的先前语文经验（学情），根据文章体式和学生的学情选择合宜的教学内容，设计牵引教学内容的主问题，使教学内容相对集中。设计2—3个清晰简洁的教学环节，以学的活动来组织教学，使学的活动得以充分展开。教师还要预想教学中可能出现的种种情形及应对办法，设计多种形式的、可以即时反馈的课堂作业。

以"学的内容"为着力点，丰富课堂教学内容。新的课程改革使课堂教学的内容更加丰富，呈现拓展性特点。主要体现在：学科教学内容为主，生活教学、活动教学为辅的综合化教学内容模式；教师自身的知识、生活经验、人格素质、理想信念、人生观、价值观、工作方法乃至兴趣、爱好都是教学内容不可分割的部分；课堂教学中师生互动所产生的新知识、新问题也是学生学习的重要内容。

以"学的过程"为关键点，通过互动促进学生主体结构的建构。教学过程是学生认知的主动建构过程。学生通过个体与群体的操作活动和主动参与观察、思考、探索，在教师的指导下，凭借原有的认知结构对来自客体的信息进行选择和加工处理的过程，是师生交往、积极互动、共同发展的过程。互动性是指教学过程中师生之间、生生之间的交往活动应是相互作用、相互影响的。教师要努力通过优化教学中的互动方式，即通过调节师生、生生之间的关系及相互作用，形成和谐的师生互动、生生互动，强化学生主体与学习环境的交互影响，促进学生主体结构的建构。

以"学的情景"为拓展点，创设开放性的教学环境。新课程的课堂是开放的课堂，根据课堂教学的独特任务和实际需要，课堂可以在教室里，也可以在电脑房、图书馆、校园一角，甚至在宽广的自然界或社区当中；课堂上的师生可以是原班人马，也可以根据实际需要邀请其他老师、家长、专家及外班外校的学生一同参与；课桌的排列除了"插秧式"，更多的是"四人田字合作式"、"六人马蹄合作式"等。在这样的开放式的教学环境中，学生各种感官和心智活动之间的联系被打通，学习环境与生活环境之间的联系被打通，不同学科相关内容之间的联系被打通，学习的时间与空间的纵横联系被打通。在这样一个开放的教学环境中，学生的学习活动往往会"柳暗花明"、"生动活泼"，从而使他们的学习活动真正成为他们生命成长中的精彩组成部分，使课堂真正成为焕发师生生命活力的舞台。

以"学的方法"为突破点，实现学生的知识与能力的提升。教学方法是由最富有生命力、最有能动性的师生共同组织的认识过程和心理感受。随着社会的发展、科学的进步，课堂教学呈现出各具特色的教学方法。根据素质教育的要求，课堂教学由重教转向重学，由重知识传授转向重引导学生独立获取知识和培养能力、提高品行。教师将不再是现成知识的灌输者，而应发挥教学咨询者的作用。因此，教师的教法必须符合学生的学习特点，并通过多种途径对学生的学习方法进行有效的指导。同时，教学中还要注重多种教学方法的综合运用和优化组合。教学有法，但无定法，贵在得法。具体来讲，就是教学中教师要根据教材内容、教学目标、学生的年龄特点、知识基础、接受能力等因素采用不同的方法，把多种教学方法有机结合，综合运用。但无论采用何种方法，教师都要让学生通过动脑、动口、动手、动眼，积极主动地参与学习活动，都要坚持面向全体，因材施教的教学原则，根据不同的教学内容、不同学生的发展水平，选择适合他们的教学方法，让不同水平的学生学习相同教学内容时都有不同层次的收获。

以"学的资源"为依托点，丰富课堂资源。随着新一轮基础教育课程改革的推进，课程资源这一概念逐渐进入人们的视野。课程资源作为课程目标实现的重要载体，在新一轮基础教育课程改革中对课程目标的顺利完成具有举足轻重的作用。课程资源主要是指课程构建、课程实施和课程评价等整个课程发展过程中所需的一切人力、物力以及自然资源的总和。与旧课程资源相比，新课程资源呈现出多样性、价值潜在性、具体性、动态生成性的特征，这些特征为课程资源的开发和利用拓展了广阔的前景。在课程实施活动中，课程资源有着举足轻重的地位。对课程资源理解和认识的程度将直接影响到课程目标的实现，只有深刻地把握课程资源的内涵和特征，充分利用各种形式的课程资源，才能确保课程活动的顺利实施。

参 考 文 献

[1] 崔允漷. 有效教学 [M]. 上海：华东师范大学出版社，2010.
[2] 〔美〕理查德·I·阿兰兹. 学会教学 [M]. 上海：华东师范大学出版社，2010.
[3] 周星潼. 向稻盛和夫学什么 [M]. 杭州：浙江人民出版社，2010.
[4] 代蕊华. 课堂设计与教学策略 [M]. 北京：北京师范大学出版社，2009.
[5] 〔日〕稻川三郎. 第三种课堂教学——培养会学习的学生 [M]. 上海：上海人民出版社，2002.
[6] 何国华. 陶行知教育学 [M]. 广州：广东高等教育出版社，2004.
[7] 叶澜、李政涛. "新基础教育"研究史 [M]. 北京：教育科学出版社，2010.
[8] 〔美〕彼得·圣吉. 第五项修炼——学习型组织的艺术与务实 [M]. 上海：上海三联书店，2006.
[9] 〔苏〕B.A.苏霍姆林斯基. 给教师的建议 [M]. 北京：教育科学出版社，2009.
[10] 方明. 陶行知教育名篇 [M]. 北京：教育科学出版社，2005.

附录一

宁海县西店中学："课堂工作纸"

浙江省教育科学研究院调研组　方展画　孙佳乐

【学校背景】

宁海县西店中学是一所有20多年历史的农村中学，位于象山港畔、甬临线旁，由于办学规范、质量优良被评为浙江省首批示范初中。几年来，学校荣誉满载。学校先后获浙江省绿色学校、浙江省卫生先进单位、浙江省校本教研示范学校、宁波市示范性文明学校、宁波市教科先进集体、宁波市环保模范学校、宁波市师德群体创优先进单位、宁波市校本教研示范学校、宁波市日常行为规范示范学校、宁波市现代教育技术示范学校、宁海县文明单位、宁海县综治先进集体、宁海县十佳德育工作先进集体等荣誉。

然而，2005年，在全县教育规划的统筹下，西店中学与两所独立的乡级分校合并，学校因此面临了很大的挑战。合并后，西店中学明显感到教育资源稀释所带来的不良后果，包括生源变差、师资水平参差不齐、教育质量下降等问题。或许正是印证了"困则思变"这句话，这场危机直接促发了西店中学进行教育改革的决心，这是农村中学为更好地完成素质教育理想所做的一次积极的尝试。

一、改革的由来

西店中学一直是宁波市宁海县农村中学的佼佼者，办学规范，校风淳朴，从这里毕业的学生还多次折桂宁海县高考状元，因此得到社会各界的广泛认同。然而，历史的潮流总是不断向前，给学校的发展带来机遇也送来挑战。从2005年开始，学校在社会变迁和教育整合的多重作用下面临危机，不得不重新思考发展的道路。

（一）2005年：双重打击

根据当地教育统整的安排，2005年9月，西店中学与香山、紫溪两所乡级初中进行合并。合并后，西店中学的规模迅速扩大，从原来的24个班增加到41个班，教师由60余名增加到120余名。但是，规模扩大不但没有产生良好效应反而印证了"木桶原理"。由于原来两所乡级初中的生源、师资都劣于西店中学，致使学校的教学质量明显下滑，同时还伴随着人事管理、校园管理方面的多种问题。

无独有偶，西店中学的挑战还不仅限于此。随着城市化进程的加快和居民收入水平的提高，西店地区的家长更加愿意把孩子送到县城接受初中教育，加上西店中学因合并造成的质量下降，更加剧了家长们转学的决心。从 2005 年开始，西店中学每年都有 100 余人因转学流失。实际上，这种流动不仅仅体现在学生身上，教师的流失同样严重。据不完全统计，每年教师流失数多达二三十人，其中不少是学科的骨干教师、教研组长。

教育资源的稀释和流失给西店中学带来了前所未有的困境。面对困难，学校选择了改革。

（二）2006 年：从课外管理到课堂管理

由于学校管理一时难以厘清秩序，课堂教学效果又受到冲击，学校的校风校貌随之恶化，违纪的学生增多，甚至还出现了吸烟、打架等不良现象。学校的第一反应就是增加强制性管理，包括大幅增加政教处的管理人员，邀请当地派出所常驻学校，实行校园危机预警机制等。这些措施虽然在短时间内遏制了校风恶化的势头，但依然没能从根本上改变学校的教育面貌。之后，学校领导对工作进行了深刻总结和反思，并赴江苏等地考察学习，最终将学校管理的着眼点放在了课堂，他们信奉叶澜教授的一句话："课堂是学校管理的关键。"

当时，学校认为要提高课堂效率，关键在于提高师资水平，但西店中学师资参差和流动频繁的现状成为工作的瓶颈。让新教师快速成长成为西店中学的当务之急。于是，学校着力将新教师的成长周期从五年缩短为二年。西店中学还对新教师的"合格"进行了界定，一是要能做班主任，二是要能胜任九年级的教学工作。学校为此尝试了很多方法，包括老教师传帮带，开设班主任论坛等，但他们发现最有效的方法还是"集体备课"。

（三）2007 年至今：从师资培养到教学改革

西店中学通过"集体备课"的形式迅速提高了年轻教师的教学水平，而与其他学校不同的是，它采用了一种特殊的载体——"课堂工作纸"。"课堂工作纸"实际上是一张集教案、学案和练习于一体的教学辅助文本。教师通过集体研讨学生的学习状况，预测学生学习的重难点，并以此编写教学内容和课堂练习。"课堂工作纸"的编写一般由教研组共同完成，但在课前每位教师还需根据班级的具体学习情况进行内容调整，也可以通过个性化的教学方法呈现内容。当课堂教学结束后，教师再根据"课堂工作纸"上出现的问题进行集体教学反思，并修正下一次"课堂工作纸"的编写。

这样的工作方式对教师的成长起到了很好的帮助作用，然而，课堂的教学效率并没有得到明显提高。在总结经验之时，学校发现，学生的预习是课堂效果的关键，只有激发学生的主动性，才能从根本上提高课堂效率。因此，学校将研究的视角转移到了学生身上，他们尝试将"课堂工作纸"发放给学生，以此作为学生预习的载体，让学生自主学习，自我发现，让学生成为主导课堂的主人。

二、理念和操作模式

（一）理念

1. 教育的核心是"以生定教"

"以生定教"顾名思义就是根据学生的实际情况确定教学的内容、要求和方法。"以生定教"不仅是一种强调学生主体性的哲学观，而且还是着重教育个别性、针对性的实践观。因此，"以生定教"既要求老师在思想上"尊重学生、解放学生、依靠学生和为了学生"，又要求教师在行动上按照学生的现实水平，按照学生的可接受性、认知特点等多种因素实施教育活动。

2. 教育不是解决问题而是发现问题

一直以来，教育常常以"解决"问题为"己任"。我们常在教学生如何"解答"，但很少教学生如何"提问"，然而这种教育方式只是培养孩子解答已知世界问题的能力，却让他们失去了探索未知世界的能力，也就等于磨灭了孩子自由"启疑"的天性，使他们丧失了探索、求知的本能。西店中学认为应试教育培养的是"考生"，志在把有问题的"考生"教得没问题，素质教育培养的是"学生"，志在是把没问题的"学生"教得有问题——让学生在"发现"中成长。

3. 教育是让学生在尝试中学会求知

由于西店中学坚持"以生为本"和"发现问题"的教育理念，因此他们的课堂也强调"先学后教"。鼓励学生自求、自主、自得地尝试新的知识，并在"学"的过程中总结、巩固和反思。是故，传统的"教育"将"教"字摆前头，凸显了"传授"的重要性，但新的"教育"突出"学习"，将学生的"主动性"和"自觉性"作为教育的关键。两种教育不仅重新解读了"教"与"学"的次序，也重新界定了"教"与"学"的地位。

（二）操作模式

1. 基于"课堂工作纸"的集体备课

正是基于以上的教育理念，西店中学提出了一项"课堂工作纸"的制度。"课堂工作纸"是一种教学辅助工具，它有别于一般的备课纸，主要由任课教师根据学生的基础、知识点和教学需要编写而成，可以应用在课前预习、课中学习、课后复习等活动。

西店中学的"课堂工作纸"是这样形成的。首先备课组教师分析单元内容的重难点、相关知识，预设学生可能会遇到的问题等，然后以此为依据拿出设计思路。"课堂工作纸"的定稿往往需要通过反复的交流、修改，大体包括五个部分：课前准备、学习目标、学习过程、当堂练习和学习反思。

2. 基于"课堂工作纸"的课前自学

西店中学的回家作业很特别，不是课本，不是练习册，而是一张薄薄的"课堂工作纸"。"课堂工作纸"的主要功能在于帮助学生预习课本的主要内容，借助例题、课文、注释、实验等手段发现自己存在的问题，并做好相应的笔记，以便在第二天的学习中获得重点解答和释疑。

3. 基于"课堂工作纸"的课堂生成

"课堂工作纸"的一些重点和难点是教师根据以往经验预设而成的,在教学中未必能符合学生的实际。因此西店中学一直强调"课堂工作纸"只是蓝图不是规定,教学内容需要根据学生的自学情况随时进行改变。在一般情况下有三种策略:其一,当多数学生能轻易地理解教学内容时,就通过"学生示范"的方式加以巩固,教师根据内容再进行适当拓展;其二,当部分学生感到内容较难时,则采用"问题分解"的方法,将较难的问题分解成较容易的问题,引导学生发现,鼓励学生互助;其三,当多数学生认为内容较难时,重新调整"课堂工作纸"的内容,教师进行深度讲解。因此,课堂始终处于多变的生成状态。

4. 基于"课堂工作纸"的个体辅导

学生在课堂前或课堂上将自己的问题记录在"课堂工作纸"上,有些问题可能经由课堂过程得以解决了,还有些问题可能依然留存到了课后。教师通过"回收""课堂工作纸",了解到个别学生的个别问题,而后有的放矢地进行个体辅导。这种方式既可以防止学生课后"遗忘问题",又避免了学生羞于提问的尴尬。

5. 基于"课堂工作纸"的教学反思

西店中学的教学反思主要基于"课堂工作纸"的预设和实际教学之间的差距,学生为什么会提出这样的问题,预设的缺失在哪里,学生的哪些差异是课堂上不曾关照到的,这些都是教师在课后反思的必修功课。反思是对之前教学行为的一种观察和审视,也是对之后教学的一种解读和思考。这种反思可以帮助教师调整之后的教学策略,同时也是教师自我成长的一种有效手段。

(三)"课堂工作纸"的功能

"课堂工作纸"虽然只是一张简单的文本,但却是对传统教学的变革,它有别于一般的教材和教辅材料,有着自己独特的功能。

1. 通过"课堂工作纸",实现教与学的对接

在传统的课堂教学中,教与学是泾渭分明的两个领地,虽然近年来的教改一直强调两者的互动,但也常常是形式上而非实质上的改变。究其原因,主要是教师在教学内容上享有绝对的主导权。一旦由教师全权决定教什么,那么无论"怎么教",都无法实现学生主体性的目标。然而"课堂工作纸"不但破除教师在教学中的强势地位,又使教学秩序得以稳步、有效开展。虽然,教师也在一定程度上预设了教学目标,但必须根据学生对预测的反馈调整内容,因此教与学就在互动中得到同步改善。

2. "课堂工作纸"高度放大学生的自学环节

传统的教学存在一种通识,既教学始于课堂也终于课堂,因此课堂前的预习和课堂后的反思就不被纳入课堂研究的范畴。自学环节很自然地受到轻视和忽略。"预习"作为学习的"第一环节"常常由于缺乏强有力的机制而流于口号。但所有有经验的教师几乎都认为"预习"是影响课堂效率的重要因素。因而,西店中学采用"课堂工作纸"的形式保证学生"预习"的有的放矢,"课堂工作纸"强化了学生的自学要求,放大了学生的自学环节,从而使"以学替教"始于课堂之前。

3. "课堂工作纸"是教师掌握学情的有效平台

教学始终是个动态的过程，因为教学的对象——学生始终处于动态的变化之中。他们的知识水平和理解能力会随着学校教育、家庭教育和其他媒体学习的方式不断变化。教师已经很难准确地预测学生的学习水平，因此及时地了解学生的学习状况是保证课堂有效开展的必要手段。"课堂工作纸"为教师掌握学情提供了平台，教师通过这个平台，不仅能够了解学生的已知和未知状态，还能了解不同层次的学生对知识的了解和掌握情况，于是，教师就可以通过这些信息调整自己的工作目标和教学方法，实现因材施教。

（四）"课堂工作纸"的制度保障

为了使"课堂工作纸"的改革能够顺利开展，西店中学还尝试建立了多项制度来保障工作的有效进行。

1. "25＋X"的查阅原则

如前所述，"课堂工作纸"可以帮助教师了解学生的学习情况，但通过何种方式了解，西店中学尝试了很多方法。一开始，他们采用分层抽样的方法，即课前在较优、中级和较差的学生中抽取部分学生的"课堂工作纸"进行检查，以此了解不同层次学生的学习状况。但后来教师发现，这种方法在无形中将学生进行了分类，使学生存在隐性的心理落差，不利于鼓励学生进步。于是学校改用"25＋X"的原则。所谓25是指全班学生的25%，一般是一个大组的人数，X指若干大组以外的学生。随机抽取同一个大组学生的"课堂工作纸"，可以避免学生的心理尴尬，X是保证大组中不曾包含的其他层次学生能够获得了解，帮助教师能够关照到各层面的学生的学习情况。

2. 考试制度的改革

为了配套"课堂工作纸"的教学改革，学校还进行了相应的考试制度改革。首先，在内容上，学校规定70%的考试内容基本来自"课堂工作纸"，这样一方面可以激励学生重视"课堂工作纸"的学习，另一方面也可以促进学生对考试的信心，同时又兼有对课堂教学的检查功效。其次，在形式上，学校决定通过题库的形式采取多次考试，选取最优的方法，使学生自主选择考试的地点、时间，避免一考定局的传统模式，学生也可以在多次考试中树立信心。

3. 学情研讨会

由于"课堂工作纸"是教师预设学生学习状况的一个产物，然而在实际教学中又会出现许多新的问题。西店中学因此特别安排每周半天的学情研讨会。这个研讨会是教师对一周教学的总结和回顾，重点放在对学情的把握和分析上，主要分三个部分，一是对预设的纠正，二是对教学方法的讨论，三是对拓展的安排。通过学情研讨会，教师进一步厘清教学思路，并准备好下一周的教学工作。

4. 作业公示制度

西店中学的学生回家没有沉沉的书包，没有厚厚的练习册，只有一张薄薄的"课堂工作纸"。学校规定，"课堂工作纸"是学生"唯一"的家庭作业。在没有课业负担的压力下，学生会更加自觉地进行自主学习，预习课本知识，有更多的时间尝试"课堂工作纸"上的"拓展模块",包括社会实践、课外阅读等内容。为了能严把作业的"质量关",学校采取作业公示制度,一是公示作业的数量,是否真能保证学生的作业仅限于"课堂工作纸",努力做到"轻负";二是公示作业的质量,检查学生的完成情况,教师的批阅情况,课堂的补充和拓展情况等,尽力做到"高质"。

5. 设置探索课

由于西店中学坚持"带着问题而来,带着问题而走"的教学理念,因此,不主张教师在课堂内解决所有问题,相反鼓励学生始终带着"问题"学习。那么如何帮助学生自学和探索疑问就成为"后课堂"的必修功课。为此,学校特别在课程中安排了"探索课"。"探索课"的主旨在于帮助学生厘清课堂中形成的疑问,并通过"同学互助"或求助教师等形式进行学习,但无论何种方式,都以学生自主学习为原则。

三、"课堂工作纸"的改革成效

为了解"课堂工作纸"对教学产生的影响,调研组以随机抽取的形式分别对部分学生以及教师进行了访谈,并采用了"北京师范大学中小学生心理健康水平检测系统"中"初中"部分的"自我效能感"量表和"五大个性"量表对该校八年级进行了问卷调查。此外,调研组还针对"课堂工作纸"的教改活动自编教师问卷和学生问卷。其中,学生问卷发放99份,回收99份,回收率为100%;教师问卷发放65份,回收56份,回收率为86.15%。通过对问卷和其他材料的处理分析,得出以下结论。

(一)"课堂工作纸"减轻了学生的学习负担

自编问卷的数据显示,91.1%的教师认为学生的"课堂工作纸"有着"减负"的功效。"课堂工作纸"将预习和作业结合在一张"纸"上,将上课的内容与作业的内容统一起来,使学生的课内和课外学习具有连续性,帮助学生既省学习时间,又提高学习效率。有78.8%的被调查学生表示他们"常常用""课堂工作纸"预习课本知识,有74.7%的学生表示"课堂工作纸"有助于提高自己的学习效率,仅有2%的学生持否定态度。学生的日常作息调查印证了"轻负"的事实。83.8%的学生表示他们能在晚上8:00以前完成老师布置的家庭作业,另约11%的学生能在9:00以前完成作业(见附录图1)。如果说学生的"轻负"在于减少了学习时间,那么效率的提高则主要源于学习兴趣的改变。有57.6%的学生认为使用"课堂工作纸"后,对学习"更有兴趣"了,33.3%的学生则表示"比较有兴趣"了。

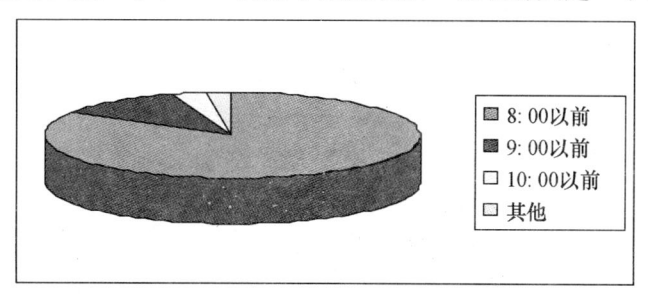

附录图1 学生放学后完成家庭作业的时间

（二）"课堂工作纸"促进教师对学生的个体关注

在传统的教学模式中，教师对学生的交流常常限于课堂，虽然课后也会有一些学生得到老师的个别辅导，但辅导面并不大，受教的学生只是一小部分。这一方面是因为以往的课堂教学模式使教师无法有效地甄别每一个学生的个体情况，从而进行针对性的辅导；另一方面，"个体辅导"没有被明确到工作任务中去，成为可有可无的工作内容。但基于"课堂工作纸"的个体辅导是"课堂工作纸"教学模式所规定的，不可或缺的重要环节。在调研中，有一个数据十分引人注目，有46.5%的学生表示本学期教师对他的个体辅导达到"8次以上"（见附录图2）。

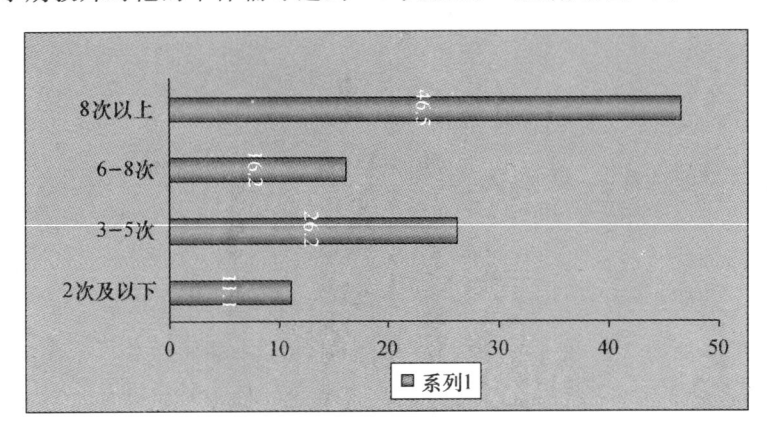

附录图2 学期教师对学生的个体辅导次数

这个数据远远超过了一般学校的个别辅导量。这说明，教师能够通过"课堂工作纸"获得学生的学情信息，并根据每个学生的具体情况进行指导。有关研究表明，教师对学生的关注程度会直接影响到学生的学习兴趣和学习热情，"课堂工作纸"证实了这一点。对"学习兴趣变化"和"教师辅导次数"两个变量进行定类－定距的相关分析后，显示两者存在显著相关（见附录表1）。也就是说，随着教师对学生个别辅导的增强，学生的学习兴趣也随之提高。

附录表1 "学习兴趣变化"和"教师辅导次数"的相关分析

Directional Measures

		Value
Nominal by Interval　Eta	var00006 Dependent	.607
	var00007 Dependent	.623

注：var00006为"学习兴趣变化"，var00007为"教师辅导次数"

（三）"课堂工作纸"有助于改变教师的工作方式

问卷显示，高达89.3%的教师认为"以生定教"的"课堂工作纸"对改变工作方式有"积极的影响"。影响主要体现在以下几个方面。一是减轻工作负担。44.6%的教师认为"课堂工作纸"的实施减少了以往的工作量，工作时间主要节约在备课、批改作业、应付考试等环节。二是由个体教学转向集体教学。由于"课堂工作纸"要求集体备课，集体讨论学情，教师的教学行为也随之"集体化"。有41.1%的教师表示"促进团队合作"是"课堂工作纸"改革对他们产生的最大影响。三是关注课堂。调查中42.9%的教师认为"课堂工作纸"的最大难点在于"课堂教学"。因为教学的内容无法再清晰地预设，需要根据学生的预习情况进行随时调整，教学具有更多的生成性和发展性，教师必须根据课堂变化迅速反映，这与原本以教案为基础的课堂教学截然不同，显然对教师的教学提出了更高的挑战。

（四）"课堂工作纸"使学生违纪情况明显好转

调查发现，"课堂工作纸"的成效不仅体现在课堂内，教学上，还体现在课堂外，德育上。作为一所农村中学，西店中学的生源十分复杂，1616名学生中，民工子弟就有6个班，来自单亲家庭的孩子和父母不在身边的留守学生占了很大部分。其中的一些学生由于缺乏良好的家庭氛围，容易违反校纪、校规，打架、作弊等不良行为时有发生。2005年，时值西店中学三校合并，校风校貌一度恶化，严重违纪的学生多达21人。但是，自从学校实行"课堂工作纸"的改革后，学生的违纪情况明显好转（见附录图3）。

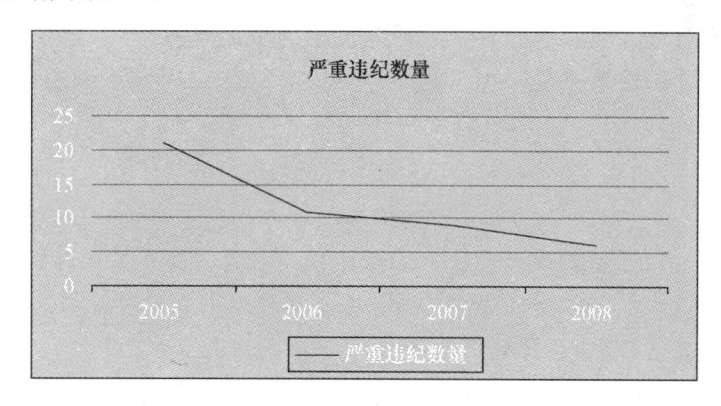

附录图3　2005—2008学年学生严重违纪数量变化

正如西店中学的校长戴余金所说，课堂内的改革影响到了课堂外的行为，是因为"课堂工作纸"将学生的注意力转移到了课堂内。一些后进生不再觉得学习是一件高深而困难的事情，他们能够根据自己的学习情况获得老师的相应辅导。此外，由于"课堂工作纸"的内容与考试的内容相挂钩，掌握好"课堂工作纸"，就能相应提高考试成绩，增强学习信心。许多学生因为在学习上得到了满足感，精神面貌也随之产生了很大的改观。

四、思考和建议

西店中学与许多城市中学相比，不论在教学资源上、师资力量上，还是历史积淀上都相去甚远，不仅如此，它还要面临因"城市化"带来的种种冲击和挑战，在某种程度上是我省农村中学发展的一个缩影。但是，他们没有随波逐流，没有妄自菲薄，而是通过自己的努力和探索改变较落后的教育状况，因地制宜地开展教学改革，并已初获成效。他们的经验给予农村学校甚至是城市学校很多有益的启示。

（一）发挥学生主体性是素质教育的核心问题

西店中学的"课堂工作纸"在两个方面突出了学生的"主体性"。一是从教学模式上，积极为学生主体性的发挥创造条件。强调课堂着眼于学生的实际需求，帮助学生主动探索学习，关注学习，培养良好的学习习惯（预习），鼓励学生怀疑、求实，时刻具备问题意识。引导学生积极主动参与课堂的教学过程，还给学生课堂的自主权和话语权，培养学生自主学习的能力。此外，在教学中根据差异，采用分层教学和个别辅导，不求人人优秀，但求人人进步，让每个学生都能体验自身的成长和发展，从而树立学习的信心。二是从师生关系上，"课堂工作纸"明确落实了学生的主体地位，始终贯彻"以生定教"的宗旨。教师不再将学生视为被动和无知群体，而是尊重每个学生的差异，尊重每个学生的创造。但与此同时，教师"尊重"而不"放任"，"指导"而不"控制"学生，教师在教育教学过程中依然起着"主导"和"引领"的作用。正如《学会生存》指出的那样，教师的职责从原来的传递知识逐渐转化为激励思考，教师的关注点从积累知识到启迪思维。学生素质的提高不在于吸收和接纳，而是使其具备创新精神和实践能力，具备自主学习、自主思考、自主解决问题的能力，以便将来在竞争日益加剧的社会中处于主导和有利地位。

（二）课堂应是素质教育的源发地

对于学生而言，课堂教学是其学校生活的最基本构成部分，它的质量，直接影响学生当前及今后的多方面发展和成长。西店中学通过自己的实践认为"课堂"才是学校管理关键，叶澜教授也说过"课堂教学对于参与者具有个体生命价值"。然而，由于受到近代以来理性主义哲学和主智主义教育主流思想的影响，课堂教学的焦点往往局限在认知上的发展，而忽略了其他方面的发展任务。于是乎，课堂作为知识学习的"圣地"被绝缘在素质教育之外。当许多综合实践活动都能以开放性的姿态大兴素质教育之事，作为学校教育的核心地带"课堂"却依然偏安于应试的角落，甚至被理所当然地认为应该继续遵循学术中心的主流价值。诚然，把认知发展作为课堂教学的中心任务是无可厚非的，但是把认知发展作为课堂教学的唯一任务就显然割裂了教育活动和教育价值的生命整体。"课堂"作为教育的主要阵地，应该是素质教育的源发地，只有在课堂层面实施素质教育，学校层面的素质教育才会有希望。西店中学把素质教育的着力点放在"课堂"上，利用"课堂工作纸"尊重教学的不确定性和生成性特点，根据课堂的具体行进状态，采用不同的教学手段和教学方式。课堂的目标在于创造真实的、丰富的、发展学生学习信心和求学热情的环境，真正顾及了学生认知、启思、协作等多方面的成长。

（三）素质教育改革将成为教师成长的重要方式

从西店中学的改革历程来看，"课堂工作纸"的初衷不在素质教育改革上，而是探索师资培养途径中的"偶得"。出于学校自身发展的需要，西店中学希望通过"集体备课"获得教师快速成长的捷径,并创造了"课堂工作纸"这样一种特殊的载体,而这种载体最终被应用到课堂教学中,取得了学生发展的效果。在调查中,我们除了感受到学生因"课堂工作纸"产生的变化,也发现了教师在这一轮改革中收获的成长。他们普遍认为,改革对于他们转变教育观念、改变教学行为、革新工作方式等产生了很大的影响。可见,素质教育之于学生发展和教师成长的关系是相辅相成的。以往的一些研究认为,教师在很大程度上成为推行素质教育的障碍,因为他们无法适应新型的教育理念和教学内容,无法使自身的知识结构跟上知识更新的步伐。西店中学的经验告诉我们,教师不仅是素质教育的操作者和实施者,也是素质教育改革的受益者。只有让教师真正认识到这一点,他们才愿意全心投入到素质教育的改革中,并且,学校有责任创造一个既有利于学生发展,又有利于教师成长的工作载体。只有让教师能够在工作过程中找到自身发展的空间,才能创造师生共同进步的双赢局面。

附录二

宁海县西店镇初级中学：
"课堂工作纸"承载的教育理想

张莺

> 编者按：在常人眼里，因为中考，初中被阻隔在素质教育的门外，成为减负的"洼地"和"重灾区"，记者近日走访我省几所不同类型的初中时欣喜地发现，其实早在省教育厅下发"减负令"的数年前，一些学校已经行进在通往轻负高质的改革路上，从教师、从课堂入手，向重复低效的被动学习"宣战"——

宁海县西店镇初级中学，是一所有着20多年历史的农村初中，虽然地处海滨一隅，却曾历经两次辉煌，第一次是创办之始即因办学规范、质量优良被评为浙江省首批示范初中；第二次是自2006年以来坚持至今的减负教学改革，这场围绕"以生定教，以纸代案"开展的教学改革历经5年，多次修改并完善，最终形成了以"课堂工作纸"为核心的教学新模式。学校自下而上的"草根革命"引起了省和宁波市众多教育专家的关注，浙江省教科院、宁波市教育局分别组织相关研究人员，先后进驻该校蹲点调研，结果发现这一教改措施在教师、学生和家长中都获得了很高的认同度，在提高教师"教"和学生"学"的效率上取得显著的成效。

记者近日慕名走进这所已然成为宁波市轻负高质样本学校的初中，进入教学楼，门厅墙上的显著位置写着这样一行文字：以理想的名义学习。"什么是理想？就是基于现实对未来的展望，我希望每个走进课堂的学子都能为自己的将来学习，我们的每位教师也是着眼于学生的未来发展而教，不是眼前的几分分数。"校长戴余金解释说。

戴校长是个土生土长的西店人，教龄和校龄一样。他开玩笑地说自己是农民出身，一辈子也只待过这么一所学校，没有高深的思想，只有实在的作为。推行教学改革是一个基于当时情境下的一个"很土的决定"："2005年，西店中学面临前所未有的困境，一边是优秀师资和本地生源的大量流失，一边是外来民工子弟的大量涌入，学校质量下滑，校风学风不尽如人意，再不改革学校真得可能会'倒灶'。"可是怎么改？从哪个方向入手？戴余金开始四处取经，最后他发现但凡成功的教改大多是基于学校实际且发端于课堂的，因此，从变革课堂入手，在课堂增效上做文章成为学校改革的突破口，承载着轻负高质理想的"课堂工作纸"于是应运而生。

据了解，"课堂工作纸"是一种课堂教学工具，它由"课堂学习单"、"二次备课稿"、"看课记录卡"、"课堂评价册"和"学情简报"等组成。其中"课堂学习单"和"二次备课稿"是学校开发的两种学与教的工具，"看课记录卡"、"课堂评价册"和"学情简报"则是推进"课堂工作纸"实施的保障机制。各学科的"课堂学习单"内容一般包括学习目标、学习内容、学习疑问、学习自测和学习反思五部分。"二次备课稿"是教师根据学生按照"课堂学习单"的内容和要求进行课前学习的情况反馈、整理，针对每班学生的个性化备课方案。"看课记录卡"和课堂评价册是教师根据自己的看课任务观察同伴课堂时记录的一份表格式工具而在阶段性学情分析的基础上，课题组编写研究通讯形成"学情简报"，内容有各备课组、班级、学生在学习方面的特点，学习方法的指导，习惯的养成，兴趣的培养，成绩的提升，教师采取的一些得力措施等。

以纸代案 学生"活"了

"教育不是解决问题而是发现问题。"戴余金说，一直以来，教育常常以解决问题为"己任"，常在教学生如何"解答"，但很少教学生如何"提问"，然而这种教育方式只是培养孩子解答已知世界问题的能力，却让他们失去了探索未知世界的能力，"课堂工作纸"的改革是要把没学习问题的"学生"教得有学习问题——让学生在"发现"学习问题中成长。

学科教师提前一天将"课堂学习单"发给学生，借助"课堂学习单"五大内容的提示自主学习，并在发现疑问处做好记号或记录，以便在课堂中得到解答或释疑。上课时，师生共用"课堂学习单"。简单问题学生示范，教师拓展；稍难问题教师分解，学生讨论；较难问题重新调整，教师讲解。不同的学生，学习基础、学习习惯、学习能力不同，有些问题在课堂上解决了，有些问题没有解决甚至派生出新的问题，这就需要教师通过课外的个别指导进行补救或延续。所以课后学生的"课堂学习单"由教师回收或保存，成为二次备课的主要内容。

以"课堂工作纸"代替教案，学生带着问题进入课堂，课堂效率高了，学生得到有效辅导的次数也多了。《我的叔叔于勒》是九年级上册第三单元的一篇小说。"课堂学习单"给学生提供课文的作者、背景补充，并提出了学生自学的思考问题：说说故事的主要情节，看看哪些情节吸引人？找一找菲利普夫妇对于勒态度变化的词语，并探讨变化的原因。你喜欢小说中的于勒叔叔吗？你读了这篇小说还有哪些方面的体会和感想？还有与课文内容相近的课外文章阅读训练题和学生自学后的质疑表。

在王玲芳老师的课堂上，一个女学生提出："老师，我爸爸看了这篇课文，可是他边读边笑了,为什么他会觉得可笑呢?"王老师觉得这是一个引导学生思考课文主题的教学契机,于是她又布置几个走读学生回家与父母共读《我的叔叔于勒》。并设置了与家长对话交流的问题:如家长认为哪里可笑?除了笑还有什么感受?再次返回课堂,学生的问题比较集中,如菲利普夫妇谁更坏呢,如果菲利普的妻子同意于勒回来,菲利普会同意吗?于勒后来又变穷了,除了因为欠菲利普夫妇的钱之外,还有什么原因使他不回到菲利普家?不难看出学生对菲利普夫妇的性格和行为有较浓厚的兴趣。对文章刻画人物的那种淡淡的幽默和不经意的讽刺有着探究的意向。王玲芳于是决定以"对比"为抓手,引领学生再次解读课文,提炼小说主题。"这样两堂课下来,所有学生都能很好地理解课文主题,对他们今后的写作也起到了很好的引导作用,'课堂学习单'让我明白学生阅读最想知道什么,课堂辅导和个别辅导才能做到有的放矢。"王玲芳说。

"课堂学习单"的作用不仅仅体现在课堂增效方面,更多的还体现在对学生学习能力的培养上。记者了解到,使用"课堂学习单"的五年来,一个最明显的变化是学生自主学习的意识增强了,并学会了利用各种资源,如利用"课堂学习单"上的"资料链接"来解决自学过程中碰到的问题,又如利用课文导读中的提示来理清课文思路,比如利用网络、音像等多媒体资源查询和课文有关的知识等。学校开展的一项调查显示,九年级学生80%以上会主动利用文本资源,100%的学生会利用网络、音像等多媒体资源为自己的学习所用,还有90%以上的学生会利用社区资源来锻炼提高自己。更可喜的是,学生不仅掌握了自主学习的方法,还会选择适合自己的学习方法,比如制订学习计划、做课堂笔记、整理错题集、做学习反思等。

以学定教 教师"活"了

过去,教师的教学一般是研教材,搬教参、仿名师、抄优秀教案等。有了"课堂工作纸"后,教师的课堂教学发生了很大变化。在"课堂工作纸"的编写过程中,重点是分析学生的思维基础、知识基础,然后结合教材内容,预设教学的重难点,需要落实的内容,学生可能会碰到的疑难问题,并以此为基础对教学方法、策略等重新设计、思考。这个过程就要求教师从教学对象思考选用合适的方法展开课堂教学,意味着教学方法的选择既要吃透教材,还要读透学生,实现了教师备课思考重心的转换。课堂上,师生共用"课堂工作纸",教师不得不密切关注学生的学习障碍,适时进行点拨。教师必须及时对课堂信息进行捕捉、判断和组织,灵活调整课堂活动。

根据回收的"课堂学习单",教师需要进行二次备课,在整理不同班级不同学生的不同问题的前提下,备课组教师一起讨论,把学生的疑问作为课堂重点,设计不同的适合各个班级学习的教学过程。例如语文《桥之美》的教学过程中,民工子弟班的教学环节设为:首先板书课题时故意大写"美"字,由"美"导入,把课堂重点落在学生对"美"的感受上,既感受本文的桥之美,更感受本文的语言美,然后希望学生做个生活的有心人,去发现身边的美。寄宿班的教学环节主要放在让学生品味语言,然后比较与《中国石拱桥》的不同之处,引导学生从内容、语言、表现手法和阅读感受等方面畅所欲言。走读班的教学重点则是放在搞清本文的说明对象及对"美"的更深层次的赏析和体会方面。

教师的教学理念更新了,其业务和科研能力也在不断提升。近三年来,该校教师有 20 多人次开过县级、市级的公开课、示范课、优质课。2006 年前,全校高级教师就只有 1 人,现在增为 6 人。学校里获得县市学科带头人、骨干教师荣誉的人也越来越多。过去,参加课题研究的教师只有学校的几位骨干教师,现在,随着"课堂工作纸"课题的开展,98% 的教师加入到了课题研究中来。每个备课组每个学期都会主动选择一两个小课题进行研究,并写出研究结果。

多元评价　学校"活"了

"课堂学习单"的实施,颠覆了传统的课后作业模式,也使得重复作业成为过去,学生作业负担大大减轻,随之而来的问题是当作业评价不复存在,学校拿什么来评价现在的学生呢?西店中学找到了减负后的落脚点——多元评价。评价指标包括学生道德品质、学习能力、交流与合作、个体与情感等多方面能力,不仅注重对学生认知能力的评价,而且重视对学生非智力因素的评价,如评价学生的兴趣态度、自信心、学习习惯、学习策略、自主能力、合作精神等。评价主体多元化,变单一的教师评价为学生自评、学生互评、教师评价、家长评价相结合。评价方式多元化,将丰富多彩的评价形式引入到评价活动中来,如采用观察记录、面谈采访、问卷调查、问题解决和学生成长档案袋等形式,而不仅仅依靠成绩作为评价学生的唯一依据。

每天的中午以及下午的第八节课,各种各样的校园活动丰富着学生的生活。学校每年举行一次校园文化节和体育艺术活动,内容更是异彩纷呈。如第八届校园文化节就有书法、绘画现场比赛,语文组的"成语接猜"大赛、"情系祖国,歌颂未来"诗歌朗诵赛,科学组的"体现你的智慧、展示你的才华"活动,数学组的"趣味数学",英语组的"Happy English, happy day!"、"英语知识大比拼　谁是大赢家",社会组的"爱我中华,爱我家乡"朗诵比赛、"迎世博,祖国在我心中"知识竞赛等。学校设置了多项相应评比活动,比如每学期举行"校园绅士"、"校园运动健将"、"校园三好四无"学生评选(即在校做个好学生、在家做个好孩子、在社会做个好公民,"四无"即无赌博、无不孝、无辍学、无犯罪)。多元评价彻底解放了学生,校园里充满了生机和活力。

(摘自浙江省《教育信息报》2011 年 3 月 12 日)

附录三

"课堂工作纸"——探寻"轻负高质"新途径
——关于宁海西店镇初级中学"课堂工作纸"实验的调研报告

宁波市教育局课堂教学调研组[※]

2009年12月29—31日,在宁波市教育局陈文辉副局长带领下,由宁波市教育局教研室教研员、教科所研究员、宁波大学学者以及教育一线的专家们组成的调研小组在宁海西店初级中学进行了为期三天的蹲点调研,对西店初级中学为推进"轻负高质"而实行的"课堂工作纸"的教学实验,进行了解与评估。

三天期间,工作组通过听取汇报、下班听课、教学反馈、调查家访、问卷座谈、交流研讨等环节,全方位了解了"课堂工作纸"的基本理念、操作模式和师生家长的评价。

教研室教研员侧重对"课堂工作纸"在课堂教学中的实际效果进行调研,现将有关情况汇报如下。

一、"课堂工作纸"的基本理念

（一）"以生定教",以纸代案

"以生定教"就是根据学生的实际情况来确定教学的目标、内容、策略与方法。学生在"课堂工作纸"的引导下自我探究、自我发现,强调了学生学习的主体地位;教师从"尊重学生、解放学生、依靠学生和为了学生"角度出发来解读教材、确定策略、实施教学。

（二）发现问题,激发潜能

课堂教学不仅是解决问题,而且是"发现问题"。"课堂工作纸"让学生有两次主动提问的设计——"共同探究学习内容"后你有问题吗?"学习反思"中你还有问题吗?主动让学生提问并发现问题,这是对教育本质的思考与追求:教育不是培养

[※]课堂教学调研组成员：周千红　丁耀方　张霞儿　杨一丽　刘东晖　陈勤苗　陈天宁　杨翠玉　沈建军　邬云德　薛瑞芬　陈安萍　执笔：杨翠玉

"应考生",而是培养"会学生"。

（三）重在课堂，抓实过程

"学教评合一"是西店初级中学在实施"课堂工作纸"过程中坚持的一条基本做法：一是课堂教学始终围绕学生的学，教为学服务；二是老师在课堂内外对学生学习的不足进行了个别辅导，解决学生在学习中出现的个例问题；三是学生动手操练，巩固学习的知识和经验；四是课堂的学教与学生的反思、考核保持一致。

（四）减轻负担，促进发展

"教育不可能完美，但可以完善。"西店中学面对多样化的生源，提出了"人人有才，人无全才，扬长避短，人人成才"的教育理想，让每个学生有收获，让每个孩子有梦想，让梦想指引着学生向前迈进，任何时候都保持一份对生活的热情，坚持着做人的善心，让学生在学习中感受到欢愉。"课堂工作纸"意在减轻学生学业负担，促进学生的发展，这是学校教学追求的终极目标。

二、"课堂工作纸"的基本结构

"课堂工作纸"由五大板块组成：

（一）学习目标——你知道要学什么吗？

（二）学习内容——让我们共同来探究

（三）学习疑问——你还有什么不会？

（四）学习自测——你会了吗？

（五）学习反思——你有什么收获、还有什么问题

"课堂工作纸"涵盖了教与学的五大环节，组成了一个学习系统的循环：

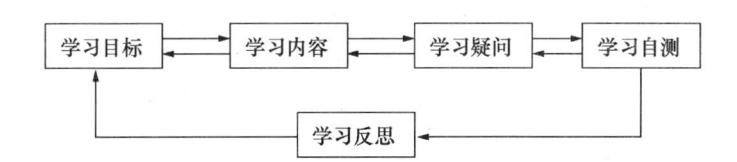

```
学习目标 → 学习内容 → 学习疑问 → 学习自测
              ↓
           学习反思
```

这样的一个学习循环，有利于培养学生的良好学习习惯与学习能力的提高，使学生在学习目标的引领下，研习内容，质疑问难，不断反馈，巩固知识；教师通过对"课堂工作纸"的设计与实施，及时掌控学生学习动态，及时调整教学策略，实现教学目标。

三、"课堂工作纸"的操作思路及特点

"课堂工作纸"在西店初级中学已经进行了为期三年的实验，不断地进行调整与充实，其中的二次备课就是"课堂工作纸"在实施中的一次重大调整。

"课堂工作纸"的操作流程如下：

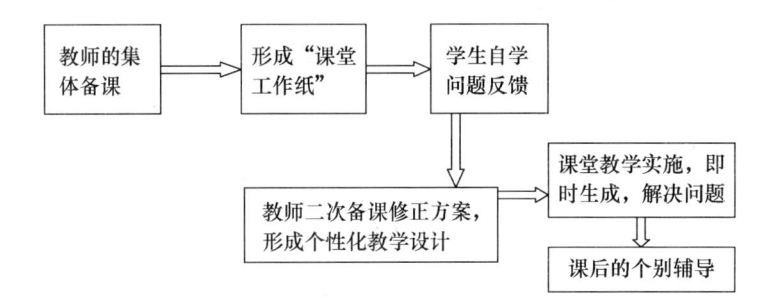

```
教师的集体备课 → 形成"课堂工作纸" → 学生自学问题反馈
                                          ↓
         教师二次备课修正方案,        → 课堂教学实施,即
         形成个性化教学设计             时生成,解决问题
                                        ↓
                                     课后的个别辅导
```

"课堂工作纸"在实际操作中具有以下几大特点。

（1）基于"课堂工作纸"的集体备课。集体备课是"课堂工作纸"形成的前置条件。西店初级中学的"课堂工作纸"是这样形成的：首先备课组教师分析单元内容的重难点、相关知识，预设教学内容中涉及的问题，然后由一位教师主责完成"课堂工作纸"，由备课组的另一位教师审核把关，完成后提前发给学生自学，然后获得自学反馈，进行二次备课，调整预设，实施教学，概括地说就是"提前备课，轮流主备，集体研讨，师生共用"。

（2）基于"课堂工作纸"的课前自学。课前自学是"课堂工作纸"实施的必要条件。设计"课堂工作纸"的目的就是让学生带着问题学习，借助"课堂工作纸"的提示，预习新课，学例题，读课文，看注释，做实验等等，发现不懂之处做好记号或记录，以便在课堂中得到解答或释疑。

（3）基于"课堂工作纸"的课堂生成。上课时，师生共用"课堂工作纸"。简单问题学生示范，教师拓展；稍难问题教师分解，学生讨论；较难问题重新调整，教师讲解。通过三种不同策略来促成学生的学习与巩固，课堂处于不断生成的状态之中。

（4）基于"课堂工作纸"的个体指导。个体指导是"课堂工作纸"向课后的延伸与跟踪。不同的学生学习基础学习习惯学习能力不同，有些问题在课堂上解决了，有些问题没有解决甚至派生的新的问题，这需要通过课外的个别指导来进行补救或延续。所以"课堂工作纸"的回收或保存具有再学习的功能，是教学双方的"备忘本"与"反思册"。

（5）基于"课堂工作纸"的教学反思。西店初级中学的教学反思主要是源于"课堂工作纸"的预设与实际教学之间的差距。哪些知识讲解清楚了？为什么学生会有这样的问题？为什么学生会犯这样的错误？反思其实是对之前教学行为的一种观察与审视，是对之后教学的一种思考与参照。这种反思不仅帮助教师调整教学行为，也是自我成长的有效途径。

四、"课堂工作纸"的实际操作及效果评析

西店初级中学的"课堂工作纸"教学模式在四门学科（语文、数学、英语、科学）率先实验，其实际效果如何呢？各学科教学专家及教研员从不同侧面对"课堂工作纸"的实施效果进行了肯定。

（一）语　文（执笔：张霞儿）

1. 理念新：坚持"以生为本"和发现问题的教育理念，强调学生的主体性，尊重学生、解放学生，为了学生，努力按照学生的认知特点来实施教育活动。

2. 操作实：教师的二次备课，是去粗存精，对症下药，确立课堂教学的重点和难点，构建新的课堂教学内容。西店中学学生乐学、好学，学习劲头足，氛围好，学风佳，这是轻负的表现；学生带着问题学习，在解决问题中提升，这是高效的证据。"课堂工作纸"为学生学习习惯养成有一定的引领作用。

3. 课堂活：用"课堂工作纸"辅助教学，让教师充分关注全体学生，把握教学的底线，课堂呈现出无限活力，用追问、讨论、畅想等方式构建师生互动的平台，营造民主、和谐、进取的生态课堂，教学的扎实感和思维的灵动感，教学的清晰和明快是我们对基于"课堂工作纸"的语文课堂的总评价。

4. 风气好："课堂工作纸"的实施，的确让学生喜欢读书，喜欢学校；中青年教师乐教、爱校，一个团结合作、互帮互助的教研共同体，对青年教师的专业成长起到了引领激励作用。

一份好的"课堂工作纸"必然是发挥了教师创造能力的结晶，并在实际使用中不断进行改革、创新和研究，使课程、教学和教师真正融为一体，不断提升教师的自我更新能力和可持续发展能力。一张薄薄的"课堂工作纸"承载了教学改革的厚度，是轻负高效道路上的一抹春色。

（二）数　学（执笔：杨一丽）

"课堂工作纸"作为实现"轻负高质"的有效载体，我们在调研过程中始终关注其教学成效，其亮点包括以下两方面。

1. 学生拥有积极的心态、良好的习惯使学生在学习上表现自信，具有较强的参与热情和参与能力。老师能发现和肯定学生每一点的微小进步与成功，体现了努力去认识学生、适应学生、欣赏学生的理念。学生能从老师言行中体会到学习的愉悦，树立起学习的信心，从而拥有健康的心态和积极向上的精神，而这一些是会被学生一直带着走出学校，走向社会的最宝贵的财富。

2. 教师努力让课堂成为实现"轻负高效"的主阵地数学课堂严谨、抽象，学生容易产生畏惧心理，西店中学教师凭借扎实的基本功，精诚合作的团队协作精神诞生了"课堂工作纸"，具有起点高、多活动、重反馈的特点。

纵观六节课的演进过程，教师比较关注着教学的可接受性，重视基础，凸现对学生能力培养。课堂内容丰富，紧凑严密，不难觉察出教师的工夫在"展示课之外"，如此大容量的内容，教师"穿针引线"，"临场应变"，"即兴发挥"，其沉着的态度，从容的教态，对每个环节的控制充分表现他们的教学智慧，从各个层面体现了"课堂工作纸"在课堂教学上的优越性。

在"一次函数的图像"课后的即时测试中，涉及基础知识、基本技能的正确率为78％，教学效果较好，这对一所农村初中来说很不容易。

（三）英　语（执笔：陈勤苗）

在调研过程中，我们关注最多的就是引领课堂改革的那张纸——"课堂工作纸"。其亮点包括以下五方面。

1. "课堂工作纸"为学生提供自学问题单，让学生自主地进入课堂，并在一定程度上使学生的学习从被动转为主动；

2. "课堂工作纸"指明学习内容，学习策略，促进学生主动地构建知识；

3. "课堂工作纸"促进学生对学习过程和学习结果进行自我调节与自我反馈；

4. "课堂工作纸"促进组内教师二次备课，使教有所依；

5. "课堂工作纸"有利于年轻教师的专业成长。

（四）科　学（执笔：薛瑞芬）

"课堂工作纸"是西店中学根据学校发展的实际开展的一项课堂教学改革实践，是一种非常好的尝试，而且在实践过程中已积累了一定的经验，发挥了一定的作用，得到了初步的成效。

1. 在学校层面上：构建了以"课堂工作纸"为载体的"以学定教"、"先学后教"的课堂教学模式。

2. 在学生层面上：从教育学普遍意义上讲，学生先预习，后尝试着去解决问题，再去听课，有利于培养学生的自主学习习惯和能力。因为学生预习得比较充分，而且通过二次备课教师对学生的学情又比较了解，所以学生的课堂参与度比较高，知识目标的达成度也比较高，负担又不重。

3. 在教师层面上："课堂工作纸"的编写和使用成了校本教研的一个载体，通过这个载体老师们同伴互助、取长补短、合作共享，有经验的老教师为年轻教师把握课堂教学主方向，传授教学艺术和一些教学小技巧，年轻老师向中老年教师传授现代教育技术的操作方法，从而实现了老师的协同成长，特别是促进了年轻教师的成长和整体学科教学质量的提高。老师们都非常敬业，责任心强，课堂教学态度也很认真。

五、"课堂工作纸"实施的问题及建议

但是，在调研中教学专家与教研员们也提出了一些疑惑、问题与改进的策略。

（一）语　文（执笔：张霞儿）

1. 要关注语文教学的特殊性

任何一门学科都有自身的学习规律，母语教学也不例外。"课堂工作纸"仅仅是教学的一个规定动作而不是所有动作，是知识的必修部分而不是全部，它是教学的拐杖而不是廊柱，教师应该正确使用好"课堂工作纸"，不要被"课堂工作纸"牵着

鼻子走，要灵活使用"课堂工作纸"，教学的个性化、教学过程的二次提升仍然不可忽视；"课堂工作纸"不是作业本的替代品，而是帮助学生学和教师教的载体。因此"课堂工作纸"的背后应该是教师的专业功底，教师对文本的理解和把握。从某种层面上看，教师的厚度可能就是"课堂工作纸"的厚度。也希望通过朗读、写字、课外语文类的活动、图书馆建设等手段，丰富校园生活，增强"课堂工作纸"的内涵支撑力，比如：如何让学生享用语文早餐。

带着问题学习，这是一种学习的好方法，然而，问题的价值、问题的深度等会影响课堂教学的质量。在我们的语文课堂教学中，文脉、学脉、教脉如何融合，这是一个非常关键的问题。教脉应该根据文脉、学脉展开、提升。

2. 关注全体学生，尤其是两头

"课堂工作纸"对中等生提高落实有利，尖子生和成绩中下等学生如何关注？"课堂工作纸"中作业的梯度，预习的层次等，有待于进一步完善。

3. 进一步提高"课堂工作纸"的质和量

理想状态的"课堂工作纸"的设计是要求把枯燥无味的知识点变为生动有趣的内容，吸引学生主动探究。如果以应试教育中知识点灌输为目的来认识、设计、衡量"课堂工作纸"，必然认为其浪费时间，不如多做习题，最终使"课堂工作纸"又回到"题海"的老路，发挥不出"课堂工作纸"的其他更为有意义的作用；如果只关注设问，认为提出一些设计好的问题就是好"课堂工作纸"，必然无法为学生自主探究提供吸引氛围、材料支持和过程引导，使其流于形式。所以"课堂工作纸"的质量是"轻负高质"深入有效的有力保证。

4. 构建以"课堂工作纸"为基础的教学体系

例如：考评制度、奖励制度、保管方法等，让"课堂工作纸"绽放教师的智慧，并使之能持续发展，不断推出语文类的综合性学习活动，使之成为"课堂工作纸"的延伸，我们共同祝愿西店中学在"课堂工作纸"的教改道路上走得更稳、更好，期待着西店中学的"课堂工作纸"成为"轻负高效"的一张教育名片。

（二）数　学（执笔：杨一丽）

1. 值得商榷的问题

（1）快节奏、高密度的课堂有时只有10个左右同学讨论发言这一数学仅占全班人数的五分之一，可能会更多地促进优秀生发展，忽略了后进生的发展，能不能实现50多人共同的发展呢？

（2）不同老师对教材教法的理解都不同，所以"课堂工作纸"设计都不同，所以对学生来说有一个适应的衔接过程，如何寻求规范、严格的设计方案，发挥"课堂工作纸"的最大效益？

（3）为了避免"课堂工作纸"重复使用的问题，建议学校有一些有力措施促进"课堂工作纸"与时俱进的改进。

2. "课堂工作纸"使用的有关建议

（1）加强课前集体研究，交流反思，注重对教材的本质的理解，进一步提高把握教材能力，从本源上减轻学生负担。

（2）加强和重视教师执教能力的提升，加强和指导区域联合和校本教研，集合本地区教研组的力量，合力提升教研组的力量，在校本研究中探讨课堂的有效生成，促进学生的全面成长。

（3）西店中学的教师在教学中重视基础知识落实，但教学效率还有一定的提升空间，数学学科加强思想方法的归纳与点拨，使学生既能把书读厚又能把书读薄，加强"数学的变式探究"，切实提高学生解决问题的能力，达到"轻负高效"的目标。

（三）英　语（执笔：陈勤苗）

1. 有关"课堂工作纸"的编写的建议

（1）表述需要更规范些（如"课堂工作纸"的标题、设计说明和任务的要求等英语表达要正确、规范）。

（2）排版需要更整齐些（"课堂工作纸"的排版是否工整看似小事，却天天给学生做着为人做事是否严谨认真的示范）。

（3）能力训练多渗透些（如预习的内容不要局限于单词、词组、句型等知识层面，可以有对话设计、相关文化背景知识搜集等等更为丰富生动的学习活动）。

（4）任务设计更具体些（如给学生的预习活动、课中活动和课后活动要求可以更明确，设计可以更真实，因为只有具体、生动、真实的任务才能释放出它的驱动力）。

（5）作业布置更合理些（如预习作业、课后作业可以更有梯度、有层次，以促进不同学业水平学生的学习）。

2. 关于课堂教学的建议

（1）要有具有本校特色的课堂教学模式，充分利用"课堂工作纸"并且发挥"课堂工作纸"的应有作用。结合二次备课，如何在课堂上多角度多层面地检测学生的预习效果，调整新授课的时间分配；并在课堂上有效巧妙地解决学生课前在"课堂工作纸"上呈现的有代表性和共性的问题，这需教师真正解放思想，开动脑筋，深入了解学生的学习需求。

（2）要让学生有探究的欲望，通过问题引领、活动设计为学生提供探究的空间，课堂上给学生充分的自主学习和思考的时间，有多维互动的交流的空间。彻底改变传统的教师"一言堂"的课堂教学模式，变"传授知识"为"组织学习"。

（3）要设计灵动的课堂，设计丰富的有效地语言教学活动激发和维持学生学习的兴趣。兴趣是一个人前进的内驱力，是永不枯竭的动力源。在课堂上我们要尽力创设情感氛围、动手氛围、质疑氛围和体验的氛围。

（4）要创造性地运用教材。以学生的认知水平、心理特征、学习规律为基点，结合"课堂工作纸"的使用和反馈，创造性地使用教材，进行合理的删减、增加、改编、整合，提高课堂教学效率。

（5）要积累优秀教学素材。如成功课堂活动案例、优秀学生学习活动汇编等等，建立资料库，实现共享。

（四）科　学（执笔：薛瑞芬）

1. 预习与科学学科"突出科学探究"的学科特点和学科基本理念相矛盾

我们发现目前"课堂工作纸"中对预习的要求仅仅是对课本知识的浏览和简单填写，结果学生在课堂中在老师引导下进行探究之前，就已经知道了探究的结果，那层本来遮盖着的神秘科学面纱早被揭开了，最终会导致学生失去对科学的好奇、探索科学现象的欲望和对科学课的热切盼望。再加上文本解读比较粗浅、课堂教学目标定位比较单一——主要是落实知识目标，结果割裂了情感目标和过程、方法目标。我们担忧这样是否会影响优秀学生的全面发展。为了落实知识目标而丢失了好奇心和探究欲，没有了科学思想方法的熏陶是否值得？

2. 学生的课堂负担太轻了

我们发现课堂上学生除了偶尔修改一下"课堂工作纸"中的错误外，就是听和接受，很少有深层次的思考，也很少动笔记录。我们觉得减轻学生的学业负担应该是减轻课外负担，课内负担特别是课内的思维负担应该是重的——思维强度要高、思维容量要大，否则轻负担的背后不是高效率和高质量。现在只是把学生的课中负担移到了课前，这样可能还违背了课堂是教学的主阵地这一基本教学理念。打个比方，把教学比做打仗，原来是先准备打仗如磨刀、擦枪、上子弹等（这是预习热身），然后上战场打仗（实施课堂教学），最后学生清理战场（评价、纠偏等）。现在我们是先让学生自己去打仗，打得很苦、很累又打得不好，然后到课堂上来由老师来清理战场。这样老师成了战场的清理员，而不是战争的指挥员，长此以往老师可能就不会指挥真正的战争——实施课堂教学了，课堂教学这块主阵地被我们丢失了。因为我们发现6堂课听下来几乎都没有导入，没有小结，完整的课堂结构被二次备课发现的问题肢解得支离破碎。

3. 模式化现象比较严重

我们翻阅了本学期的所有"课堂工作纸"，发现所有的课都按这种形式在上，"课堂工作纸"的结构也一样，老师是按学校的要求在完成任务。我们觉得模式要有，但不能模式化，知识目标要求高的课可以这样上，过程目标要求高的课就不能这样上，要视具体内容而定。

针对以上问题，我们提出以下改进意见。

1. 对课堂教学模式的修正

在科学学科教学中"课堂工作纸"可以用，但要变脸。根据科学学科的特点是否可以按以下程序开展教学？

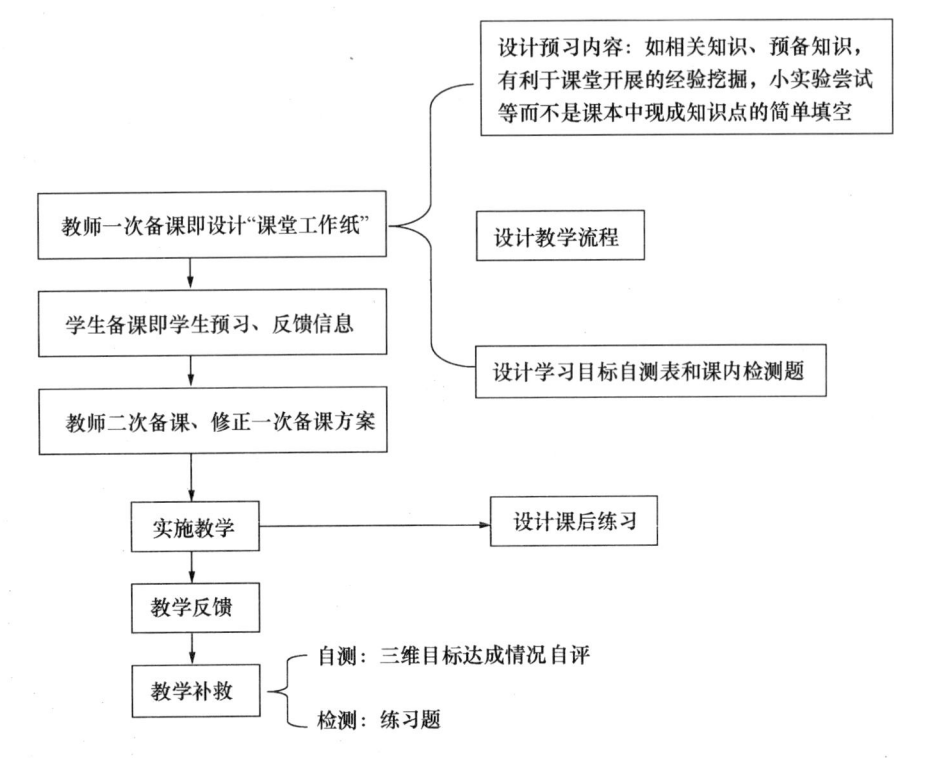

```
教师一次备课即设计"课堂工作纸" ──→ 设计预习内容：如相关知识、预备知识，
                                     有利于课堂开展的经验挖掘，小实验尝试
         │                           等而不是课本中现成知识点的简单填空
         ↓
学生备课即学生预习、反馈信息 ──→ 设计教学流程
         │
         ↓                     ──→ 设计学习目标自测表和课内检测题
教师二次备课、修正一次备课方案
         │
         ↓
     实施教学 ──→ 设计课后练习
         │
         ↓
     教学反馈
         │                 自测：三维目标达成情况自评
         ↓
     教学补救              检测：练习题
```

对"课堂工作纸"的板块组成进行调整：

（1）增加"我的课堂记录"板块，供学生做一些个性化的课堂笔记；

（2）改第一模块的教学目标填空为教学目标自测表和课内检测题；

（3）预习内容放到前一节课的"课堂工作纸"最后，防止学生在课前把老师课堂上要完成的任务全完成了，使课内任务和课外任务得到区分，以保护学生的好奇心和探究欲。

这样"课堂工作纸"就由学案、我的课堂记录、目标自测和检测、课外练习、下一节课的预习等部分组成。

2. 加强学生间的合作学习

每天早上学生 4 人小组用 20 分钟时间交流各科在预习中发现的问题，学生自己相互帮助能解决的问题就由自己解决，学生解决不了的问题再通过课代表反馈给各任课老师，供老师二次备课参考。不知这样在时间上是否安排得出来？

3. 加强教师间的交流研讨

在确定"课堂工作纸"编写者时要考虑老师学科专业背景，精心选择编写者，"课堂工作纸"编好后要充分研讨，一方面通过研讨将别人的东西内化为自己的东西，另一方面通过研讨在一人的智慧中融入多人智慧。

4. 学校要给老师一定的空间

（1）要根据不同的学科特点构建和运行模式，不能所有学科一个模式；

（2）学科内要视具体内容分别对待，允许有些课不按此模式操作。

5. "课堂工作纸"是好东西，好东西要持之以恒，坚持不懈，因为老师做起来确实很辛苦，要做好也真的很难。

结　语

我们认为："课堂工作纸"是"轻负高质"教学改革的有益探索；是提高课堂教学效率的有效载体；是教师专业成长的重要途径。同时，我们也觉得要增加"课堂工作纸"的"厚度"——即内涵发展，在以下四个方向进行再研究与深化：

基于学习目标达成的"课堂工作纸"的编制研究；

基于全面育人背景下"课堂工作纸"的内涵提升的研究；

基于"课堂工作纸"有效使用的课堂教学模式的研究；

基于"课堂工作纸"背景下教师发展的教学管理研究。

2010 年 1 月 6 日

后　记

本书的主要内容是获"浙江省人民政府第四届基础教育成果一等奖"的《初中"课堂工作纸"的实践与研究》的其中一大部分。

课题自 2006 年 9 月开始,在宁海县教育局应小星副局长的策划与指导下开始实施,一直得到了很多领导与专家的帮助与指点。浙江省教科院院长方展画教授专程来校蹲点调研,写了一份热情洋溢的报告,指明了实践与研究的方向,还在 2011 年 12 月策划由浙江省教科院与浙江省教育技术中心联合拍摄了 90 分钟的专题片,推介我们的做法。

宁波市教育局陈文辉副局长带领宁波市教研员、名师、特级教师和教育博士等 42 位专家,于 2010 年 12 月 29—31 日全方位论证了课题的进展,并对各个环节进行了具体辅导,使得这个课题能深入推进。期间上海师范大学王荣生教授和杭州师范大学黄伟教授在课堂领域给予了许多指导,如"课堂工作纸"、"初中课堂形态的变革"等名词就是来源于王荣生教授的智慧。

课题的实施得到了宁海县西店镇初级中学全体师生的全力支持和学生家长的认同,他们的聪明才智完善了课题的缺陷,深化了课题的研究,尤其是各学科的备课组长付出了更多的心血,为本书提供案例的老师有语文组舒立权、数学组屠海杰、科学组陈珍珍、英语组刘赛春、心理辅导组张亮、社会组戴荷叶、教科室潘玉莹等,没有他们的具体参与,就完不成这项工作。

我要特别感谢华东师范大学教育系博士生导师马和民教授和他的团队。三年来,他们不厌其烦地到学校指导我们的研究与实践,帮我修改书稿,题写序言,还为书的出版积极推荐,确保了书稿能顺利付印。

虽然自己很努力,但水平有限,敬请大家批评指正。

戴余金

2012 年 8 月 28 日